# 画廊访古

## 千家店历史文化概览

北京市延庆区千家店镇人民政府　编

杨程斌　范学新　鲁战乾　著

中国文史出版社

# 《画廊访古》编委会

# 目录

# 序 一

　　大约一年前，学生杨程斌曾给我发过一篇涉及延庆千家店的文章，是关于俺答汗嫡孙带领蒙古兀良哈人驻牧千家店相关问题的讨论，这段鲜为人知的历史给我留下了深刻的印象。没想到不到一年间，他就把打印好的《画廊访古》一书的书稿送给了我，并请我为之作序。待我仔细阅读后才知道这是专门为北京市延庆区千家店镇所写的一部历史文化读本，不由得为之赞叹。延庆区素以中国延庆世界地质公园和千家店镇百里山水画廊而闻名于世。那里山清水秀、景色优美，遗留着很多奇特的自然地质景观，不仅有一亿多年前的松柏木化石，还发现了北京仅存的恐龙足迹化石。

　　延庆区地处北京西北，距北京德胜门七十四公里，而千家店镇还在延庆区东北部六十多公里的山区地带，东与北京市怀柔区毗邻，北与河北省赤城县接壤，距离北京市区一百三十多公里，从北京去一趟千家店着实有些不容易。多年来，延庆的文物考古与历史文化研究主要集中在延庆川区和长城沿线，而对处于山区的千家店地区历史文化的研究，或因考古发现十分有限，或因历史文献记载往往寥寥数语而语焉不详，千家店地区的历史一直蒙着一层薄薄的面纱，很难让人一睹其真面目。而《画廊访古》一书的问世，仿佛不经意间拨开了那一层迷雾，让我们洞见了一个鲜活、丰满、历史感十足的千家店。

　　延庆地属蒙古高原的南缘，处于农耕文明与游牧文明交错的过渡地带，历史上不同的民族在这里生息、繁衍、融合，留下了色彩纷呈的历史文化遗存，成为今天中华民族共同体的一部分。《画廊访古》一书立足千家店地区地质遗存和历史文化方面的明显优势，通过古生物考古和历史时期考古的成果和大量的历史文献，揭示了从恐龙时代到距今五六万年前活动在黑白河流域的古生物和原始人类的生活图景，从春秋战国时期的山戎部族到辽金元时期的神秘古道，从明代驻牧戍边的蒙古人到清代驻防八旗兵等千家店地区北方民族融合发展的历史脉络。毋庸置疑，书中列举的实物证据和大量分析引用的鲜为人知的史料，使我们感觉到了千家店地区的历史文化原来是如此厚重。这本书可以说填补了延庆乃至北京地区历史文化研究的一处空白。

此外，《画廊访古》通过珍贵的明朝档案等资料和许多很少有人了解的出土文物，还原了明代千家店地区蒙古兀良哈人和后来形成的东土默特部驻牧的历史。让我们了解到了成吉思汗后裔、俺答汗嫡孙安兔、朝兔等在千家店驻牧生活的情况，还原了这段历史的真相。千家店文献可查的历史最早可以追溯到明代，蒙古人大规模开发经营了现在的千家店地区，在千家店历史发展中占有重要地位。本书文风生动，内容精彩，读后仿佛身临其境，又回到了远古时期和蒙古人金戈铁马的年代，让人心潮澎湃。

本书作者杨程斌，研究生毕业后就去了延庆做村官，几年的基层工作中，他以对文物考古和历史文化研究高度的热忱，努力探索延庆地区的历史文化根脉，并在延庆文史专家范学新的引领帮助下，在延庆区做了大量的考古调查和文物研究工作，撰写了较多的研究论文。后来他又攻读了博士学位，并入职国家博物馆。可以说，他能够最后完成这本书，是与他一贯孜孜不倦的努力分不开的。

《画廊访古》既是一部普及性的历史文化读本，也是一部带有浓厚学术色彩的研究成果。书中内容对于当下京津冀协同发展等国家重大发展战略，以及铸牢中华民族共同体意识的研究，提供了重要的历史材料。希望这部书能为千家店地区乃至延庆地区的文化发展、乡村振兴起到积极的推动作用，也希望延庆能有更多的历史文化研究成果问世，为推进北京全国文化中心建设做出更多贡献。

2024 年 9 月 11 日

（魏坚，中央民族大学特聘教授、边疆考古研究院院长）

# 序　二

在海量信息纷至沓来、传播途径便捷多样的时代，尽力避开浮躁与喧嚣，手捧一本纸质书从容阅读和思考，似乎越来越成为一件奢侈的事情。《画廊访古——千家店历史文化概览》，就是这样一本能够帮助读者静下心来体味自然之美与人文之醇的好书。

千家店是北京延庆的文化明珠，这里除了众所周知的硅化木国家地质公园，更有大量"养在深闺人未识"的如画山水与历史遗产。从地质时代大自然的鬼斧神工，到人类文明在延庆的萌生、成长与繁荣；从早期山戎等民族的游牧射猎，到大明将士戍守边墙的艰苦卓绝；从"遥闻鼙鼓动地来"的长城烽火，到"于今绝塞无烽警"的民族往来。凡此种种，千姿百态，尽收于《画廊访古》之中。

延庆历来是北京的西北门户，从先秦、汉唐直至明清莫不如此。这里处在我国传统的农牧交错带上，见惯了农耕与游牧两种文明的冲突与交融，因此成为认识中华民族多元一体格局的典型区域。透过延庆千家店这个包罗宏富的样本，读者可以看到长城内外各民族如何走向"南北车书共一家"的历史轨迹。以小见大，见微知著，《画廊访古》堪称引人入胜的地方文化读本。

《画廊访古》是在"画廊"之内辛勤"访古"的成果，"画廊"展现绚丽多彩的天然形胜与人文风貌，"访古"则是追根寻源、探赜索隐的重心所在。本书的作者既有国家文博机构的考古学者，更有数十年来为延庆文物考古事业默默奉献的本地专家。他们参与了千家店等地的文物考古工作，在实践中获得了生动鲜活的第一手资料和无可替代的亲身体验，因此才有可能通过文物考古反映时代变迁、丰富历史细节、还原当年场景。插入的大量照片不仅使本书图文并茂，更能令读者产生触摸历史的身临其境之感。

文物考古与传世文献密切结合，宏大叙事与微观展现相得益彰，构成了本书的最大特色，相信能够激发读者浓厚的阅读兴趣。

优秀历史文化的研究、保护和传承，既需要专业人员做出高水准的学术探索，也需要社会公众的广泛了解和积极参与。这本《画廊访古》是专业工作者将文化普及与学术提高相结合的佳作，品读本书将使我们充分认识千家店的历史文化，进一步增强热爱延庆、建设延庆的豪情和动力！

2024 年 8 月 20 日

（孙冬虎，北京市社会科学院历史所研究员，北京市文史研究馆馆员，北京史研究会会长）

# 序　　三

　　千家店地处延庆东部深山区，远离城市的喧嚣，是个山清水秀、人杰地灵的宝地。镇域总面积 371 平方千米，占全区总面积的六分之一，是延庆区面积最大的镇。全镇有 19 个行政村，76 个自然村，5680 户，人口 11553 人，也是全北京市人口密度最低的乡镇之一。

　　镇域内白河、黑河、红旗甸河纵横交错，沿河谷群山环峙，峰青林茂，保留着亿万年前的地质奇观和松柏木化石，有着世界首都圈唯一的恐龙足迹化石。得天独厚的自然资源和优美的自然风光引来各界人士的关注。这里被誉为"百里山水画廊"，是中国延庆世界地质公园的核心区。早在 2010 年 9 月 17 日，经当时的国家旅游局和全国旅游景区质量等级评定委员会批准，千家店镇就成为北京市首家涵盖全镇范围，实现"镇景合一"的大型国家 4A 级旅游景区。

　　千家店不仅风景优美，还有着丰富的人文资源。来到千家店工作后，我才知道原来早在五六万年前的旧石器时代，这里就生活着最早的"延庆人"。这里有着鲜为人知的金元时期的古秘道，以及大量遗留至今的清代寺庙建筑，有着丰富的民间信仰习俗。这里见证了中国北方各民族融合、发展的历程，是延庆乃至北京历史文化的重要组成部分。

　　我查阅了一些延庆地区的历史文化研究成果，但是关于千家店地区的内容都是寥寥数语，甚至可以说是空白的。2023 年 10 月，全国宣传思想文化工作会议正式提出并系统阐述了习近平文化思想，其中就包括"加强对中华优秀传统文化的挖掘和阐发，让中华文化展现出永久魅力和时代风采"这一重要内容。因此，镇党委、政府适时提出挖掘千家店地区历史文化，为"百里山水画廊"注入文化灵魂的工作思路。在此基础上成立了《画廊访古》编写工作组，邀请专业人员编写了这部千家店历史文化读本。希望这部书能让千家店人更加了解自己的家乡，讲好家乡故事，让来画廊参观的游客在欣赏画廊优美风光的同时，感悟一下千家店的独特人文魅力。

2024 年 10 月 1 日

（王建辉，北京市延庆区千家店镇党委副书记、镇长）

# 百里山水画廊

北京市延庆区千家店镇地图

营四路山
庙沟山▲1326
佛爷庙
牤牛沟
▲1146
关帝庙
耗眼梁
大西岔▲1038
小西大▲1037
水头
黑山▲1345
东湾
茨顶
北水泉沟
西沟门
花盆
鹿叫
前山
小梁
河东
南庄户
苓子沟
平台子
河北
收粮沟
三道河
后河
半沟
十八盘▲1136
车道沟
坑地
梁根
大尖山▲1047
大对沟
南湾
三间房
大槐沟
河西
阳坡高尖▲1103
下马鹿沟
大石窑
张家湾
熊洞沟
围子沟
花石梁
后沟
小户岭
石湖
大户岭
松树梁▲1045
河西
帽山沟
天桥沟
天桥子
大黑尖1078▲
红旗甸
小昆仑山
大窑
朝阳寺凤凰区
长寿树
沟门
小古坡沟
大古坟沟
古家窑
辛栅子
三道梁
道虎窝南山▲1139
上奶山
乌龙峡谷
沙梁子
龙王庙
三潭沟
槟榔山▲1161
六道沟
车道沟
中心店
千家店镇
下德龙湾
西店
河南
小半沟
大半沟
下德龙湾
大奶山
柴木沟
楸木梁
四潭沟
北沟
红石湾
提子岭
碾底下
桥堡沟
柏木井
照山洼
滴水湖
河东
梁根
秀水湾
白塔南沟
赤
马蹄沟
照山1235▲
干沟
八道河
百里山水画廊旅游咨询中心
河口
南猴顶▲1474
石槽
鸭山▲1401

## 图例

★ 镇政府
🚻P 公厕
● 旅游景区
P 停车场
⛽ 加油站
🔲 检查站

# 第一章 百里画廊

从北京城区向西北出发，过居庸关、八达岭，便来到了广阔的延庆盆地。延庆北、东、南三面环山，西部临官厅水库，中间是肥沃宽广的平原。延庆盆地的东北部遍布群山，这里在明代是蒙古人驻牧的地方，民国时期才正式归属延庆，这就是百里山水画廊——千家店。

这里青山绵延、绿水环绕、四季皆景。百里山水画廊涵盖千家店镇白河和黑河沿线一百一十二华里的景观，是全国首家覆盖全镇域、"镇景合一"的国家4A级旅游景区。在百里山水画廊穿行，两侧山峦绵延不绝，既有北方山水的雄浑壮观，又有南方山水的婉约秀丽。这里地势西高东低，中间形成东西向开阔的小盆地，属北温带大陆性季风气候，春季干旱多风，夏季多雨，时有冰雹，秋季凉爽，冬季少雪，多西北风。这里的山峰大多是由沉积岩构成，这种岩石的特点往往是一层叠盖一层，犹如一张张书页默默向人们诉说着这里的"陈年往事"。

百里山水画廊最为著名的就是"世界地质公园"。因千家店独特的山石风貌，2013年9月9日，包括千家店地区在内的北京延庆地质公园成功入选联合国教科文组织世界地质公园网络名录，被授予"中国延庆世界地质公园"称号，总面积六百二十平方千米。延庆世界地质公园包括千家店园区、龙庆峡园区、八达岭园区、古崖居园区四个园区，其中千家店园区奇特的山石风貌最为闻名。其横跨香营、千家店两个乡镇行政区域，沿着白河自西向东分布了近直立地层、天生桥、喀斯特峡谷、恐龙足迹、古家山寨民俗村、硅化木群、乌龙峡谷、滴水壶等若干景点，这些天造奇石、清澈湖水足以让游客叹为观止，享受自然界少有的"山水盛宴"。

千家店百里山水画廊景区标志牌

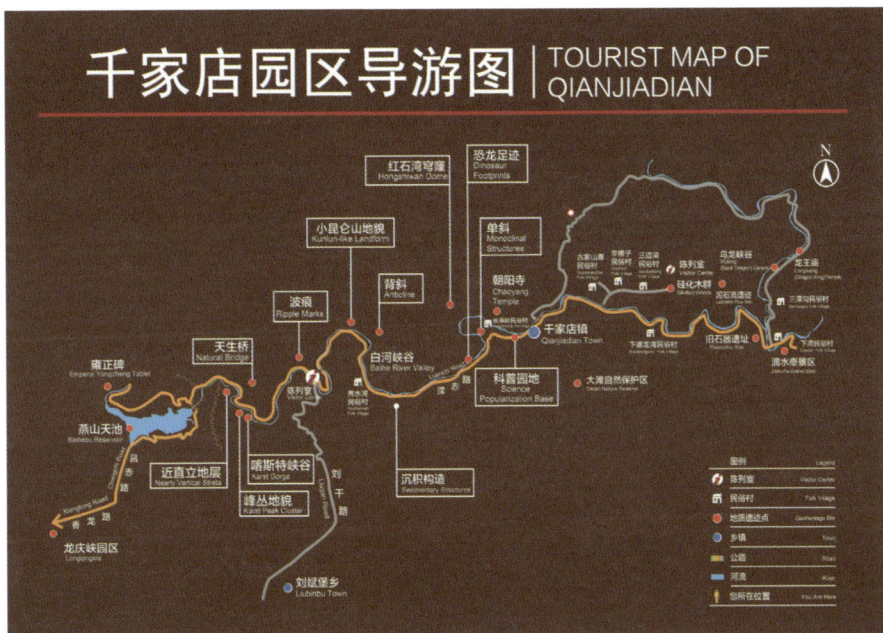

中国延庆世界地质公园·千家店园区景点分布图

# 第一节　浩瀚沧海化桑田　燕山运动塑奇峰

干沟村带有波痕的白云岩

　　当你在百里山水画廊行进，在干沟村附近会发现一处形状奇特的岩石，岩石表面呈波状起伏，很像波浪的印记。经过地质科学家对岩石上波痕的研究，发现早在十六亿年前，这里曾是一片一眼望不到边的海洋，在潮汐和波浪的作用下，碳酸盐一层一层堆积变干固结，形成了巨厚的白云岩，波浪的形状也保留了下来。后来在造山运动下，白云岩逐渐隆起，露出地表，挺拔伫立在了这里。近乎直立的岩石上，波浪栩栩如生，冥想中仿佛还能听见波涛汹涌，一波未平，一波又起，由此我们也揭开了千家店亿万年的沧桑地质变迁过程。

　　距今十八亿五千万至八亿年的中新元古代，千家店还是一片汪洋大海。海浪作用在数千米厚的碳酸盐岩石上形成了类型繁多、形态复杂、分布广泛的波痕。距今八亿年前左右，海水大规模消退，华北地区整体隆升成为陆地。在之后的近六亿年时间里，华北地区既有大规模的海水冲刷作用形成的古生代的海相沉积，也有很多陆相沉积。海相沉积指海洋环境下，经

干沟村岩石表面的波痕

海水冲刷产生的沉积，包括来自陆上的碎屑物，海洋生物骨骼和残骸，火山灰和宇宙尘等。陆相沉积指陆地环境下的沉积。地表上的岩石风化物经重力、水、风、冰川等作用，再经反复侵蚀、搬运沉积于陆面部分的物质。

虽然华北地区基本变为陆地，但唯独延庆不同，不仅缺少了海陆沉积物，而且此前形成的部分海相沉积岩也在这一时期被剥蚀殆尽。约一亿五千万年前形成的砂砾岩直接覆盖在十亿年前形成的海相白云岩之上，是这段漫长地质变迁过程的实物见证，形成了具有高度科研价值的地质遗迹，也成为地质学家解读这段地质历史不可多得的重要实物证据。

进入中生代，生物异常繁盛，地壳活动极其强烈。从约一亿七千万年前开始到八千万年前左右，在我国东部许多地区，地壳因为受到强有力的挤压，从地下升起，成为绵亘的山脉，科学家把发生在这个时期的强烈地壳运动称为"燕山运动"。在此时期，在地壳挤压的作用

海相沉积

下，延庆形成了三个有代表性的地质面貌，即东部四海地区的火山岩和沉积岩，中部千家店地区和西部地区的沉积岩和少量火山碎屑岩。

　　百里山水画廊完好地保留了燕山运动有关的地质遗迹，包括规模宏大的山前断裂、近乎直立的岩层、巨大的红石湾穹窿、六道河背斜，以及壮观的单斜构造等。因燕山运动而形成的多种地质遗迹，使这里成为研究燕山运动最典型的地区之一，堪称是一个地质大观园，也是科学家研究地质变迁的"活化石"。

　　时光荏苒、日月轮回，在距今六千万年左右，地质历史进入了新生代时期，地壳活动以垂直抬升为主，逐步形成了现今地质公园的地貌。燕山运动形成的密集断层和裂缝，将露出地表的中新元古代海相碳酸盐岩分割裁剪，在岩溶作用下塑造出了美轮美奂的喀斯特地貌。在百里山水画廊，白河犹如一条玉带在公园内蜿蜒穿过，她不仅给两岸带来了肥沃的土壤，而且雕塑了周边的地貌形态。在峡谷两侧，群峰屏列、逶迤嵯峨，岩溶作用形成的奇峰异石拟人似物，令人流连忘返。

　　亿万年的地质变迁使千家店地区形成了丰富多彩的岩石和矿藏，主要

茨顶村小石林

六道河村石英砂岩

有白云岩、石英砂岩、砂砾岩、页岩、闪长岩、安山岩、粗安岩、钟乳石、钙华、燧石、大理岩、片麻岩、蓝铜矿、孔雀石、铅锌矿和铂钯矿等。

千姿百态的岩石构成了千家店连绵不断的山峦。这里山峦重叠、沟壑交错。地势总体西北高，东南低，山脉大部分呈北东走向，在白河两岸竖立。虽在山区，但温度不低。虽层峦叠嶂，但总体海拔较低，形成了延庆地区独特的深山暖温带。因山石形态坚硬、纹理明显，远看就像用斧头劈开的干柴，坚挺于河流两岸，十分挺拔有力，总让人误以为不是冰冷的山体，而是大自然的鬼斧神工。千家店遍地是山，有名的山峰就有二十二座，海拔都在一千米以上，算是远离于延庆盆地之外的一个"山国"。

## 第二节　乌龙过江腾细浪　白河两岸好风光

### 乌龙峡谷地质景观

乌龙峡谷

　　乌龙峡谷位于千家店四潭沟村的黑河下游，原名黑龙潭，产生于距今一亿五千万年前的侏罗纪火山熔岩区，全长两公里，是典型的山间河流深切河谷地貌景观，属河流侵蚀谷。乌龙指黑河水系，黑河是白河的一条较大支流，发源于河北省沽源县小河子一带，从花盆进入北京市，在千家店菜木沟地区与白河相汇。峡谷两侧，怪石嶙峋，有独立的孤峰，群山连绵；有壁立的山崖，寸草不长；有繁茂的植被，郁郁葱葱。黑河水沿着岩石的裂缝和构造破碎带侵蚀，形成乌龙峡谷的雏形，河水长年累月冲刷着峡谷，让峡谷

乌龙峡谷粗安岩气孔构造

的中心区逐渐变深。后来峡谷又受到河流的侧蚀，河谷的崖壁两侧形成多处侧蚀凹槽。在乌龙峡谷可见多处河流侵蚀岩石形成的地貌景观。

乌龙峡谷的岩石叫粗安岩，是燕山运动早期（距今 1.5 亿—1.6 亿年）由火山喷发出的岩浆冷却而形成的火山岩。岩石表面有很多大小不一、形态各异的孔洞。长条形孔洞是岩浆流动时，气体向外释放形成的。另外，岩石内裂缝逐渐变大，这是燕山运动后期形成的裂隙。峡谷地貌的形成与这些岩石裂缝密切相关。

在距今 1.5 亿—1.6 亿年的晚侏罗世时期，千家店地区火山活动频繁，岩浆喷出后沿地面流动，冷凝形成岩石。在燕山后期构造运动的影响下（约 8 千万年前），岩石断裂，但断裂面两侧的岩块没有明显的错动，所以在乌龙峡谷就形成了有巨大裂缝的岩石。

乌龙峡谷裂隙

　　我们可以在峡谷的两侧看见多个凹槽。根据河床演变特点，流动的河水会侵蚀凹岸，所以形成凹槽，这就是河流的侧向侵蚀作用。由于河水的侧向侵蚀，在乌龙峡谷两侧的崖壁上形成了九至十个凹槽。

　　人们可以在乌龙峡谷看到过去的瀑布冲击而成的凹坑，这是由于水流长年累月冲击而形成的，类似"滴水穿石"。

乌龙峡谷侧蚀凹槽

乌龙峡谷瀑布冲蚀的凹坑

在新生代，千家店地区地质活动以地壳垂直抬升为主，所以乌龙峡谷两侧的山体逐渐升高，因为谷地窄、坡陡、流量大，谷地岩性松软，峡谷深处因为河水的冲刷逐渐变深，日复一日，就形成了乌龙峡谷现在的面貌了。后来在峡谷的峭壁上形成了一些瀑布，因为水流长期冲击，滴水穿石，瀑布底部就形成了一些圆形石坑。

乌龙峡谷上游地貌景观

　　乌龙峡谷的岩石裂缝大部分是"X"形的，是受燕山中期（距今 1.1 亿—1.2 亿年）强烈的地质构造影响而形成的。裂隙两侧的岩石没有明显的移动，因此这些裂隙不是断层。岩石的裂隙处比较容易被风化侵蚀，这些为乌龙峡谷地貌的形成埋下了伏笔。

　　乌龙峡谷以"Z"字形延伸，这是因为峡谷在具有两组"X"形裂隙的

乌龙峡谷岩石中的"X"形裂隙

"Z"字形峡谷

岩石中产生，两个"X"形岩石裂缝连接在一起，随着河流对裂缝中间区域的反复冲刷，裂缝逐渐变大、变深，就形成了今天的"Z"字形峡谷地貌。

滴水壶位于千家店下湾村，这里最引人入胜的是岩溶地貌景观。岩溶是水对可溶性岩石进行的溶解和沉淀。自然界大规模的岩溶现象主要发生在石灰岩、大理岩、白云岩等碳酸盐类岩石中，滴水壶岩溶地貌是白云岩。清代乾隆年间的《口北三厅志》记载："滴水壶，独石口东南三百里，千家店东三十三里，白河之北一山中。峙状若悬空，独秀崖端，有瀑布水飞流直下，自洞口喷薄而出，如珠帘倒卷，广可百丈，激声若雷，散沫成雨，其下承以清潭，汇流东注，游者怡目悦心。"滴水壶之名来源主要有两种说法，一种源于道家"方壶洞天，神仙之境"之说，另一种说法是滴水壶上面的山叫"虎头山"，形似一只水壶，有三条泉水汇集在虎头山，然后合为一条泉水，从虎头山落入山下，逐渐在山下形成了湖泊。远望虎头山流水，就像壶在滴水，所以称为滴水壶。

滴水壶莲花洞所在的地方叫岩溶台地，是北京地区唯一一处。它是在长期岩溶作用下由碳酸盐钙化堆积而成。崖壁处有一个溶洞，名叫莲花洞，有清泉从中流淌而下，依山顺势，犹如水

滴水壶

滴水壶岩溶地貌

滴水壶岩溶台地

滴水壶莲花洞钟乳石

壶倾泻。洞内有大量钟乳石、石笋等，形态千奇百怪，仿佛是大自然制作的工艺品，均为人间所没有，让人看了后仿佛进入了一个魔幻世界。

在莲花洞的侧面我们可以看到有许多孔隙的岩石，这种物质叫作钙华。这是由于富含碳酸氢钙的泉水流经地表，因为二氧化碳流失过多导致碳酸钙饱和，在地表上沉积而形成的多孔状碳酸钙。若干年后，经过风吹雨打，还会形成一些微型的溶洞。

滴水壶钙华现象

滴水壶景区还有壮观的单斜地貌。单斜构造是指原本水平的岩石层，在受到地壳运动的影响后，岩石向同一个方向倾斜。滴水壶单斜是受到燕山运动的影响（约8千万年前），使原来水平的岩石翘起近似直立，其后在风力作用下形成了一排排锯齿状的直立山峰。最让人震撼的地方就是它

滴水壶单斜地貌

近乎直立的岩石层，仿佛天崩地裂后从地底下隆起的一块巨石，让人看过后，不禁惊叹于大自然的力量。滴水壶单斜远看就像书页一样整齐排列，让人不禁感叹大自然的鬼斧神工。

## 白河两岸地质景观

燕山运动（造山运动）塑造了千家店的地貌格局，在之后的千万年时间里，风起云涌，风霜雨雪，地表的古老岩石经历大自然的侵蚀雕刻，塑造了万千沟壑，溪流汇聚，形成了奔流不息的白河。

白河古称沽水、白屿河。因水质晶亮明澈，河多沙，沙洁白，所以称为白河。白河横亘于千家店腹地，跨河北省境，属潮白河水系，为三级河流。发源于河北省沽源县，经赤城县下堡村入延庆区，自西北流向东南，较大的支流有黑河、菜食河、红旗甸河。流经干沟村、六道河村、下德龙湾村等地，于千家店下湾村南摩天岭出延庆，进入怀柔区，最后注入密云水库。延庆区境内河长 57.6 千米，流域面积 823 平方千米。白河干流上主要水利设施有白河堡水库，位于香营乡白河堡老村东。

白河犹如一条玉带在千家店蜿蜒穿过，不仅给两岸带来了肥沃的土地，也塑造了周边的地貌，峡谷两侧，群峰屏列，汇集了千姿百态的地貌景观。

在白河 6 号桥北侧，可见一处近乎直立的岩石层，岩石主体是前寒武纪白云岩，风化面呈灰白色，形成于距今 14 亿年前。由于燕山运动（约 1 亿年前）的构造挤压作用，使岩石层变得近似直立状。露出的岩石层高约 100 米，近乎直立的山体蔚为壮观。

天生桥距地面 80 余米，这里山峰陡峻，岩石几近直立，桥下有

香营乡八道河村滦赤路白河 6 号桥附近的近直立地层

一天然生成的梭形溶洞，长 25 米，宽约 10 米。在蜿蜒的白河峡谷中，天生桥若隐若现，风景独特。形成天生桥的岩石层由距今 10 亿—14 亿年前的中元古界白云岩组成，它原是碳酸盐岩溶蚀、淋滤作用形成的溶洞，后经崩塌而形成的地貌景观。

燕山运动使得这里的碳酸盐岩（约 14 亿年前）裂隙和断层非常多。近百万年的地表溶蚀、淋滤，在地貌上呈现一簇簇山峰，似剑锋直指云霄。山峰中常有溶洞产生，构成了典型的喀斯特峰丛地貌。喀斯特地貌是水对可溶性岩石进行溶蚀所形成的地表和地下山石形态的总称，又称岩溶地貌。我国云贵高原、湖南郴州等地区属于典型的喀斯特地貌区。

香营乡八道河村滦赤路喀斯特峰丛地貌

在白河干沟段可以见到距今约十六亿年的白云岩，岩石表面呈灰色，分为多层，每层厚1厘米—10厘米。能看到滑塌构造的痕迹，还有大型波痕和风暴岩，属于典型的海相沉积。

波痕是由风、水流或波浪等在沉积物表面所形成的一种波状起伏的层面构造。百里画廊这段距今约十六亿年的白云质灰岩中可见不对称波痕和大型对称波痕等。岩石层中夹有深色硅质条带，还有风暴扰动和藻类一起形成的沉积层，说明这里曾是一片浅海。一个波痕由一个波脊和一个波谷组成，同一种波痕一般成组出现。波痕按成因可分为浪成、水成、风成三种类型。其中，前两种为浅水波痕，后一种风成波痕多出现于沙漠、湖泊和海边的沙丘沉积中，千家店的波痕沉积构造属于浅水波痕。

干沟村白云岩

河口村岩石上的波痕

六道河村小昆仑

白河六道河段的石英砂岩形成于距今约十七亿年前的海洋环境中，主要由粒状石英组成，局部可见海绿石。海绿石的形成与海洋生物的生物化学作用有关。

小昆仑山夏日峰峦叠翠，冬日银装素裹，形成于距今十七亿年前的前寒武纪岩石层中。在这里可见燕山运动形成的阶梯状山前断裂，青峰拔地起，气魄雄浑，向世人展示大自然的壮美。在山体隆升和风化侵蚀的双重作用下，形成了层峦叠嶂、宏伟壮美的小昆仑地貌。

六道河村山前断裂（航拍小昆仑地貌）

六道河村背斜

在六道河村有一座巨大的背斜山，该背斜宽度约三百米，核心部由十七亿年前的石英砂岩组成，两翼由页岩和白云岩组成。背斜的形成是由于岩石层在燕山运动中受到挤压而造成的山体升高、弯曲、变形。在地壳运动的强大挤压作用下，岩石层会发生较大变形，产生一系列的波状弯曲，叫作褶皱。有两种基本形态，一种是向斜，一种是背斜。背斜外形上一般是向上凸出的弧形山峰，岩石层自中心向外倾斜，核心部位是老岩层，两翼是新岩层。

在距今约十七亿年前的白云岩层表面上，可见大小不一、排列杂乱、类似圆丘状或不规则状

河口村重荷模

的瘤状突起，称为重荷模。当前期形成的沉积物还处于松软状态时，后期的沉积物在其层面上快速沉积。上面的沉积物在重力的作用下陷于松软的前期沉积物中，底面上形成了不规则的向下突起形态，称为重荷模，也叫负载构造。

在百里山水画廊长寿岭村（原名排字岭村）有规模巨大的单斜地貌。

长寿岭村（原名排字岭村）单斜地貌

这里的岩石层由距今一亿四千万年前的红色砂砾岩组成。由于燕山运动使水平岩石层发生倾斜，形成了一排排书剑似的山峰，所以又叫书剑峰。其后在风力的侵蚀作用下，垂直面上可见形态复杂的侵蚀现象，而被称为天书崖。书剑峰是一种由沉积、构造和侵蚀联合作用形成的典型单斜地貌。

在百里山水画廊红石湾村有一处穹隆地貌。红石湾穹隆由变质岩与海相沉积岩组成。平面上穹隆呈椭圆形。东西长约8千米，南北宽3千米。穹隆是由于地下岩浆向上喷涌，导致上面的岩石层平缓地向四周倾斜，形成了穹隆的形态，从而构成了地质公园独特的地质构造景观。

红石湾村穹隆

白河两侧的白云岩中能看见大量泥裂，是潮湿的沉积物长时间暴露于大气中形成的缝隙。从表面上看，缝隙有几毫米至几厘米宽，直或弯曲，呈不规则多边形，从断面上看呈"V"形，经常被后期砂质沉积物充填。裂纹基本是上宽下窄形态。泥裂的地方在远古时期基本是浅水地区。

以上地质地貌现象分布在白河两

干沟村泥裂

白河峡谷

侧，它们错落有致地构成了白河两岸的优美画卷。白河是百里山水画廊地区最大的河流，其支流众多，比较大的有黑河、红旗甸河。

黑河因河底有青苔，水呈黑色，得名黑河，位于千家店东北部，跨河北省境，属潮白河水系、白河支流。其发源于河北省沽源县老掌沟和赤城县东猴顶山南麓，经赤城县东卯镇四道甸村，于千家店耗眼梁村入境，由北向东南方向流经平台子村、沙梁子村，于菜木沟村汇入白河。延庆区境内河长 19.3 千米，流域面积 90.2 平方千米。红旗甸河因流经红旗甸村得名，位于千家店西部山区，属潮白河水系、白河支流。源于赤城上马鹿沟村，流经大石窑、红旗甸等村，于河口村汇入白河。河长 15.7 千米，流域面积 70.8 平方千米，是一条雨季才会流淌的季节性河流。

正是这些涓涓流水汇聚成了奔流不息的白河，曾经的白河水流湍急、波涛汹涌，持续不断冲刷几亿年前形成的岩石，塑造了风景如画的白河喀斯特峡谷。两侧层峦叠嶂、群峰旖旎，令人流连忘返。风景如画的白河峡谷与永定河峡谷、拒马河峡谷并称"京都三大峡谷"。白河泛滥沉积，塑造了宽广肥沃的土地，远古时代的先民们便在河流两岸繁衍生息。

## 第三节　苍松劲柏化磐石　恐龙足迹成化石

### 千家店硅化木地质景观

千家店景点中远近闻名的就是硅化木国家地质公园了。硅化木景区位于千家店镇下德龙湾村，是百里山水画廊的重要组成部分和延庆世界地质公园的核心区域。硅化木景区主要展示的是生长于侏罗纪时期的树木变成的化石，景区内现有硅化木陈列室一座、硅化木保护亭十八座。景区内硅化木原地生长、原地埋藏、原地产出，保存完整，是不可多得的硅化木遗存，被评为"中国美丽化石"。对研究北京及华北地区古地理、古气候环境以及古树木成长情况等，有非常重要的科学价值。

下德龙湾村硅化木国家地质公园

千家店的硅化木主要是松柏类树木的化石，品种主要是宽孔异木和延庆苏格兰木。千家店的硅化木按颜色可分为灰色、黄色、灰白色和黄褐色四种。硅化木整体很少呈单一颜色，基本为混合色。白色硅化木矿物纯净度高，粒度均匀，组成单一。纯白色硅化木在园区内很少见。树种多以水杉、银杏等无树脂植物为主，较少向外浸染。

灰色硅化木矿物纯净度高，粒度均匀，组成单一。树种多以水杉、银杏为主，后期浸染较强。灰色硅化木在园区内最为常见。

黄色硅化木与灰色硅化木形态基本相同，树种多以松、柏为主，在园区中均匀分布。

褐色硅化木矿物纯净度也比较高，后期受三氧化二铁的褐色矿物浸染，使硅化木呈现褐色。千家店硅化木中纯褐色的基本没有，大多数呈斑块状、花斑状或团状分布。

千家店的硅化木形成于距今 1.4 亿—1.8 亿年前的中生代侏罗纪晚期，产于黑色页岩及紫红色粉砂岩中。侏罗纪也正是中国恐龙繁衍、昌盛的时期，当时的北京地区为郁郁葱葱的原始森林，森林下生长各种蕨类植物，盆地中银杏、松柏等植物十分繁盛。后来，由于河流的逐渐成长，树干在原地被大洪水所携带的沉积物质迅速掩埋压实，地下水中所含的二氧化硅分子开始缓慢地替换树

灰色硅化木

黄色硅化木

褐色硅化木

木原有的木质成分，保留了树木形态和内部结构，经过石化作用在地下深处形成了硅化木。随后岩石逐渐向上抬高，最终露出地表，展现在世人面前。

硅化木在水、空气和生物等因素影响下会产生裂缝，裂缝不断变大会使硅化木逐渐瓦解，对硅化木造成了严重损坏。对此，延庆世界地质公园修建了硅化木保护亭，安装了封闭式玻璃钢防护栏，配备了电子监控系统；与希腊莱斯沃斯世界地质公园开展了硅化木保育合作，对硅化木进行了碎片拼接、裂缝加固、防水处理，使硅化木颜色、形态、年轮、纹理特征更加清晰，牢固结实，观赏性增强。

## 恐龙足迹化石

2011 年，北京中国地质大学的科研团队在千家店发现了大量恐龙足迹化石。研究结果表明这些恐龙足迹可归属于兽脚类、鸟脚类及中小型蜥脚类恐龙足迹。其中鸟脚类恐龙足迹更是首次在北京发现，打破了北京地区恐龙足迹化石零的纪录，被评为"中国美丽化石"。

千家店恐龙足迹遗留在细砂岩、粉砂岩之上。有些岩石表面甚至保存了百余个恐龙足迹。最小的足迹长 13.8 厘米，最大的长 67.7 厘米。恐龙足迹通常可以反映恐龙的重量、趾的多少以及趾垫的大小。

红石湾村恐龙足迹化石

鸟脚类恐龙是一种广泛分布的两足或四足的恐龙，它们以植物为主要食源，后足均为三趾，遗留的恐龙足迹和三叶草形状很像。鸭嘴龙就是鸟脚类恐龙的一种。蜥脚类恐龙也是以植物为主要食源的恐龙，但体形比鸟脚类恐龙要大很多。它们的体长有可能会超过三十米，脚的形状和大象很像。蜥脚类恐龙的前足足印与后足足印区别很大，前者常呈半圆形或马蹄状，大小只有后者的一半。一般来说，前足足印不清晰，后足足印更清晰。细长脖子的梁龙就是蜥脚类恐龙。兽脚类恐龙是一种食肉类的恐龙，通常为三趾，其足迹各趾的前端都有大而尖锐、清晰的爪痕。前肢短小，战斗力最强的霸王龙就是兽脚类恐龙。

晚侏罗世恐龙足迹在全球广泛分布，同美国西部、中国四川岳池上侏罗时期的恐龙足迹相比，千家店地区的恐龙足迹更

红石湾村鸟脚类恐龙足迹化石

鸟脚类恐龙复原图

红石湾村蜥脚类恐龙足迹化石

蜥脚类恐龙复原图

红石湾村兽脚类恐龙足迹化石

兽脚类恐龙复原图

为繁多。河北、辽西等地区同一岩石层中共发现四千多个恐龙足迹。但是这些足迹都属于兽脚类足迹，因此，千家店保存的鸟脚类、中小型蜥脚类恐龙足迹有很高的研究价值。

千家店恐龙足迹遗留在灰红色砂岩层之上，上面长有少量植被，还能发现一些波痕。波痕种类较多，有干涉波痕、双脊波痕、尖顶波痕等。不同方向的波痕表示远古时期水流的方向。有些波痕受后期风化侵蚀作用较大，比较模糊，远观更明显，肉眼可见一些黑色的小点，证明这个时期沉积基底松软，应该是浅水环境。中生代是恐龙的时代，恐龙这一庞大的家族基本上主宰了整个地球，侏罗纪达到了繁盛期，千家店地区的恐龙足迹形成于晚侏罗世。晚侏罗世为恐龙时代的中晚期，气候已经由湿热向干冷转变。

不同类别的恐龙，其足部骨骼结构有着很大的差异，这些会反映到恐龙足迹的形状上，可以根据形状判断是食肉还是食草恐龙。从千家店恐龙足迹的形状可以推断晚侏罗世该地区至少有兽脚类、蜥脚类和鸟脚类恐龙的生活、繁衍。这些恐龙足迹不仅能反映恐龙日常的行为习惯和生活方式，还能展现出恐龙与当时生态环境的关系。一个动物一生只有一具骨架，动物骨骼保存成化石的可能性很小。但是一只恐龙一生中会留下许多脚印，尽管保存足迹化石的条件也十分苛刻，但是因为数量较大，足迹化石比恐龙骨骼化石保存下来的概率更大。恐龙及其他动物的足迹化石可在很大程度上弥补恐龙骨骼化石的不足。足迹化石最大的优点就在于它们的原地保存，不会像骨骼化石那样被反复移动。所以，恐龙足迹化石对研究恐龙的生态有

红石湾村恐龙足迹化石

着不可替代的作用。足迹化石
所展现的恐龙生活状态和生态
环境信息是更为科学、准确的。

恐龙足迹形成示意图

　　经过对恐龙足迹所在岩
石进行分析，可以推演出其形
成过程。首先，恐龙踩踏了湖
滨滩地，之后滩地慢慢干燥，
形成的足迹长时间暴露在空气中，日复一日，变得越来越坚硬；其次，在
足迹硬化过程中没有降水，使得足迹可以得到充分固结；再次，在硬化、
固结的过程中，洪水携带的泥沙把已经坚硬的足迹掩埋起来，使其得以保
存成化石。千家店恐龙足迹化石所在的岩石上有明显的水流痕迹。现在发
现的恐龙足迹有些保存比较完整，而有些足迹十分模糊，那些模糊的足迹
很可能没有经过足够的时间硬化，就被水流冲刷破坏了。

　　恐龙足迹所在岩石表面有波痕，证明这些恐龙足迹是在同一时间形成
的。这些波痕沿着岩石表面定向分布，并且不对称，代表当时这里有河湖
水系。现在遗留下来的恐龙足迹都呈规律分布，未有足迹叠压、打破的现
象，证明当时应该有一群恐龙缓慢在此地行走，是一种相对较为平和的状
态，不会是捕食、打架等激烈行为所留下的。因为足迹的附近有水，当时
很可能是一群恐龙到这里喝水，留下了足迹，因为后期未被破坏，所以逐
渐硬化固结，最后成为化石。

　　野外测量发现，足迹由北向南有逐渐加深的趋势。而在同一岩石表面
上，北部能看到较为明显的波痕，证明这里是水的边缘，从北向南离湖泊
越来越近，泥沙也逐渐变软。所以越向南恐龙足迹越深。

　　通过恐龙足迹所在岩石推测当时生态环境，恐龙足迹产生时，当时的
千家店布满了河流、湖泊、滩涂等地方可以留下恐龙的脚印，最后形成恐
龙足迹化石。千家店在远古时代多河湖水系的生态环境为恐龙足迹的形成、
保存提供了良好的条件。

　　为方便游客游玩，亲身感受恐龙和当时的生态环境，在千家店镇中心
的百里山水画廊内建有一座恐龙游乐园。园内集中展示了从侏罗纪早期至
白垩纪晚期蜥臀目、鸟臀目和翼龙目的代表恐龙，现有马门溪龙、腕龙、

恐龙游乐园

恐龙游乐园

霸王龙、剑龙、三角龙、双冠龙、翼龙和偷蛋龙等十四类仿真恐龙模型，是一处集参与性、趣味性、知识性于一体的恐龙科普亲子乐园，让游客可以身临其境般感受一亿年前的恐龙。干沟村建有恐龙足迹陈列室，是学习、研究恐龙足迹的好去处。

# 第二章　早期文明

石器是远古人类遗留至今的重要遗存，所以将使用石器的远古时代称为石器时代，目前为止，千家店是整个延庆地区发现旧石器时代和新石器时代遗存最多的地区。这些石器的出土，证明千家店在六万年前就有人类活动了，并一直持续了几万年。千家店是延庆最早有人类活动的地方，那些千家店的远古人类，也是最早的延庆人。

## 第一节　黑白河水孕文明　寻找最早延庆人

人类到底起源于什么时候呢？盘古开天辟地？女娲捏泥造人？这些都是神话。那么，从科学来讲，人类诞生于什么时候呢？这个问题现在科学也搞不清楚。考古学家将最远的时代划定为石器时代，即人类生产和使用石器的时代，无论怎样，这个时代人类肯定诞生了。石器时代距今二三百万年到距今五千至两千年。现在普遍将石器时代作为一个地区最古老的时代，当一个地方发现了石器，就证明此地具有十分久远的历史。我们都知道，北京房山周口店遗址发现了石器，这里也被认定是现在北京地区人类最早活动的区域，被称为周口店北京人遗址。北京人诞生于三万至七十万年前，周口店遗址活动人类是最早的北京人。那么最早的延庆人在哪儿呢？在千家店。

前些年，千家店曾发现了轰动一时的恐龙足迹，是距今约 1.4 亿—1.5 亿年前的侏罗纪晚期恐龙足迹。目前整个延庆地区只在千家店发现了恐龙足迹，证明在一亿多年前千家店就有远古大型动物——恐龙活动了。想象一下，一亿多年前的千家店比现在植被还茂密，到处是山和树，没有公路、汽车、村庄，漫山遍野的动物，简直就是一座古代版的"侏罗纪公园"。后来，

千家店黑白河交汇处

千家店发生地壳运动，有的山峦沉入地下，有的山峰从地下隆起，恐龙很可能就在这时候消失了。这次地壳运动形成了大量木化石群，为我们展现了千家店一亿多年前树木的样子。千家店在地壳稳定后，终于有人类也开始在这里出现了。这些原始人以采摘野果、狩猎、捕鱼为生。千家店有山有水，山上有动物，还有果实，水里有鱼，河水也能当饮用水喝，这些能解决温饱问题。更重要的是，千家店的大山和河滩里有很多坚硬的石头，原始人可以利用这些石头制作石片、石刀等石器，这些都是生活、狩猎的必备工具。所以，在五六万年前，有一群勇敢的原始人首次涉足千家店，他们是千家店最早的先民，也是最早的延庆人。

石器是原始人使用的重要工具，也是能遗留至今的物证，只有发现了石器，才能证明人类在这里生活过。目前为止，千家店是延庆发现石器最多的地区。1992年4月，考古工作者在菜木沟村调查时，在红土层内发现了旧石器时代的砍砸器和新石器时代的红陶片，证明这是一处从旧石器延续到新石器时代的人类活动遗址。此地位于黑、白河交汇处，十分适合人类生活，原始人可以在此取水、捕鱼，还能利用河滩上的砾石制作石器。1994年，考古工作者正式对此处遗址进行试探性发掘，共出土了三百八十七件旧石器时代石器，还发现了很多新石器时代陶片。遗址面积五百平方米。经专家鉴定，菜木沟石器时代遗址属距今六万年前的晚更新世早期。这是目前延庆发现的规模最大、出土石器最多的石器时代遗址。2021年，考古工作者又对菜木沟石器遗址进行了调查，共发现了十三件石器，其中石核一件，石片十二件。经专家鉴定，菜木沟石器原料主要来自山岩和河滩砾石，这也和菜木沟附近地貌是相符的。前面提到砍砸器，这里又提到石核、石片，这肯定是原始人使用的工具吗？具体有什么用呢？

菜木沟旧石器遗址出土的旧石器

菜木沟旧石器遗址出土的石核的四面照片

石核石器，顾名思义就是石头的内核、中心部位。也称为砾石石器，是将砾石外面的石片全部敲打掉，剩下的内核当作生活工具。将外面石片敲打掉的石核主要分为两面刃和单面刃两大类，习惯上把两面刃的称为敲砸器，单面刃的称为砍砸器。敲砸器就是用它敲击动物、石块等。砍砸器就更高级了，不只能简单地敲，还能砍，这体现出了远古人类的聪明才智。因为远古人类制造石核完全是随机的，用一块坚硬的石头敲打另一块，将外围石片打掉，最后留下石核，这样就导致石核的形状千奇百怪。所以，砍砸器形状都不一样，但它们都有一个共同的特点，就是形体较大、器身较厚，有钝厚曲折的刃口，具有砍劈、锤砸、挖掘等多种功能，主要用来砍树、做木棒、挖植物块根、砸坚果等。也就是说，砍砸器相当于远古时代的"多功能"斧头，不仅可以像斧头一样砍东西，像现在的壁纸刀一样做木棒，还能像铲子一样挖东西，也能像石块一样向树上抛掷砸落野果吃。虽然现在看来用起来可能不是很顺手、方便，但在远古时代可是生活中必不可少的工具。几乎生活中的任何事情都离不开砍砸器，能砍能砸，很多事情一个砍砸器就解决了。除砍砸器和敲砸器，还有一种类似于圆形炮弹的石核，外形就是一个圆形石球，有的被称为手持器，有可能是捕猎的时候用的，用于远距离抛打猎物，但用得不多。

那么，什么是石片呢？菜木沟遗址出土了很多石片，证明石片是菜木沟遗址古人使用比较多的生活工具。石片其实跟我们理解的本义差不多，就是片状的石块。前面说了，制造石核时，要将石头外面的石片打掉，这些被打掉的石片，有比较坚硬的，可以当作生活中使用的工具。这些石片

菜木沟旧石器遗址出土的刮削器石片的三面照片

菜木沟旧石器遗址出土的尖状器石片的三面照片

可分为刮削器、尖状器、雕刻器，刮削器使用的是最多的。从外形来看，刮削器就像一个薄点的斧头，有的刃比较短，有的比较长。尖状器是沿石片相邻的边加工成锐尖，以利于刺割。这种工具后来演变出了矛头等利器。雕刻器就是在石片的尖状部位打成垂直的短刀，类似于现在的刻刀，可以雕刻骨角器和其他艺术品。还有一种两端器，是用砸击法制作的石片，两端有打击痕迹，是北京人文化的典型遗物。

除菜木沟遗址外，千家店还发现了多处旧石器时代遗址，出土石器都大同小异。1992 年，在沙梁子发现了十二件石器。1993 年，在辛栅子村发现了六件石器，在三间房村、河北村分别发现了一件石器。另外，在下湾村也发现了石制品。这些遗址也出土了和菜木沟遗址形状差不多的石核、石片、刮削器、砍砸器等。年代均为旧石器时代中晚期。这些遗址中，沙梁子发现的石器最多，规模最大。遗址位于龙潭村东，面积约二百平方米，有三件石片出土于地下，六件砍砸器、石刀在地表发现。经专家鉴定，遗址属五六万年前的晚更新世早期，是一处规模较大的旧石器时代遗址。这个遗址发现了石刀，那么，什么是石刀呢？简单点说，就是用石头做的刀，跟现在的刀的形状差不多，只不过没有现在的钢刀、铁刀锋利罢了。石刀是经过漫长的岁月从石片演化而来的，是旧石器时期十分高级的工具了。根据专家研究，人类形成的过程中，在长期使用天然木棒和石块来获取食物和防卫时，偶然发现用砾石摔破的锋利处来砍砸和切割东西比较省力，进而受到启示，制作出了石刀。

根据考古学的划定，以使用工具的不同分为石器、青铜器、铁器等时代，而石器时代又可划分为旧、中、新三个时代，旧石器时代从距今约三百万年前开始，延续到距今一万年左右，新石器时代大约从一万多年前开始，结束时间从距今五千多年至四千多年。旧、新石器时代最大的不同就是制作工具的方式，前面说的旧石器时代石器就是用一块石头击打另一块石头而成，称为打制石器，而新石器时代不只可以打制石器，还产生了磨制的石器。除磨制石器外，陶器也是新石器时代的标志，特别是彩绘陶器。新石器时代产生了我国历史上很多著名的灿烂文化，比如河姆渡文化、仰韶文化、红山文化、大汶口文化、良渚文化、马家窑文化等。仰韶、马家窑文化都以彩陶闻名，仰韶文化的人面鱼纹盆和马家窑文化的舞蹈纹彩陶盆都是具有代表性的。红山、良渚文化以玉器闻名，如红山文化的中华第一龙，良渚文化的玉琮。显然，新石器时代的文化遗存比只有石头的旧石器时代要丰富得多，这也预示着新石器时代比旧石器时代有了更多的发展，生活也更加丰富多彩了。目前为止，千家店地区只发现了少量的新石器时代文物。

　　除从旧石器时代延续至新石器时代的菜木沟遗址外，在古家窑也发现了新石器时代遗址。1991 年，在古家窑村的白河北岸发现了一处石器时代遗址，遗址东西长 200 米，南北宽 30 米，面积约 6000 平方米。共发现了十件石器，只有一件出土于地下，剩下九件都在地表采集，基本都是初步加工的石刀、石斧等。前面说的石器时代遗址都没有发现石斧，这个石斧和现在农村砍柴的斧头没什么太大区别，只不过是石头做的，没有那么锋利。另外，河南村还曾出土过石刀和陶片，新石器时代才广泛出现陶器，证明河南村应该有一处新石器时代遗址，这里暂时还没发掘。

　　2016 年前后，有村民在花盆村附近采集到几件新石器时代的石斧和一件石锄，说明附近可能存在新石器时代人类活动的遗迹。

　　一直以来，因为史料记载和出土文物的稀少，大家都以为千家店远古

花盆村采集的石斧　　　　　　　花盆村采集的石锄

时期没有人类活动，也没有历史，千家店这些石器时代遗址的发现，说明在五六万年前千家店地区就有人类活动了。而发现的多处石器时代遗址证明，在石器时代，千家店生活着很多远古人类，是一个十分适合人类生活的地方。有果实漫山、动物出没的高山，还有鱼虾众多、哺育生命的河流，还有制作石器的山岩和河滩砾石，这些都为远古人类提供了良好的生活条件。这些遗物都预示着千家店有着非常久远的历史，是人类较早生活的地区之一，是整个延庆地区最早有人类活动的地方，这里生活着最早的延庆人。那些有人类使用痕迹，经过漫长岁月沉淀，外形圆润、优美的石器，就是千家店拥有几万年人类发展历史的见证。

现在看看千家店的景色，山峰连绵、高山低谷、大开大合，令人怦然心动，又陶醉其中。黑白河环绕流淌，河水清澈透明，在阳光的照射下，仿佛是大自然送给我们的一条流动的钻石，闪闪发光、纯粹清澈。高山流水，远离城市的喧嚣，静听水流的声音，让烦躁的心灵马上安静下来，闭眼倾听，仿佛一曲天籁，山水清音，流动的音乐永不停止。望向蓝天，湛蓝高远，让人看了仿佛心胸都跟着远阔了很多。千家店天空的蓝色，是那种调色板调不出的湛蓝，是那种自然界独有的蓝，是那么蓝，又是那么纯净，不像克莱因蓝蓝得那么俗气，又比北京城里的灰蓝色要蓝上许多，就是那种让人看过惊叹又难忘的蓝天。千家店是山高天也高的地方，有时天空中会盘旋雄鹰，让人不禁一直抬头远望。雄鹰在远空无忧无虑地盘旋，下面是连绵的高山和不尽的河水，比内蒙古的草原还要高远、雄壮，也许，雄鹰都喜欢在千家店这种纯净、高阔的山水上盘旋吧，这就是千家店山水的魅力。千家店现在人烟仍然稀少，自然环境保持较好，让人很难想象北京还有如此天然的山林，植被茂密，植物种类多样，还有很多珍稀野生动物。晚上，大山深处的点点星光，加上明月映衬的黑夜，动物的几声吠叫，这就是千家店山村的夜晚，仿佛一幅人间童话，山河远阔、人间烟火，难怪远古人也要选择在这样的地方生活。

目前为止，自新石器时代后，一直到战国时期前，千家店还没有发现相关遗存，让我们没法了解这段历史，也成了千家店历史的空白。空白不等于没有，也许千家店的神奇土地下还埋藏着很多惊天秘密，等着有缘人去发现吧！

千家店秋景

## 第二节　战国燕地山戎居　汉代一统属华夏

　　千家店战国到汉代的历史，史料无载，但是出土文物证实此时的千家店地区也是有人类活动的。春秋时期，千家店很可能和延庆其他地区一样，生活着很多山戎人，战国时期，虽然被纳入燕国版图，但是仍生活着山戎人，他们为燕国守卫疆土。出土的燕国刀币，证明战国时期，燕文化逐渐进入千家店地区。千家店仍出土了很多汉代生活器具，这很可能是原来的山戎人后裔使用的生活用具。

延庆玉皇庙村山戎墓葬出土的马形青铜牌饰

延庆玉皇庙村山戎墓葬出土的青铜戈

早在商周时期，在现在整个冀北燕山山脉，生活着很多居住在山区的部族，他们没有统一的部族名称，史料中称其为"山戎"人。显然，他们的生产生活方式与中原地区以农耕为主的族群是不同的，他们获得食物的方式以采摘、渔猎为主。在现在冀北地区发现了很多春秋时期的山戎墓葬，这证明，至少到春秋时期，冀北地区仍然生活着生产生活方式与中原迥异的山戎人。山戎在春秋时较为强盛，经常联合各部落南犯，成为燕、齐等国边患。公元前663年，齐桓公曾救燕伐山戎，战国时期山戎逐渐销声匿迹了。延庆是北京发现山戎墓葬最多的地区，共发掘了玉皇庙、葫芦沟、西梁垙、龙庆峡四处墓地，墓葬基本保存完好，没有被盗掘，出土了大量具有北方游牧民族特征的文物。以玉皇庙山戎墓为例，墓地位于张山营镇玉皇庙村。1985年至1989年，北京市文物研究所对该墓地进行了勘探发掘。发掘面积两万多平方米，是现今已知的山戎文化墓地中规模最大的一处。玉皇庙墓地先后发现山戎墓葬四百零七座，均为长方形竖穴土坑墓。墓葬绝大多数为单人仰身直肢葬，就是类似正身睡觉的姿势，大多头朝东。有的墓葬死者用麻布覆面。有木椁和石椁，石椁墓数量不多，只是象征性地用石灰、石块堆砌成长方框形，没有盖石。出土鎏金、青铜、陶器等文物六万余件。出土文物主要有陶器、青铜兵器和马具、生产工具以及装饰品等。比较典型的出土物是金牌饰、直刃匕首式青铜短剑，还有削、镞、戈等兵

延庆玉皇庙村山戎墓葬出土的青铜带钩

延庆玉皇庙村山戎墓葬出土的青铜短剑

器。大多数墓葬都有殉牲。从数量看，以殉狗为最多，其次是羊，再次为牛，数量最少的是马。一般以动物的头和四肢作为殉牲，但在该墓地西区，也发现了用兽头祭祀，不见四肢，有别于其他墓葬。从出土物来看，山戎墓葬仿佛与草原民族有一定的联系。经专家鉴定，玉皇庙墓地年代基本是春秋时期。葫芦沟山戎墓地位于旧县镇古城村北三百米，1985 年 8 月至 1986 年 9 月，

六道河村出土的青铜戈

北京市文物研究所对此进行发掘，发掘墓葬一百五十余座，总发掘面积约五千平方米，出土各类文物三千余件。典型出土物是直刃匕首式青铜短剑、铜刀、铜带钩、动物纹铜牌饰等。葫芦沟山戎墓年代从春秋早期持续到战国早期。除玉皇庙、葫芦沟、西梁垙、龙庆峡四处大型山戎墓地外，经考古调查，在延庆还发现了很多山戎文物出土点。在常里营、东灰岭、罗家台、马蹄湾、小堡村都曾发现过山戎文物，基本都出土了直刃匕首式青铜短剑，证明山戎墓葬出土的兵器是较为有特色的，也是主要随葬品。前面说到玉皇庙山戎墓出土过铜戈，葫芦沟墓地出土过铜带钩，而这些恰恰在千家店也出土了。

1982 年，六道河村出土了铜戈、铜带钩各一件，其中铜戈长 22.8 厘米，宽 12.5 厘米，铜带钩长 13 厘米。形制与山戎墓出土的基本相同，经专家鉴定，为战国时期遗物。山戎在春秋时期到战国早期一直分布在冀北地区，千家店正处于这个范围内。而且现在延庆北

六道河村出土的青铜带钩

部大部分地区都发现了山戎遗存，千家店正位于延庆的东北。山戎顾名思义，就是生活在山上的戎人，而千家店到处都是山。查阅史料，千家店在春秋时期应该不属燕国，所以，春秋时期，千家店地区应该是山戎人居住的地方。六道河村出土的铜戈和铜带钩是战国的，那么，这时期千家店还是住着山戎人吗？答案也是肯定的。战国时期燕昭王命秦开北击东胡，拓地两千里，设上谷、渔阳、右北平、辽西、辽东五郡，千家店应该属于上谷郡。既然有了行政隶属，人口是否有置换呢？应该没有。以夷舆城为例，秦开击败延庆的山戎人后，为了便于管理，在今古城村修建了一座夷舆城。夷就是外族人，舆就是车的意思，大概意思就是会使用车的外族人。这个夷舆城一直延续到了东汉早期，这证明，从战国燕国一直持续到东汉早期，夷舆城应该都生活着山戎人，要不然也不会一直叫夷舆。同理，千家店比现在的延庆川区还天高皇帝远，战国时期的燕国肯定不会迁入大量人口，所以，战国时期千家店仍然生活的是山戎人。从出土的铜戈可以看出，战国时期燕国千家店的山戎人仍是比较尚武的。这些山戎人很可能是为燕国戍边的士兵。

千家店在战国时期虽然生活的是山戎人，但是燕文化已经进入，这也侧面反映了燕国对山戎人的征服。1970年，在前山村出土了32.5公斤的弧背式和方折式"匽"字刀币，在当时的千家店公社出土了1.5公斤弧背式"匽"字刀币。"匽"代表"燕"，表示是燕国的刀币。"匽"字刀币主要流行于战国时期的燕国，这证明最晚到战国时期，千家店已经出现带有明显燕文化的器物，正式被纳入燕国的版图。

春秋时期，燕国长期与山戎接壤，经常被山戎入侵，山戎文化与燕文化长期相互影响，很多燕文化很可能就源自山戎文化。比如，战国时期燕国流行的"匽"字刀币源于尖首刀币，而根据形状来看，尖

延庆出土的燕国刀币

首刀币与山戎墓出土的青铜削刀十分相似，尖首刀币很可能从山戎的青铜削刀演变而来。山戎人善于使用青铜短剑，山戎墓中出土很多青铜短剑、青铜削刀，春秋战国时期流行于燕国、齐国、赵国的刀币很可能最初就源自山戎的青铜削刀。由此可见，燕文化在同化山戎文化的同时，很多方面也被山戎文化同化。目前为止，延庆出土的刀币大约占到整个北京地区的三分之一，延庆本来就是山戎人的地方，这似乎也能证明刀币起源于山戎。

延庆出土的青铜削刀

千家店没有发现秦代文物。前山村除发现战国燕国刀币外，还发现了汉代文物，证明千家店在汉代仍有人类活动。前山村汉代文物出土点分布在长1000米、宽500米，占地面积约50万平方米的范围之内。出土了石臼、石盆、瓷缸、陶瓮等汉代器物，都是生活用具。石臼是人类以各种石材制造的，用以砸、捣、研磨药材、食品等的生产工具，古代称"碓"，是一种较为先进的生活用具。那么，使用这些器物的人是谁呢？他们很可能是接受了汉文化，被汉化了的"山戎人"，也就是"汉人"了吧，这也历史再现了中华民族共同体意识的形成过程。另外，千家店还出土了一件汉代双系铁盆，盆很大，直径34.5厘米，高9.5厘米，肯定是一群人吃"大锅饭"用的盆，侧面佐证千家店在汉代是人类活动频繁的地区。

汉代以后，一直到唐代，千家店未发现出土文物，史料也没有记载，造成了这段历史的空白。相信随着最新考古发现，我们一定可以揭开千家店从汉代到唐代历史的奥秘。

千家店出土的汉代双系铁盆

# 第三章 金元秘道

　　千家店明代以前的历史史书未载，只能在遗址、墓葬、出土文物中找寻它的历史痕迹。除汉代前山文物出土点外，从汉代一直到唐代，千家店未有其他考古发现。直到辽代才发现了几处零星遗址。金代遗址也比较少，2016 年，在大石窑村发现了金元时期聚落遗址，是目前千家店地区已发现规模最大的金元时期遗址。此遗址的发现，佐证了四海冶路的存在和走向。元代继续使用四海冶路，在道路两旁发现了多处遗存，直到元朝灭亡，四海冶路彻底废弃。元代，千家店地区是重要的采矿、冶炼、铸造场所，发现了多处相关遗址，还出土了带有文字的铜范，为研究千家店元代历史提供了重要资料。原白塔南沟村北侧在元代建有白塔，是当时整个千家店地区信仰的中心。

大石窑村金元古道

## 第一节 四海冶路古道忙 惊现金元兵驿站

目前为止，千家店仅明确发现三处辽代遗存。首先是红旗甸遗址，遗址位于河西村。遗址长约200米，宽约100米，面积约2万平方米。出土过陶瓷缸、铜钟、宋代铜钱、牛骨等。原为辽金贸易场地，现遗址上已建民居。其次是李太白坡遗址，遗址位于六道河村西北一公里处，白河北岸。遗址长约1000米，宽约200米，面积约20万平方米。20世纪70年代初，曾出土铁錾锅、陶瓷缸、磨盘等文物，属辽金时期。传说有叫李太白的人在此居住，因此得名李太白坡，后被洪水冲毁。再次是花盆村辽代钱币窖藏，1986年在花盆村发现，出土铜钱100公斤，装在一陶罐内。除以上三处辽代遗存外，石槽村佛爷庙附近还发现了宽沟纹砖，年代有可能上溯到辽代。另外，1998年在六道河村征集了一件佛造像，石质，高23厘米，宽13厘米。根据造型来看，与北朝隋唐时期的造像碑近似。正面中央有一尊主佛坐于一形似佛龛之中，神似自在观音，周围环绕十尊弟子坐像，自在观音上面是一仿木构门亭。与北朝隋唐造像碑制

石槽村佛爷庙附近发现的辽金时期宽沟纹砖

作形制相同。但尺寸较小，制作粗率，未有刻字。考虑到千家店目前未发现北朝隋唐时期遗存，推测这个小型造像碑很可能是辽金时期之物。造像碑是除了在山崖上开凿石窟、雕塑佛像和制作小型佛像之外，最重要的一种祈福形式。这个造像碑应该是千家店辽金时期的一般贵族为祈求家人平安、逝者安息而雕凿的。造像碑一般放置于寺院之中，这个造像碑应该不是墓葬出土。这侧面佐证千家店在辽金时期建有寺院。

六道河村出土的佛造像

这个造像碑上面和左侧各有一个孔洞，应为固定之用。造像碑后面刻有"光绪十六年"几个字，为清朝人所刻。

红旗甸、李太白坡两处遗址破坏较大，未出土带有文字的文物。钱币、造像碑、沟纹砖都不能明确证实历史，所以现在仍不能探究千家店辽代历史，只能证明千家店在辽代有人类活动。千家店在辽代很可能隶属南京道顺州怀柔县。

除上述两处延续至金代的遗址，以及六道河造像碑外，千家店还发现了很多金代遗存。2004年，在红旗甸

红旗甸村出土的金代大安二年（1210年）石狮

村发现了金代大安二年（1210年）的一尊石狮，高78厘米，刻有"大安二年"四字。花盆村关帝庙内有一石花盆，清代《口北三厅志》记花盆岭得名于掘土而得的刻花石盆，不知何代所遗，以此命名村及山岭。今花盆村因此得名。根据花盆形制判断，此石花盆很可能是金元时期遗物。在千家店还发现了金代窖藏，出土了两件铁犁铧和六鋬锅等。这些都证明千家店在金代仍有人类活动，但因缺少史料和文物证据，暂不明千家店在金代的建置沿革。2016年，因盗掘发现的一处金元时期聚落遗址为我们研究千家店的金代历史提供了重要资料。

## 发现大石窑金元时期聚落遗址

让我们回到当年发现这个遗址的情景。2016年5月18日上午7时，大石窑村民在耕地内发现了二十多处盗洞，地表遗留有铁器残片、瓷片、瓦片等，村民将此事上报千家店镇政府，千家店镇文化站长闫文涛立即上报给延庆区文委。文委文物科科长范学新马上带领工作人员驱车前往七十公里外的大石窑村了解情况。根据现场勘查及遗留文物情况，初步认定此区域为古文化遗址，立即向公安局报案，再

盗墓分子遗留在地表的器物残片

向北京市文物局进行了汇报，同时要求千家店镇政府对现场采取临时保护措施。19日凌晨，胆大妄为的盗墓分子再次来到大石窑村案发现场，企图趁着黑夜浑水摸鱼，到白天踩点的几个地方继续盗掘文物。盗墓分子自觉天衣无缝的盗掘行为被负责蹲守的两个大石窑村民看得一清二楚，他们到隐蔽处悄悄地给派出所打了报警电话。在大石窑村书记的引领下，派出所民警迅速赶到案发现场，当即抓获了一名犯罪分子和一辆货车。19日上午，鉴于此次盗掘事件的严重性、危害性

大石窑遗址考古试掘探沟

之大，延庆区文委和千家店镇政府立即召开案件侦破工作协调会，商讨应急方案。并于当日邀请市文物局执法队、市文物研究所、延庆公安分局刑侦大队等有关单位工作人员到现场勘查。市文物研究所考古专家认为这是一处"元代古文化遗址"。查验盗墓分子在遗址表面遗落的文物残片，可以确定是六鋬锅、铁刀、铁犁铧等器物的残片，还发现了大量瓷片、陶片、瓦片，证明这里很可能是一处金元时期的聚落遗址。后来，盗墓分子被全部抓获，这是北京地区近年最大的一起遗址盗掘案。

为保护遗址并确定遗址价值，5月24日至27日，对现场进行了为期四天的勘探和试掘，共试掘了八条探沟和三条解剖沟。在遗址东北部上级台地发现了墙基，出土了铁器、陶片、瓦片、钩

大石窑遗址发现的六鋬锅

纹砖、素面砖、炭屑、红烧土、
炉壁残块、开元通宝等遗物，地
表采集到了很多陶纺轮、陶片、
瓦片、瓷片、砖块等。5月27日，
北京市文物研究所原所长齐心、
原副所长靳枫毅以及专家李华等
来到现场鉴定，他们一致认为：
"该处为金元时期聚落遗址，是
具有重要的历史价值和文物价值
的古文化遗址。"至此可以确定，
这是一处大型金元时期聚落遗址。

大石窑遗址出土的宋代铜钱

那么，金元时期这里住的是什么人呢？这里是村庄还是其他什么呢？

## 大石窑遗址是驿站和哨卡

　　大石窑金元时期聚落遗址位于原下马鹿沟村，北侧紧邻河北省赤城县
上马鹿沟村，具体在今大石窑新村北侧，河东路（003县道）公路东侧的
一处平整的台地之上。此台地东西有高山，南北两侧均有极窄的隘口，南
北隘口中间是逐渐变宽的开阔地，平面类似"鱼"形。南北越来越窄，向
中间逐渐变宽，遗址就在山谷中间的东侧高地。由此可见，此遗址所处台
地东西有高山，南北有隘口，居高临下，易守难攻，是一处十分重要的战
略要地。像一个中间粗、两头细的口袋，想要进去是十分不容易的。金代
以金中都（今北京城区）为中心，修建了很多四通八达的大路，自金中都

大石窑遗址北侧隘口

可到达金上京会宁府（今黑龙江哈尔滨阿城）、东京辽阳府（今辽宁辽阳）等很多地方，驿路发达，驿站林立。后来蒙古人继承了金代的道路，自元大都（今北京城区）修建了可通往全国各地的道路，设有大量驿站，可休息、修车、更换马匹等。根据《经世大典》所记，在金代道路的基础上，元代的道路有了更进一步的发展，驿路、驿站制度也进一步完善。元代的道路系统是维持庞大帝国的重要国家系统。

大石窑遗址出土了六鋬锅、铁犁铧、铁刀等遗物，还发现了墙基遗址，证明这里曾有人进行生产生活。而且，遗址就位于古道旁边。根据元代制度，这里很可能是一处兼具军事性质的驿站，扼控孔道，并为途经车马提供补给。

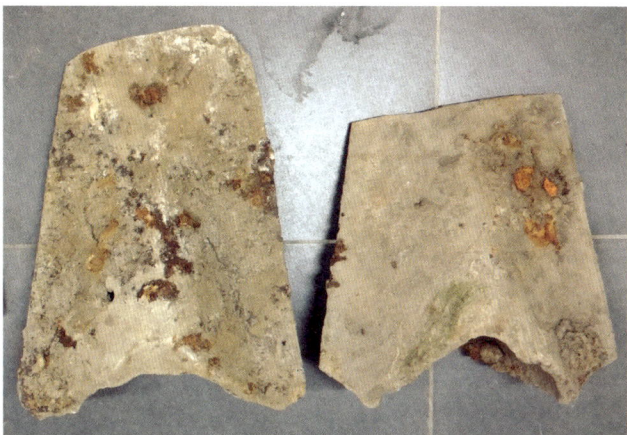

大石窑遗址出土的铁犁铧

此驿站在金代应该就出现了。查阅史料，元代在上都（今内蒙古正蓝旗）和大都之间存在一条"四海冶路"，因主要行经四海冶（今四海镇）而得名，而大石窑附近的山路正好可与四海相连，大石窑遗址在元代应该就是四海冶路的一处重要驿站。

大石窑遗址出土的铁刀

## 考古发现印证四海冶路

　　除大石窑遗址外，其他考古发现也可证实大石窑遗址西侧的山道就是四海冶路的一部分。自大石窑到南部石槽村原有一红旗甸河。《延庆县水利志》"白河支流"标题下记红旗甸河："发源于河北省赤城县境，流经大石窑、红旗甸，在千家店镇河口附近入白河。"古代河流多流经山沟谷地，因取水方便，人们多生活在河流两侧，迁徙时也会沿着河流走动，久而久之，在河流两侧或一边宽阔地就形成了"沟道"，有的走车马，也称为车道沟，即河边的路。所以，自大石窑到河口村的红旗甸河旁在古代肯定是存在一条古道的，即山沟内的沟道。今红旗甸村南正好有一名为"车道沟"的村庄，也可佐证大石窑到河口村是有古道的。现在的河东路就是在古道上修建的。

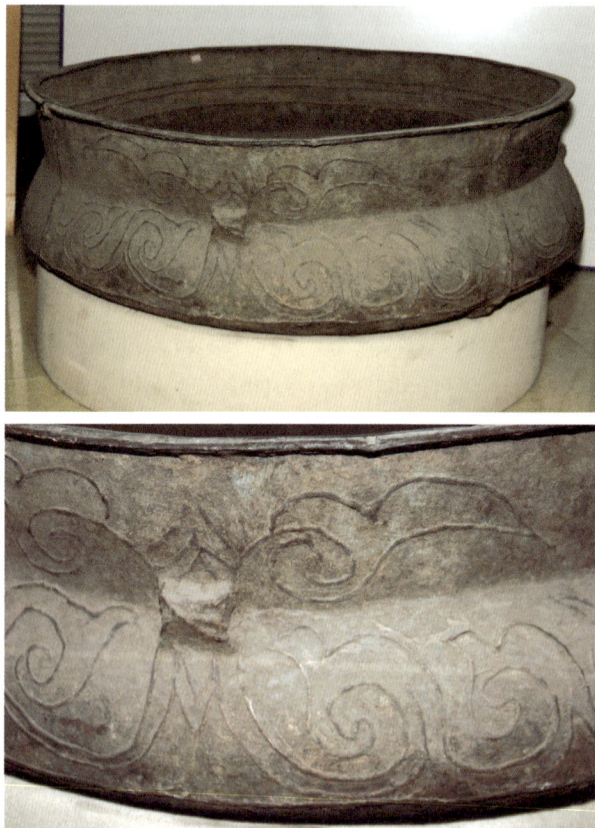

河口村征集的铜锅

　　1992年的时候，在河口村曾征集到一口铜锅，很大，口径有91厘米，高35厘米，平面呈圆形，锅的肚子鼓鼓的，外侧铸有藏式花纹，上面内侧还铸有两道弦纹，近口沿处有一行藏文，看不清，很可能是藏文"唵嘛呢叭咪吽"佛教六字真言。蒙古人笃信藏传佛教，这口铜锅很可能是元代遗物。证明河口村在元代有人生活，也可佐证河口村附近有古道。自今河口村到石槽村也有山谷沟道相连，古代也可

石槽村藏文六字真言"唵嘛呢叭咪吽"石刻

能有河，下大雨的时候在沟道旁还能发现水泡子。

沟道有的地方十分细窄，有点一线天的感觉。在石槽村北西侧崖壁曾发现过藏文六字真言石刻，石刻长 120 厘米，宽 30 厘米，保存较为完好。元代行两都巡幸制，皇帝在春季自大都前往上都，秋季自上都返回大都，所行之路称为"辇路"，居庸关、八达岭是南来北往必经之地。元帝笃信佛教，在必经之居庸关、八达岭等地两侧崖壁刻有很多六字真言，保佑路途平安。石槽六字真言石刻很可能也是此用途。佐证从河口村到石槽村是有古道的，元代很可能使用。现在河口村到石槽村修有河石路，就是在古道上修的。那么，石槽有路可以连通四海吗？询问当地老百姓，他们说清末民国时期，自千家店、石槽有山路通四海，这条路是从内蒙古贩运货物到北京的路，时称"马帮道"。照这么说，自大石窑到石槽的古道是四海冶路的一部分。

石槽藏文六字真言石刻旁边的疑似佛教石刻

## 史料中的千家店四海冶路

考古发现和现场调查说完了，我们再看看史料里对千家店这条形成于金元时期的古道是怎么记载的。千家店的这条古道应该是四海冶路的一部分，我们先具体了解一下四海冶路是怎么回事。明代许论《九边图论·宣府》记："东路永宁、四海冶及龙门所，则三卫窥伺之地。而四海冶上通开平大路，下连横岭儿，又要地矣。"这是目前所见关于四海冶路的最早记载，四海冶是这条路的主要行经地，所以后人称为四海冶路。四海冶即今四海镇，省去了"冶"，现在只称四海。"开平"即元上都（今内蒙古正蓝旗），

证明四海冶路很可能在元代是连通大都到上都的重要通道。明代《宣大山西三镇图说·宣镇图说》记四海冶堡是"胜国时入上都通衢也"。胜国即亡国，意指元朝，通衢即四通八达之地。这条史料也证明行经四海冶的道路是元代的一条重要道路，是连接大都与上都的重要通道。后来很多史料都依据上述两则史料记述过四海冶路，如记述今延庆东部地区明代设立的永宁县（今延庆永宁镇）历史，成书于明代万历年间的《永宁县志》记："四海冶为宣镇极东，形势孤危，遇有不测，援兵

四海冶路延庆段部分

甚难。故《皇舆考》谓'其连横岭儿,为要地是已。'北环大边,边外宝山寺、天仡力等处尽属穹庐,西南海子口,当陵寝之背黄花等镇,即胜国时入京庄道,堡西五里名天门关,武盉坚守,则敌入无隙矣。"认为四海冶是元代两都之间的"庄道",庄道指四通八达的道路,与通衢同义。《读史方舆纪要》更认为"四海冶堡,县(永宁县)东百里。元时往来上都,恒取道于此",认为四海冶路是元代两都之间一直使用的道路。根据以上记载可知,四海冶路是元代连通大都与上都的重要通道。但到目前为止,未发现明代以前史料对这条路的记载。元代史料记载,元代两都之间有西路、驿路、辇路、古北口路四条官道,唯独不记四海冶路,莫非这是一条不能公开的神秘古道?这要等待新考古发现才能解答了。

那么,史料里有关于四海冶路千家店段的记载吗?还真有。清代《宣化府志》记四海冶口通"口外珍珠泉、千家店、独石口"。意思是自今四海镇有古道可到千家店。成书于清代光绪年间的《延庆州志》记:"四海口外,在四海冶城北,距州一百十余里,口外通千家店,路稍平。……按四海冶北接边城,出口即千家店,地面辽阔。"又记:"四海北口一座,通千家店。"

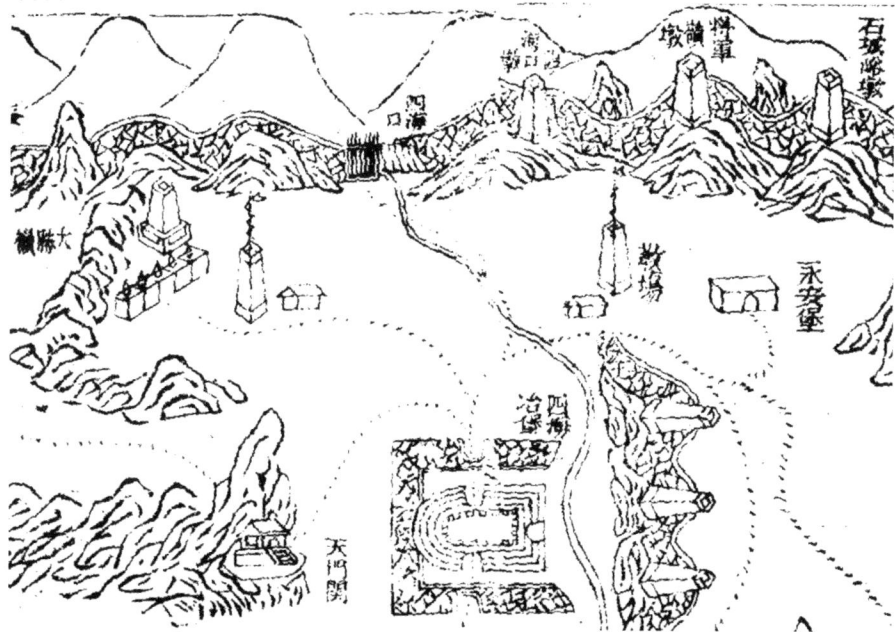

清光绪《延庆州志》四海冶堡形势图

成书于清光绪年间的《畿辅通志》记:"四海冶口,在州东一百一十三里(州志),四海冶堡北五里。口外通珍珠泉、千家店、古北口、独石口等处地方。"又记:"千家店,在厅东南。南通四海冶口。"这些史料记载的这条四海冶通往千家店的古道就是金元时期的四海冶路,证明四海冶路在清代仍在使用。这条古道自四海到大石窑的线路为:四海—天门关—大胜岭—下花楼—河山沟—上花楼—石槽(元代六字真言石刻)—河口(元代六字真言铜锅)—车道沟—红旗甸(金代石狮)—大石窑—老下马鹿沟(金元时期聚落遗址)。

　　根据史料记载,元代四海冶路可直通大都,明朝迁都北京后,在四海冶派重兵防御,因为一旦四海冶城失守,蒙古人即可沿着四海冶路南下北京。《四镇三关志》所载《按察副使、郡人崔雪履防守黄花镇论》记:"陵寝之重以黄花镇为之紧要,而黄花之重以四海冶为门户,乃唇齿相顶之地。是故,四海冶内抚属夷,外御强房。凡遇警报,黄花为山南,欲行隄备。镇□与四海冶潜通一小径,为传便路,然往来者亦由之地,恐岁久不禁以成通衢。在经略之所不及巡察之所,未周□出不测。虽亟为之禁,不可得矣。若塞此道,则四海冶警报必由居庸以达黄花,开间二百余里,不能便捷。为今之计,绝其往来,不失警报便捷。斯图万全,愚意当以边墙通道适中之处建一敌台,台之上置屋以便直宿。台分内外,黄花拨军三十名,四海拨军三十名,分为三班。每日黄花军十名,四海军十名在台直宿。凡传报文,移到即判,随自外而入者至台下,黄花军传递,自内而出者,四海军传递。每传以二人至于台,军轮流挨次,如有失误者,定以军法从事。如此,则傍径虽塞,而传报亦不违矣。"据此可知,明代四海冶与军事重镇黄花镇有一条小路相连,过黄花镇后可直达京师,这条小路很可能是元代四海冶路的南段。明朝为掐断四海冶路,在四海冶修建大型城堡,防御蒙古人南侵,再次证明了四海冶路在金元时期的重要性。这么重要的南北通衢行经千家店,可以想见,金元时期,千家店车水马龙、店铺林立的景象。而大石窑的驿站就是自北方进入千家店的第一站,根据遗址分布面积来看,这应该也是千家店最大的一座驿站。可能始建于金代,元代续用。大石窑驿站位于险要的关口,其除住宿、修车、喂马等功能外,很可能还有军事功能,依靠险要的地势把守关口,形成"一夫当关,万夫莫开"之势。

## 第二节　供应元廷铜铁矿　王朝最后铸铜地

千家店曾发现元代铜器的铸造遗址，还发现了开采铜矿的矿洞遗址和冶炼铜器的遗址，这些应该在元代仍然使用。元代千家店地区可独立完成采矿、冶炼、铸造等一整套流程。在铸铜遗址发现的元顺帝至正二十七年（1367年）铜范，证明千家店很可能是元朝最后的铸铜地。

### 石槽铜铁矿的开采和冶炼

早年间，在石槽村山沟谷地发现过炼铜遗址，现在去还能发现红烧土和炼渣，石槽村南五公里处的山上还有十余个开采铜矿后遗留的矿洞，现在基本都用水泥封住了洞口。当地老百姓称为石青洞（硐），矿洞深几十米至数百米不等，这证明石槽村的矿曾经被开采了很多年。自20世纪50年代开始，地质调查队曾对石槽附近矿山进行了数次调查，根据《北京市延庆县千家店乡石青洞铜矿化探工作报告书》（1958年）、《北京市延庆县

石槽村发现的炼渣等冶炼遗存

孔雀石 Malachite
编号：No. M7704
产地：湖北大冶
Locality：Hubei, China

铜矿石

千家店公社石槽村铁矿地质报告》（1959年）、《北京市延庆石槽铜矿一工区地质勘探报告》（1974年）、《北京市延庆县石槽铜矿区详查工作总结报告》（1975年）、《北京市延庆县石槽铜矿区物探工作总结报告》（1975年）、《北京市延庆县石青硐铜矿区普查地质报告》（1995年），石槽村附近山体含铜、铁、金、银、铅等金属，但含量较低，开采较为困难。这些报告中没有提到石槽矿山在近现代时期是否开采过。询问当地老百姓，石槽早年曾开过金矿，没有开采过铜矿、铁矿。所以，可以确定，至少民国以来石槽是没有开采过铜、铁矿的。

在延庆清代地方志书中也没查到石槽开矿的记载，乾隆年成书的《口北三厅志》记载了石青洞，并说相传昔时洞产石青因名，证明石青洞肯定产生于清代以前。明代千家店是蒙古人的驻牧地，肯定不会挖矿。所以，石青洞最晚应该开采于元代。石青又称蓝铜矿，是一种碱性铜碳酸盐矿物，与孔雀石紧密共生，其实就是铜矿。也就是说，现在石槽村的铜矿洞最晚开采于元代。

前面已经说到，石槽就在元代四海冶路旁，崖壁上还有藏文六字真言这些典型元代遗留石刻，而且河南村还发现了元代铸铜遗址，石槽开采的铜、铁矿在山谷中冶炼后，应该是运到河南村铸铜。基本可以确定，现在石槽的矿洞和冶炼遗址，应该是元代遗留下来的。那么，石槽旁的四海冶路显然具有运送铜料的功能。也就是铜矿在石槽冶炼变成铜锭后，经四海冶路运送至河南村，铸造完后再运往全国各地。铜铁伴生，铜矿山一般上面都会有铁矿，称为"铁帽"，而且地质调查队的报告也说石槽有铁矿，所以，石槽是一个同时对铜铁两种矿石进行开采和冶炼的地方，在元代很可能是一处大型的矿料生产基地。

除铜铁矿洞外，石槽还遗留了大量铅锌矿洞。石槽铅锌矿洞遗址位于石槽村东南三公里处，矿洞在北山阳坡上分布较为集中，有数十个。原来的旧洞口一般不大，人只能匍匐进入，深数百米至数千米不等。纵横交错，上下沟通。有的前些年还开采，现在基本都废弃了。这些铅锌矿洞和铜铁矿洞一样，应该也是元代开采的。石槽是整个千家店地区最大的矿产基地，堪称千家店的"聚宝盆"。古代青铜器、铁器都是较为稀有的珍贵器具，是皇家身份地位的象征，谁控制了铜矿、铁矿，就等于控制了生产铜器、铁器的权力，石槽的矿山在元代很可能属于内廷官府所有，应该是一处重要的、内廷直接管控的国家矿山。

那么，看到石槽山上遗留的大量数十米深的矿洞，再看看山谷中遗留下来的红烧土和炼渣，不禁让人产生疑问，这些都是元代遗留的吗？众所周知，古代铜矿开采技术比较落后，对一处大型矿山进行开采，可能要持续几个朝代数百年，而且还未必能完全开采干净。因此，石槽铜、铁矿的开采很可能在元代以前就开始了。提起青铜器，肯定会想到延庆春秋时期的山戎墓葬，在几百座保存完好的山戎墓葬中出土了大量直刃匕首式青铜短剑等众多青铜器，那么，这些青铜器的铜料来源于哪里呢？根据考古发现，现在延庆北山的玉皇庙、葫芦沟、西梁垙、龙庆峡等地发现了大量山戎墓葬，而东部的常里营、东灰岭、罗家台、马蹄湾、小堡等地也发现了山戎文物出土点，这些证明山戎人在延庆的活动区域是十分广泛的，而且上述地区都出土过山戎文化的青铜器。这么多的青铜器需要大量的铜矿才能制作，目前在整个延庆地区只发现了石槽这一处大型铜矿出产地。我们不妨大胆猜测一下，山戎青铜器的原料来自石槽，现在石槽遗留的矿洞很可

延庆山戎墓出土的青铜短剑

能是春秋时期山戎人最先开凿的，接着后人不断开采，就变成了现在深数十米的样子了。

## 千家店是燕山地区矿冶生产区的一部分

查阅资料，千家店处于一段燕山山脉的产矿区，这个区域北到千家店，南到怀柔渤海镇，西到大庄科，东到千家店、四海与怀柔交界，石槽位于这个产矿区的北端。唐朝东北渤海国的人十分善于冶铁，而唐朝连年战争缺少兵器，就把很多渤海国的冶铁工匠迁居到了现在的怀柔西南，这里有铁矿，

大庄科乡出土的冶铁炉

可方便渤海人采矿、冶炼等。因为他们是渤海国的工匠，后来这个地方就被叫作渤海，怀柔渤海镇得名于此。迁怀柔的渤海人也把冶铁技术带来了。辽朝灭掉渤海国后，为了便于他们冶铁制造兵器，也收编了很多渤海国冶铁匠人。大庄科曾发现了规模庞大的辽代矿冶遗址群，出土了很多冶铁遗迹。从大庄科辽代冶铁遗址中心到渤海镇直线距离二十四公里，不算太远，

大庄科乡出土的炉渣

很可能是渤海镇的渤海冶铁工匠辅助辽朝在大庄科开采铁矿、冶炼、铸造的。他们将冶铁技术带到了大庄科，将冶铁技术教给了大庄科的工人，所以辽朝才能在大庄科大规模开采、冶炼、铸造铁器，大庄科是辽朝最大的铁矿开采、冶炼、铸造地，堪称辽朝的铁器制造基地。

不仅如此，渤海镇与四海镇地区在元代还形成了一个规模庞

大的铁矿开采、冶炼、铸造集群。渤海镇本来就有铁矿，现在渤海镇铁矿
峪村就是当年开采铁矿的地方。那么，铁矿开采出来到哪儿冶炼呢？铁矿
峪村南部直线距离四公里的地方有一名为南冶的村庄，二者有怀沙河相连，
方便运输铁矿，南冶应该就是冶炼铁矿峪铁矿的地方。《怀柔县志》记明
永乐二年（1404 年）修建南冶口，并在铁矿峪立矿，到该地冶炼，至嘉靖
三十六年（1557 年）闭矿。但其实在元代就开始冶铁了。《怀柔县地名志》
记载，南冶元代成村，距今有八百多年的历史。村西海拔六百米的西山顶
上有一座用石块堆砌而成的巨大圆形石墙，村民都叫它"狼尾巴墩"，这
很可能是蒙古人的"敖包"。敖包是蒙古语，意即"堆子"，意为木、石、
土堆。南冶村建于元代，很可能就是因为冶铁而形成了村庄，加上村里还

渤海镇与四海镇位置示意图（两镇直线距离约 14 公里）

有蒙古人的遗迹，南冶的冶铁历史应追溯到元代。南冶村北两公里的地方，有一个名叫达子营的村庄，这可能就是元代蒙古人居住的地方。南冶村北有个叫"石堆子"的地方，堆满了大大小小的炼渣，这应该就是当年冶炼的地方。20世纪20年代，在这块平坦土地里挖掘出一个上百斤的大铁石。由此可以想象出那时南冶的炼铁盛况。《怀柔县志》又记，为区别位于长城以北的北冶（四海冶），故名南冶。也就是说四海冶在元明时期还叫北冶，正好是一南一北两个冶铁的地方。那么四海冶的铁矿从哪儿来呢？

## 石槽是四海冶铁矿石来源之一

成书于明代嘉靖年间的《宣府镇志》记："敬皇帝弘治三年……七年，徙永宁卫中左千户所治四海冶，本四合冶，以四水合流，故名。谓之冶者，古盖冶铁其地也，俗讹为四海冶云。"光绪《畿辅通志》亦记其"旧为冶铸之所"。现在四海村东南西北四个方向还有四条河流，因其是四河相汇的地方，又因为冶铁，所以就称为四河冶，又叫四合冶，后来演变为四海冶。元明时期，多称湖泊为海，这可能是其改为四海冶的原因，佐证其很可能最早在元代开始冶铁。明代《宣府镇志》记其"古盖冶铁其地也"，佐证其肯定不是在明代开始冶铁的，元代应该有冶铁的作坊，最初很可能在金代就开始冶铁了。前些年在四海村曾发现过冶铁炉遗迹，证明四海这个地方之前确实有冶铁的作坊。那么，四海的铁矿从哪里来呢？自怀柔铁矿峪到四海没有道路、河流相连，运输极为不便，四海的铁矿肯定不会来自铁矿峪。根据《北京市延庆县四海公社永安堡村黄铁矿矿点检查报告》，今四海镇永安堡是有铁矿的。除此之外，四海还有铁锰矿，被称为"四海式"铁锰矿，证明四海的铁矿是比较典型的。四海冶炼的铁矿很

四海村南发现的冶铁炉

可能来自这些地方。

前面提到石槽也有铁矿，距离四海十三公里，有沟道与四海冶路相连，所以，石槽的铁矿也可能被运到四海冶冶炼，四海冶的部分铁矿来自石槽。

石槽不仅向其北部河南村的铸铜作坊提供铜原料，还向其南部四海冶的冶铁作坊提供铁矿，堪称是千家店地区的聚宝盆。古代铜铁是相对稀有的金属，铜矿可以制作青铜鼎、爵等重器、礼器，是皇权、身份的象征。铜铁也可以制造兵器。这些都意味着石槽在元代是一个十分重要的地方。

## 四海冶路的主要功能之一是运输矿石

其实，通过研究千家店、四海、渤海、大庄科四乡镇的矿冶历史可以发现，四海冶路承担着运输铜铁矿、铜铁原料、铜铁成品的重要功能，那么，史料中从未提及运输什么货物的四海冶路是专门运输矿冶产品的道路吗？现在只能说这是四海冶路运输的货物之一。

## 河南村的铸铜遗址

前面说到，石槽的铜原料被运到河南村的铸铜作坊生产青铜器，幸运的是，在河南村的铸铜遗址中发现了带有文字的铜范，为我们研究千家店历史提供了重要资料。这也是目前所见关于千家店元代历史唯一的文字资料。

根据赵光林《北京市发现一批古遗址和窖藏文物》所记，1984 年 4 月，在河南村东南地表发现了四个炼炉灶坑遗迹，附近还发现了铜矿石、铜炼渣、铁残片等遗物，证明这是一处炼铜遗址。初步推算，遗址面积南北长150 米，东西宽 50 米，是现在整个延庆地区发现的规模最大的炼铜遗址。最为重要的是，遗址出土了三件铜犁铧范（母范），上范两件，下范一件。除一件素面无字外，另外两件铜范都铸有年款，一件为"至正十九年造"，此铜范长 43.5 厘米，宽 32.5 厘米。一件为"至正二十七年月五造"，长 40厘米，宽 32 厘米。都是元朝最后一个皇帝元顺帝的年号，证明河南村铸铜遗址在元代使用。河南村附近只有石槽一处大型铜矿生产、冶炼地，显然，河南村铸铜遗址的铜锭、铜矿石都来自石槽。也就是说，千家店地区在元代可以独立完成铜矿开采、冶炼、铸造的一整套流程。

那么，遗址发现了铜犁铧范，就证明河南村在元代是可以生产铸造很

河南村铸铜遗址出土的两件铜犁铧范

多犁铧的。犁铧是一种翻土用的农具，是耕地时安装在犁上，用来破土的铁片。多为V形，用来在土地上豁出一条条沟，土向两边排出，中间为沟，达到松土的效果。犁铧作为农具在中国这种以农业为主要生产方式的国家出现得很早，在原始社会，就出现了石犁，如新石器时代崧泽文化石犁铧。夏商周时期产生了铜犁铧，后来又出现了木身石铧，公元前6世纪左右，开始出现了铁犁，一直使用至今。铁犁铧出现后，铜犁铧仍在使用，如贵州兴义汉代青铜犁铧。金元时期也在使用铜犁铧，河南村元代铸铜遗址出土的铜犁铧范就是实证。河南村元代铸铜作坊生产出的铜犁铧很可能就在附近区域使用，这也可佐证千家店在元代是具备农业生产条件的。

根据《元史》所记，元廷设有出蜡局，隶诸色人匠总管府，是制作青铜器的重要机构。《元史》记："出蜡局提举司，秩从五品。提举一员，同提举一员，副提举一员，吏目一员，掌出蜡铸造之工。至元十二年，始置局。延祐三年，升提举司，设今官。"河南村的铸铜作坊很可能就隶属出蜡局、出蜡局提举司。

## 河南村的铸铜作坊是元朝最后的铸铜地

出土的两件铜范一个铸写"至正十九年造"，另一个铸写"至正二十七年月五造"。至正是元朝最后一个皇帝元顺帝的最后一个年号，自1341到1368年。也就是说，河南村元代铸铜作坊到了元代末期仍然使用，亦代表几乎终元一代都在使用，是一个持续时间很长的铸铜作坊，应该为元朝生产制作了包括农具在内的很多铜器。元顺帝在至正二十八年（1368年）逃离元大都，元朝灭亡，而河南村铸铜遗址出土了一个铸有"至正二十七年月五造"的铜范，至正二十七年即 1367 年，证明在元朝灭亡前一年河南村的铸铜作坊还在生产制作铜器，也算是为大元朝"工作"到最后一刻了。河南村的铸铜作坊很可能是元朝最后一个铸铜作坊，为元朝生产了最后一批铜器。这也证明直到元朝灭亡前，千家店仍在元朝的控制之下。

"至正二十七年月五造"铜范还铸有"任造"两个字，"任"是铸铜工人的姓，证明这是一个姓任的工人铸造的，这很可能是元朝最后一个铸铜工人了。

## 第三节　藏传佛教白塔儿　善男信女伊甸园

冀北地区是元朝的核心区域，大都、上都、中都，两都巡幸路皆在此。冀北地区还是元朝开创者忽必烈的发迹之地，在元朝是十分重要的地区，生活了大量蒙古人。蒙古人笃信藏传佛教，又称喇嘛教，白塔是藏传佛教的典型建筑。延庆佛峪口村曾建有一白塔。根据明代史料记载，千家店原白塔南沟村北有一座白塔，蒙古人叫它白塔儿。这些应该都是元代建筑遗存。

元廷在大都地区修

北京妙应寺白塔

建了很多藏传佛教的典型佛塔，因为其外表涂抹了白灰，所以也称白塔。如北京的妙应寺白塔。白塔的白色代表东方、水、释迦牟尼佛或文殊菩萨。那么，佛教中的白塔是怎么传播到中国的呢？公元 7 世纪以后，印度的佛教逐渐传入西藏地区，印度佛教中的白塔也传到了西藏。在印度，最早的佛塔是用来供奉和安置佛陀释迦牟尼涅槃后的舍利（佛骨）和其他圣物的。这种佛塔远望像一个倒扣在地上的钵，被称为覆钵式。随着印度佛教在西藏的传播，西藏也修建了很多白塔，又称喇嘛塔。西藏的白塔是按照另一个佛教国家尼泊尔白塔样式修建的，是覆钵式佛塔的一种变体。之后这种白塔又传入中土，北京的妙应寺白塔就是尼泊尔工艺家阿尼哥建造的。

在元代，随着皇帝对藏传佛教的笃信，中原地区修建了很多白塔。原白塔南沟村北的白塔已经消失，20 世纪 80 年代还存有塔基，2005 年左右在原址又修建了一座新塔，取名"定山塔"。现在已经完全看不到原塔的塔基，当年未对塔基进行考古发掘，不能断定白塔的建造年代。但可以确定的是，元代皇帝笃信佛教，在大都、上都之间修建了很多白塔，而且明代千家店只居住少量的蒙古东土默特人，很难具备建造白塔的技术。所以，白塔应该不会修建于明代，最有可能修建在元代。那么，元代的千家店白塔是怎么修建的呢？关于千家店白塔的修建有一个传说，"据传昔有岭南道士云游于此，观兹处有南山北崖相接遏水之象，遂嘱建塔解患"。落成之后，境内物阜民康，皆得其惠。阅沧桑，历陵谷，几经修缮，80 年代彻底损毁。那么，千家店白塔原来是什么样子的呢？

## 千家店元代白塔的形制

元代白塔的修建是有一定的定制的，白塔虽然沿用了覆钵式佛塔的基本形制，但又有自己独特的特点和变化。简单来说，白塔由以下几个部分组成：一、底座，方形或圆形，有时有四层或八层台阶，象征四正足和五根等佛法；二、主体，圆形或椭圆形，像一个倒扣在底座上的钵或瓶，象征佛陀或菩萨的肚脐或胎盘，主体内部通常会放置舍利、经卷、法物等；三、颈部，细长而窄，连接主体和顶部，象征佛陀或菩萨的喉咙或脖子；四、顶部，由多个部件组成，主要包括十三层轮相，圆形的盘状结构，从大到小依次叠加，象征十力和三念住等佛法；五、伞盖，伞形的结构，覆盖在轮相之上，象征智慧，也象征对佛陀或菩萨的敬意和庇护；六、日月，在伞盖之上，有时绘有日、月、星等图案，象征二智的获得，也象征光明和清净；七、宝珠，在日月之上，有时会有一个圆形的宝珠，象征圆满和完美。如果觉得这样很抽象，我们就看一下身边的妙应寺白塔。

妙应寺白塔形制是依据古印度的窣堵坡式佛塔式样，采用尼泊尔特有的覆钵式喇嘛塔的造型建塔。妙应寺白塔由塔基、塔身和塔刹三部分组成，为砖石结构。下有三层台基，台基上覆莲托位平面圆形塔身，再往上为塔脖、十三天、青铜宝盖和宝顶。白塔比例匀称，高 50.9 米，状如覆钵，其制如盖，通体雪白。如同一个巨大的宝葫芦矗立在密集的北京民居之间。千家店白塔肯定比元世祖忽必烈亲自勘察选址的妙应寺白塔小。妙应寺白塔的塔基用大城砖垒起，呈 T 形的高台，高出地面两米。在塔基的中心，筑成多折角方形塔座，叠高九米，共三层，下层为护墙，二、三层为须弥座。塔基上砌基座，将塔身、基座连接在一起。莲座上又有五条环带，承托塔身。塔身俗称"宝瓶"，形似覆钵，上有七条铁箍，顶端有一直径 9.7 米的华盖，华盖四周垂挂着像流苏一样的三十六片铜制透雕的华鬘，每挂华鬘下又吊挂一个风铃，微风吹动，铃声悦耳。华盖中心处，还有一座高约五米的鎏金宝顶。妙应寺白塔的刹座呈须弥座式，座上竖立着下大上小十三重相轮，即所谓的"十三天"。

根据《九边圣迹图》《九边图》屏中所绘白塔儿，千家店白塔应该和妙应寺白塔外形差不多，只是会小很多。《九边圣迹图》《九边图》屏所

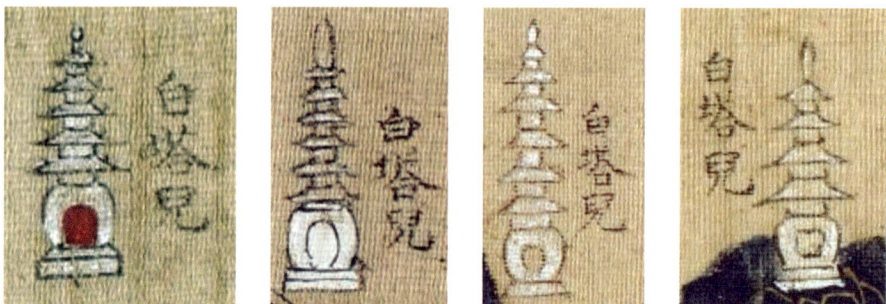

明万历三十一年（1603年）《九边圣迹图》中的白塔儿

画千家店白塔外形基本相同，下部均为覆钵式，只不过《九边圣迹图》画的白塔上部更像密度不太高的"重檐"式塔，而国家博物馆收藏的《九边图》屏白塔上部更像"相轮"，外形极像一个缩小版的妙应寺白塔。因为白塔的造型是有一定的程式的，相信千家店白塔应该就和画中白塔外形差不多。

在影视作品中看到一些西藏的白塔，外面总会有很多绑在绳上五彩斑斓的布条，随风飘扬。千家店白塔在当时肯定也有这种布条，佛教叫经幡。经幡是一种长条形的布带，上面印有经文、祈祷文或吉祥符号，悬挂在高处，随风飘扬。除经幡外，白塔一般还有经筒、转经轮、祈愿旗等附属装饰物。这些物品都是藏传佛教中的法器，用来传播佛法、积累功德、祈求平安和吉祥。经筒是一种圆筒形的容器，内部装有卷轴式的经文，放置在塔的底座或周围，可以用手转动。转经轮是一种类似于水车的装置，由多个经筒组成，利用水流或风力转动。祈愿旗是一种小型的方形布带，上面写有个人的祈愿或愿望，插在竹竿上，围绕在塔的周围。当时的千家店白塔外面肯定也会有经幡、经筒、转经轮、祈愿旗等，这些都具有一定的象征意义，是一种精神的寄托。其实，随着佛教白塔逐渐进入中国，白塔作为佛教的意义慢慢减退，反而增加了很多世俗化的意义。

明隆庆三年（1569年）前作《九边图》屏中的白塔儿（现藏中国国家博物馆）

## 千家店白塔是人们的精神家园

白塔的功能是怎么转变的呢？最初，白塔完全是佛教方面的功能。首先是供奉，白塔内部通常会放置舍利、经卷、法物等，作为对佛陀或菩萨的供养和敬仰。舍利是指佛陀或高僧涅槃后留下的骨灰或骨骼碎片，被认为具有灵验和功德的力量。经卷是指刻有佛经或祈祷文的木板或纸张，被认为可以传播佛法和智慧。法物是指一些与佛教相关的物品，如佛像、法器、圣物等，被认为可以增加信心和福报。其次是纪念，白塔有时也会用来纪念一些重要的人物或事件，如佛陀或菩萨的诞生、成道、涅槃等，或者一些历史上的王朝、活佛、高僧等。最后是朝拜，白塔作为佛法的象征，也是人们信仰的寄托，因此，白塔也是人们朝拜和祈祷的地方。西藏的白塔通常会有人在周围转圈，称为"转塔"，以示对佛陀或菩萨的虔诚和敬意。转塔时会持有经筒、念珠、经书等法器，念诵经文或祈祷文，以求得平安和吉祥。这些都是作为佛教之物的白塔本身的功能。

随着白塔的大肆修建，佛教的宝塔也逐渐融入人们的生活中。白塔不仅是一种宗教建筑，它还蕴含着人们对生命、自然、信仰的理解和情感寄托。首先，白塔体现着人们对生命的理解和敬畏。生命是无常和苦难的，唯有佛法才能指引人们走向解脱和幸福。朝拜白塔不仅体现着人们对生命的期盼和祝福，也是人们对先人、亲友的怀念和缅怀方式。生者会在白塔内部或周围放置亡者的骨灰或遗物，以求得他们的超度和安息。其次，白塔体现着对自然的敬畏。佛教徒认为，自然是佛陀或菩萨的化身和显现，具有神圣和灵验的力量。朝拜白塔，可以让人们远离一些自然灾害。这也体现出一种朴素的人与自然和谐相处的思想观念。最后，白塔是人们的共同信仰。蒙古人多信仰藏传佛教，这是他们共同的信仰。他们认为，信仰是人生的指南针和动力源泉，能够给人们带来智慧和力量。而朝拜白塔，就是他们共同信仰的体现。朝拜白塔时，人们会在白塔前献上鲜花、酥油灯、净水等供品，以表达对佛陀或菩萨的虔诚和祈求。

通俗来讲，白塔就是元代蒙古人和其他民族佛教徒的精神家园、心灵港湾，他们会定期朝拜白塔，祈求生活幸福、一切顺利、保佑平安。如果遇到不如意的事情，也会去朝拜白塔，企盼顺利。甚至婚丧嫁娶也会去朝拜白塔，比如有家人朋友去世，会去白塔祈福，为死去的人超度。朝拜白塔也是强化佛教信仰的一种方式，朝拜时，佛教徒也可以交流佛法心得等。可以说，在元代，白塔融入蒙古佛教徒生活的方方面面，是生活中不可或缺的重要组成部分，生老病死、婚丧嫁娶都离不开白塔。千家店白塔应该也具备这些功能，是千家店地区的精神家园，是整个千家店地区的中心。虽元代史料对此只字未提，但在明代史料中能发现端倪。明代《九边圣迹图》《九边图》屏等图画资料，都绘出并写出了白塔儿，有的图中在整个千家店地区只标明了白塔儿，显然，白塔儿是整个千家店地区明代最重要的地方。明代在千家店主要生活着兀良哈、东土默特等蒙古人，而他们在千家店的中心就是白塔，他们还将营帐设在白塔附近的地方。很显然，这些蒙古贵族应该也是信奉藏传佛教的，将白塔当作他们的精神寄托、心灵港湾，所以才会以白塔为中心，分布蒙古包。在元代也应该是这样。千家店自古以来就是北方民族居住的地方，汉唐曾纳入中原王朝统治，但自辽代到元代四百余年属辽金元这些北方民族建立的王朝，其地汉民应该极少。元代今千家店地区有军队把守关隘，又是采矿、冶炼、铸造的"矿产基地"，应该会有很多管理矿产的官员和官兵，很可能以蒙古人为主。蒙古人大多笃信藏传佛教，这也是元代在千家店修建白塔的原因。白塔是元代千家店地区蒙古人等佛教徒的朝拜圣地。

目前发现的史料未记千家店金元时期历史，但根据出土文物可以勾勒出千家店金元时期的历史框架。原下马鹿沟村东侧山谷台地建有一座军事性质的驿站，为往来车马提供补给，驻扎军队，扼控隘口，是目前发现千家店地区金元时期最大的驿站和军事哨卡。石槽是元代千家店地区的矿产宝地，可开采铁矿、铜矿，石槽还有冶炼作坊，能将铜矿石炼为铜锭。然后将铜锭或铜矿石北运至河南村铸铜作坊制作铜器。千家店可以独立完成制作铜器的采矿、冶炼、铸造这一整套流程，很可能是元代两都之间的重要铜器生产地。元代两都之间的四海冶路南北纵贯今千家店地区。自北部下马鹿沟南延至石槽，这条路是运送千家店开采的铜铁矿、冶炼的铜锭和铸造的铜器的重要道路。元代藏传佛教盛行，为保佑四海冶路运输的平安，在石槽北侧的四海冶路崖壁上雕刻了藏文六字真言，保佑路途平安，也佐证出了佛教在千家店的传播。冀北地区是元朝的兴盛之地，三都在此，辇路贯通，生活了大量蒙古人，在元朝是十分重要的地区。蒙古人笃信藏传佛教，在冀北地区建造了大量典型藏传佛教建筑——白塔。元代千家店地区有很多管理铜铁矿开采、冶炼、铸造的机构和官员，还驻扎了很多士兵，这些人很可能有一大部分都是蒙古人。千家店白塔就是元代千家店地区包括蒙古人在内的佛教徒朝拜的地方，是元代千家店地区的政治、文化、思想中心。

# 第四章  蒙古戍边

蒙古族放牧图

自明代以来，蒙古兀良哈等三支游牧部落一直在宣府镇（今河北张家口及北京延庆）东北、蓟镇以西的广大区域驻牧，他们为了获得明朝的封赏，表面上臣服明朝，帮助明朝守卫边境，成了明朝的属夷。明朝按照部落的不同，在此地设有朵颜、泰宁、福余三个军事卫所，因朵颜卫人数最多，所以合称"朵颜三卫"。朵颜就是兀良哈人，所以也称为"兀良哈三卫"。朵颜三卫在朱棣发动"靖难之役"以后，实际上已脱离了明朝的控制，"三卫"名存实亡，又回到了兀良哈等三支蒙古部落传统游牧的生活方式。今千家店地区就属"三卫"中最强大的一支——"兀良哈人"的驻牧地。

兀良哈人贵族是成吉思汗打天下的功臣者勒篾后代，与蒙古本部鞑靼有千丝万缕的联系。明代中后期，蒙古本部土默特部首领、右翼三万户的实际首领俺答汗的儿子辛爱黄台吉带着一部分土默特人进入了兀良哈人的驻牧区。兀良哈人和蒙古本部有世代联姻的传统，辛爱黄台吉娶了很多兀良哈女子，并逐渐控制了部分兀良哈部落。辛爱黄台吉和兀良哈女子所生的孩子中有安兔和朝兔二人，他们进一步控制兀良哈人，最终形成了东土默特部，建立了土默特贵族统领，属民主要是兀良哈人的兀爱营，中心就在今千家店西北的滴水崖。千家店作为兀爱营的一部分，是安兔、朝兔的

重要驻牧地。千家
店在明代叫千家
庄，境内白塔儿、
石槽峪沟、红石湾
等地，皆是安兔和
朝兔的驻牧地。朝
兔驻牧的核心区域
就在千家店。明代
末期，安兔、朝兔
的后代依然在今千
家店驻牧，位于原
白塔南沟村北侧的
白塔儿成了他们驻
牧的核心区域。

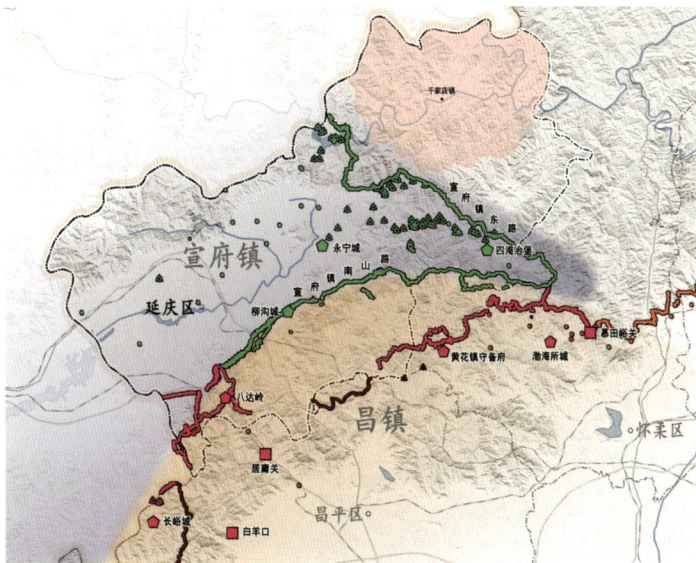

千家店与明代宣府镇长城位置示意图
（千家店位于宣府镇东路边墙东北）（袁琳溪制作）

## 第一节 元末明初战火飞 洪武短暂属明廷

千家店地区在元代是采矿、冶炼、铸铜的地方，连接元大都和上都的四海冶路穿行于此，应该生活了一些蒙古人，或者与蒙古有血缘的一些部族。元末明初之际，千家店地区属元、明争夺、拉锯的地区，归属无常，暂未在史料中查到明朝初期千家店地区的具体建置。根据现有史料推测，千家店在明朝初年曾先后短暂设置过几个行政、军事机构，随后成为蒙古部落驻牧地。

### 先后隶属开平、北平府与燕山都卫、北平都指挥使司

1368 年，明军北上攻破元大都，改元大都为北平，设北平府。洪武二年（1369 年），置北平行中书省，洪武九年（1376 年），改为北平布政司。作为北平地区的行政机构，北平府、平滦府（永平府）属之。根据《明史》所记，洪武初年（1368 年左右），千家店西南的延庆川区归属永平府（平滦府），洪武三年（1370 年）属北平府。此说前半部分有误，永平府

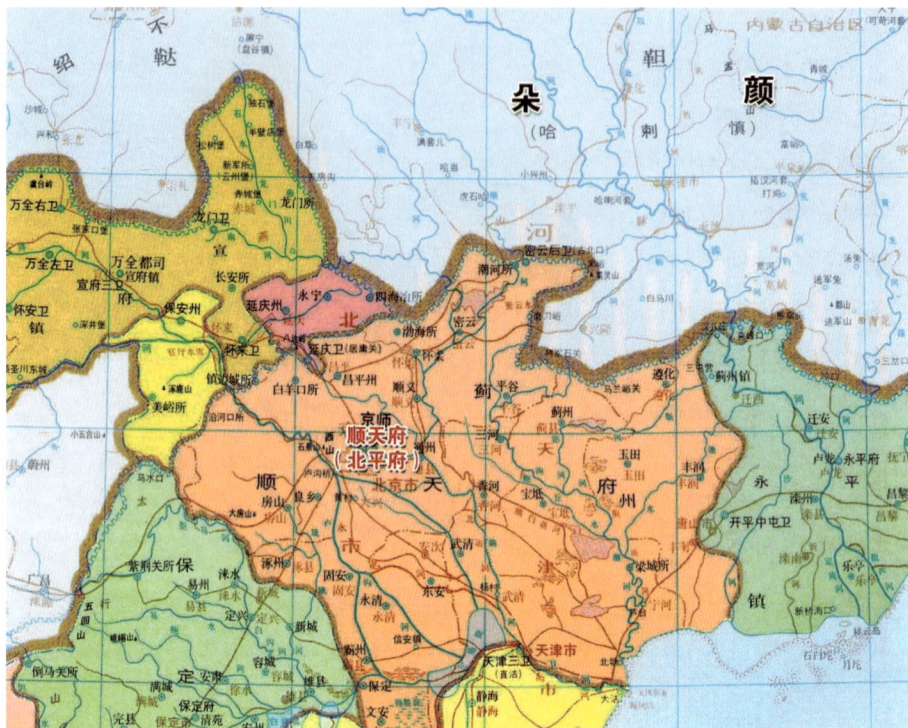

顺天府（北平府）地图

管辖范围在现在河北省东部的唐山、秦皇岛一带，治所在今卢龙县，今延庆川区不可能隶属永平府。洪武二年（1369年）后，明廷在原元上都（今内蒙古正蓝旗）设有开平府，隶属北平行省。今延庆川区在元代曾隶属上都路，后隶属大都路，延庆川区在明初最有可能隶属开平府，肯定不会隶属永平府。开平府设置后在很短一段时间内就撤废了。根据《明史》所记，洪武三年（1370年），今延庆川区等地隶属北平府，可知，开平府是在此时撤废，所以才将所属州县划给了北平府。千家店在今延庆川区东北，应该与延庆川区一样，洪武二年（1369年）隶属开平府，洪武三年（1370年）隶属北平府。《明太祖实录》记洪武五年（1372年）裁撤延庆川区州级建置，居民迁至居庸关南的北平附近。千家店很可能在此时没有了建置。《中国历史地图集》未将千家店划入北平府。

　　因紧邻"北元"残余势力活动范围，除行政建置外，明廷在北平还设有军事建置。洪武二年（1369年），在北平设燕山都卫，洪武八年（1375

年），改为北平都指挥使司，这是北平地区的军事机构。千家店很可能先后隶属燕山都卫、北平都指挥使司。洪武五年（1372年）居民陆续南迁后，行政机构随之撤废。和行政机构不一样，军事机构一直延续，也就是洪武五年（1372年）以后，千家店还是隶属北平都指挥使司。

因千家店地处塞外，远离王化，山高林密，在元末明初又是交战地，而且明廷所设行政建置不一，时间极短，当时千家店可能还有驻牧的蒙古人，所以，北平布政（北平行省）开平府、北平府，以及北平都指挥使司（燕山都卫）对千家店的管辖更多只是名义上的。

## 隶属大宁府、大宁都指挥使司、宣府镇

洪武五年（1372年）开始，明廷陆续将居庸关外居民迁至关内，那么，千家店地区还有过行政建置吗？

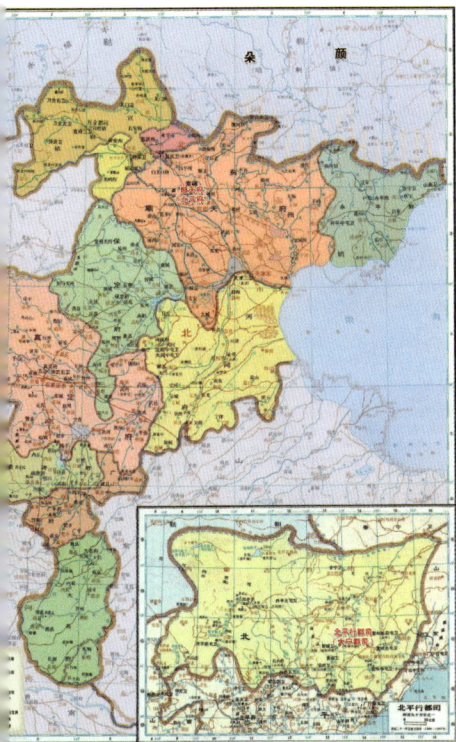

顺天府（北平府）、北平行都司（大宁都司）地图

元朝曾在元大都东北部设有大宁路，治所在今内蒙古宁城。洪武十三年（1380年）改大宁路为大宁府，隶属北平布政司。自开平府撤废后，大宁府算是在明朝北平东北地区唯一的一个府。大宁府设置时，距千家店撤废行政建置已经过去了八年，很可能在此时千家店开始隶属大宁府了。但此时大宁府的设置依然是名义上的，因为当时大宁府还活跃着北元纳哈出等势力，明朝对此地控制十分薄弱。洪武二十年（1387年），朱元璋平定盘踞在大宁附近的北元纳哈出势力，于同年在此设大宁都指挥使司，这算是明朝在大宁地区设立的第一个实控机构。一方面可以安置纳哈出降军，另一方面也可防范北元势力南犯。洪武二十一年（1388年），改大宁都指挥使司为北平行都指挥使司，是北平都司的派出机构。千家店与大宁同为塞外，且居住的多为蒙古人，千家店很可能先后隶属大宁都指挥使司、北平行都指

挥使司。洪武二十五年（1392 年），明朝设宣府镇，千家店很可能在此时改属宣府镇节制。

## "靖难之役"后成为蒙古人驻牧地

永乐元年（1403 年），打赢"靖难之役"当上皇帝的朱棣，为解除后顾之忧，将曾手握重兵、封地大宁的宁王朱权南迁南昌，所属各卫也悉数随迁。北平行都指挥使司迁至保定，复原名大宁都指挥使司。这样，明朝在原大宁地区军队和军事机构就全部撤出了，这让宣府镇直接面对蒙古鞑靼、朵颜等势力，时刻危及皇陵和京城，造成了明代几百年的边患问题。朱棣将宁王撤走，却将原属宁王朱权，在靖难之役中立了功劳的"朵颜三卫"仍然安置在大宁地区，朱棣想用朵颜三卫作为北疆屏障，防范蒙古南侵，也可以通风报信。朵颜三卫原来是隶属大宁都指挥使司的军事卫所，实际具有一定的自主权，约有兵八万之众，是当时明朝北方仅次于蒙古鞑靼、瓦剌的第三大势力。朵颜三卫是有少量蒙古血统的蒙古化部族。所以，永乐元年（1403 年）以后，包括今千家店以北的大片区域，逐渐成了朵颜三卫的驻牧地。朵颜三卫名义上是明朝的"属夷"，拿明朝的"封赏"，实际上是独立的状态。那么，有明一代，朵颜三卫一直在千家店地区驻牧了吗？在迅如疾风的蒙古铁骑的冲击下，朵颜三卫想在千家店驻牧几百年，这是不可能的。

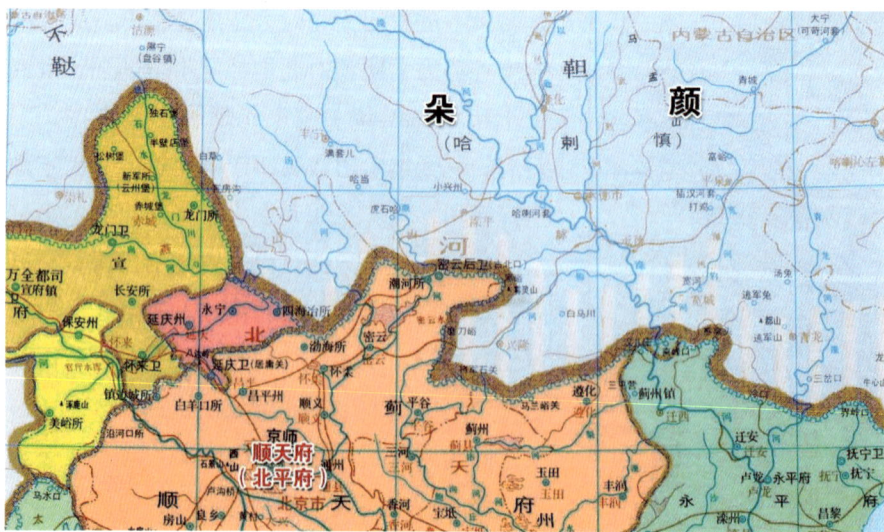

朵颜三卫驻牧地示意图

## 第二节　俺答嫡孙驻牧地　朝兔安兔千家庄

自永乐元年（1403年）以后，原来驻守大宁（今内蒙古宁城）附近的宁王朱权和部属被朱棣迁移到了南昌，大宁地区的北平行都指挥使司也迁入了保定，这样，明廷在大宁地区没有了任何军事存在。朵颜卫的贵族是成吉思汗的功臣——兀良哈部的者勒蔑后裔，明朝撤出大宁后，卫所制度瓦解，所以明廷的朵颜三卫也名存实亡。朵颜人曾被兀良哈部的者勒蔑后代长期统治，所以，兀良哈逐渐成为朵颜人的称谓，蒙古本部的鞑靼人称朵颜部为兀良哈部、朵颜三卫为兀良哈三部。大宁地区成为兀良哈三部的驻牧地后，还居住了一些曾经投降明朝的纳哈出部众。兀良哈三部不断南迁，今千家店地区也是兀良哈三部的驻牧地。但正史对早期兀良哈三部驻牧千家店未有任何记载，可能千家店和整个大宁比起来太小了，也可能是因为山高皇帝远吧。直到一百多年后，蒙古本部迁至兀良哈驻牧地，史料才有了些许记载。

### 蒙古土默特等部进入大宁兀良哈三部驻地

16世纪中期，蒙古大汗达赉逊率领蒙古左翼察哈尔和喀尔喀两个万户东迁到了兀良哈三部的驻地。蒙古右翼永谢布的喀喇沁部也进入了兀良哈三部驻地，并与之通婚。喀喇沁部首领、俺答汗的弟弟拜萨哈尔汗（老把都）娶了兀良哈贵族女子猛可真。拜萨哈尔汗次子青把都将其女儿东桂嫁给了兀良哈部首领长昂。随着持续的通婚，大量兀良哈人加入了喀喇沁部。到17世纪初，兀良哈人和喀喇沁人逐渐融为一体，这部分兀良哈人也被称为喀喇沁人。明朝末期，喀喇沁首领与兀良哈人小首领们矛盾重重，后来黄金家族的喀喇沁首领们被编入了满洲、蒙古八旗，而剩下的喀喇沁部基本都是兀良哈人了，清代的喀喇沁旗贵族实际上就是兀良哈人。后来，兀良哈三部的大部分成为察哈尔、内喀尔喀、嫩科尔沁等部的属民。兀良哈部的一部分成为喀喇沁的属民，还有一部分成为土默特部的属民。

就在喀喇沁部进入东部兀良哈三部驻地并与之通婚的同时，土默特部也进入了兀良哈三部驻牧的大宁地区。土默特部是当时蒙古右翼三部之一，

## 蒙古东土默特安兔、朝兔家族世系表

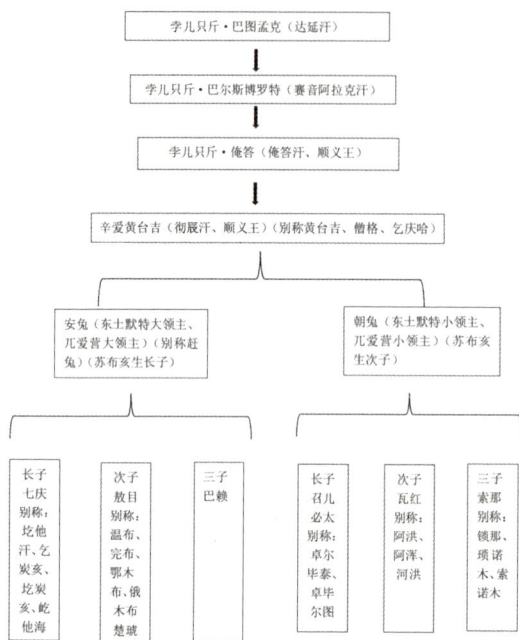

```
孛儿只斤·巴图孟克（达延汗）
        ↓
孛儿只斤·巴尔斯博罗特（赛音阿拉克汗）
        ↓
孛儿只斤·俺答（俺答汗、顺义王）
        ↓
辛爱黄台吉（彻辰汗、顺义王）（别称黄台吉、僧格、乞庆哈）
```

| 安兔（东土默特大领主、兀爱菩大领主）（别称赶兔）（苏布亥生长子） | | | 朝兔（东土默特小领主、兀爱菩小领主）（苏布亥生次子） | | |
|---|---|---|---|---|---|
| 长子七庆别称：坉他汗、乞炭亥、坉炭亥、屹他海 | 次子敖目别称：温布、完布、鄂木布、俄木布慹琥 | 三子巴赖 | 长子召儿必太别称：卓尔毕泰、卓毕尔图 | 次子瓦红别称：阿洪、阿浑、河洪 | 三子索耶别称：锁那、项诺木、索诺木 |

与鄂尔多斯、永谢布合称右翼三万户。蒙古族历史上著名的俺答汗就是土默特部首领，也是当时实际上的蒙古右翼三万户的首领，他是继成吉思汗后再次统一蒙古的达延汗的孙子。早在达延汗时期，土默特部就与兀良哈三部保持了良好的关系。后来的俺答汗曾将女儿嫁给兀良哈部贵族、者勒蔑后人革兰台的孙子。俺答汗的长子，第二代顺义王辛爱黄台吉带领部分土默特部人进入了兀良哈三部驻牧的大宁地区，主要和兀良哈人一起生活，开始的时候分得了三支兀良哈人，共计九百五十人。后来，辛爱黄台吉与兀良哈贵族进行了通婚，逐步控制了兀良哈三部。辛爱黄台吉迎娶了兀良哈贵族之女苏布亥、大璧只（又叫大比只、大比妓，妾的意思）、宝兔璧只，将女儿嫁给了兀良哈部的少炒蛮，加强了对兀良哈人的控制。苏布亥死后，辛爱黄台吉收服了她哥哥伯彦打来（也叫伯彦打赖）的部众。明代《卢龙塞略》记兀良哈猛古歹部也"附属西虏辛爱"。也就是在16世纪中后期，大宁地区驻扎了土默特、察哈尔、内喀尔喀、嫩科尔沁以及逐渐被他们控制的兀良哈三部等多部蒙古人。根据史料记载，驻扎在千家店一带的是俺答汗之孙、辛爱黄台吉之子安兔（又叫赶兔）、朝兔等和他们的后人，以及归属他们的兀良哈人。

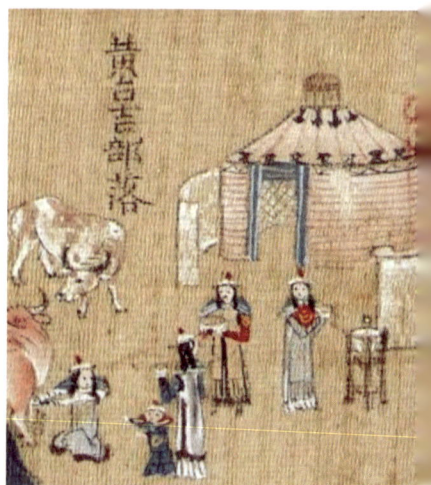

《九边圣迹图》中的辛爱黄台吉部落

证明千家店是一处重要的蒙古人驻牧地。

## 俺答汗孙子朝兔、安兔驻牧地白塔儿的方位

辛爱黄台吉有十四个儿子，他的第九到十二子是兀良哈人苏布亥所生，其中，第九子名安兔，第十子名朝兔。据《北虏世代》所记，安兔带着他的三个同母弟弟"俱住宣府东塞"。据《三云筹俎考》所记，安兔、朝兔的另外两个弟弟摆言兔、明暗也在宣府东部驻牧。今延庆除千家店的大部分地区属宣府镇的东路，安兔、朝兔应该就驻扎在现在延庆长城以东的地区。庆幸的是，成书于明代万历三十一年（1603 年）的《宣大山西三镇图说·三卷·九边圣迹图》记述并且明确画出朝兔、安兔就驻扎在千家店，这是目前所见关于蒙古朝兔、安兔驻扎千家店的最早记述和图画。朝兔、安兔父系是蒙古土默特人，母系是兀良哈人，而他们在兀良哈驻地带有少量土默特人，还有大量兀良哈属民，史料基本称这些蒙古人是东土默特人，下文用东土默特人代指这些长期通婚杂居的蒙古人。

在《九边圣迹图》的很多图中，明代永宁城东北长城外都画了一座白塔，并且在旁边写"白塔儿"。有的《九边圣迹图》将此白塔儿画在永宁城东北、宝山寺（今北京怀柔宝山寺）西北，但有的《九边圣迹图》将白塔儿画在了永宁城的正北、黑汉岭的西北，还有的《九边圣迹图》将白塔儿画在了龙门所城北侧。显然，如果画的是同一处"白塔"，《九边圣迹图》所画的方位是有问题的。我们再来看看今延庆地区北部、东部明代叫白塔儿的地方。首先，千家店原白塔南沟村北元代建有白塔，明代应该尚存。但此白塔不符合《九边圣迹图》所绘在龙门所城北侧或永宁城正北、黑汉岭西北的方位。其次，据赤城

《九边圣迹图》中的白塔儿

文史工作者讲述，赤城明代可能有一个白塔，在今赤城后城镇白塔村附近。此白塔东侧直线距离白河堡水库（靖胡堡）十五公里，在明代靖胡堡的西偏南，与《九边圣迹图》所画在靖胡堡的北偏东完全不符；此白塔在永宁城西北，与《九边圣迹图》所画在永宁城正北不符；此处白塔在明代龙门所城正南，直线距离近三十六公里，与《九边圣迹图》所画在龙门所城正北完全相反。如果《九边圣迹图》所画无误，以上两处白塔都不是《九边圣迹图》所画白塔。但是附近在明代只有这两座白塔，所以，《九边圣迹图》所画白塔就是这两座白塔其中的一座。因明代宣府镇边外实际是蒙古部落的驻牧地，明朝边将虽然经常巡边，但无法对其有效控制，对其地名等信息不甚熟悉，这可能是导致《九边圣迹图》方位产生误差的原因。根据《九边圣迹图》所绘，赤城和千家店的两座白塔方位都有问题，但赤城的白塔方位误差更大。现实中赤城的白塔在明代龙门所城正南，而《九边圣迹图》将白塔画在正北。所以，千家店的白塔更有可能是《九边圣迹图》所画白塔。

　　绘成于明代隆庆三年（1569年）前的《九边图》屏绘出了一个"白塔儿"，根据方位判断，此白塔儿就在今千家店原白塔南沟村北，肯定不是赤城的白塔。《九边图》屏在今延庆北部、东部区域只绘出了这一座白塔，未标绘赤城有白塔。《九边图》屏佐证《九边圣迹图》所画"白塔儿"在今千家店白塔南沟村北，不是赤城的白塔。很可能是绘制者对边外地形、地名不熟悉，所以将两座白塔混同，导致了图画方位的错误。除图画外，很多明末兵部档案中都提到了"白塔儿"，崇祯二年（1629年）五月三日兵部《题行稿》记崇祯二年闰四月二十三日安兔儿子"转调石槽峪沟口住牧耳森台吉部落夷人，俱

明隆庆三年（1569年）前作《九边图》屏中的白塔儿（现藏中国国家博物馆）

今千家店石槽、白塔南沟、红石湾方位示意图

突起帐前往地名白塔儿聚齐。……哨至边外地名红石湾，……"。此处石槽峪沟口、红石湾在今千家店皆能找到对应地名石槽、红石湾，可以确定，白塔儿就在今千家店。崇祯四年（1631年）三月明朝兵部《题行稿》引述宣府总兵董继舒、协御总兵孙显祖和昌平总兵尤世威的塘报内容："十六日晚驻兵白塔儿。十七日，搜剿宝山寺、天克力沟，并无一虏形迹。"崇祯四年（1631年）九月十九日明朝兵部《题行稿》记明军"从靖胡堡东河口出境，本日至白塔儿住宿。二十八日至地名黑河住宿。二十九日至地名毛哈儿气、乌牛泥、汤河、宝山寺，至大安口住宿"，"八月二十一日，从周四沟出边，经繇夷地白塔儿、黑河、天克力、毛哈圪儿、别力兔等处，……"，文中所记白塔儿在黑河、宝山寺附近，今千家店有黑河，宝山寺即在今千家店东侧怀柔宝山寺镇，可以确定，明朝兵部档案所记白塔儿在今千家店。没有一处史料记载赤城的白塔。很可能在明代中晚期，赤城的白塔早已不复存在，所以，《九边图》屏和明朝兵部档案都没有记赤城白塔。那么，明朝中后期赤城已不存白塔，完成于《九边图》屏之后的万历三十一年（1603年）《九边圣迹图》所绘记"白塔儿"肯定就是指千家店的白塔儿。

另外，崇祯四年（1631年）九月十九日明朝兵部《题行稿》记明军"回至孤山、碱场、虎喇岭、白塔儿"。证明白塔儿在"虎喇岭"附近。笔者在清代成书的《口北三厅志》记载的千家店村窑中查到了"忽拉岭"，虎喇、忽拉是一个蒙古音的不同写法，是蒙古语"野马"的意思，虎喇岭、忽拉岭就是野马岭。此虎喇岭很可能就在今千家店界内。再次证明，明朝兵部档案所记白塔儿就在今千家店。《九边圣迹图》记：

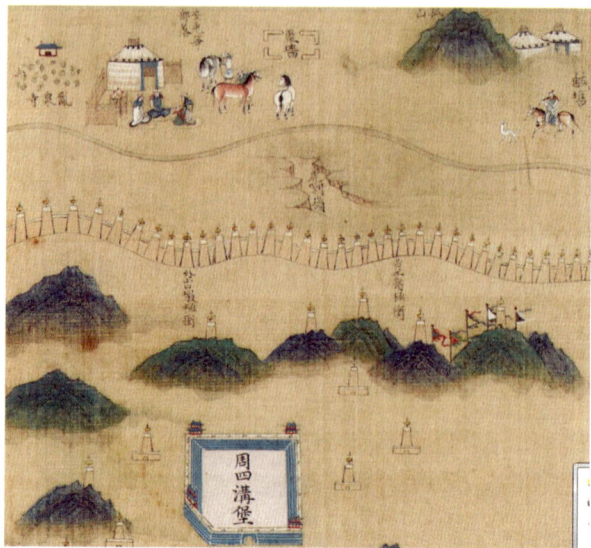

《九边圣迹图》中的虎喇岭

"虎喇岭等处皆安、朝部落驻牧，倘虏犯黄土岭等口，当设兵三岔、马道、庙儿梁以拒之。"证明虎喇岭是安兔、朝兔驻牧地。文中马道即今延庆刘斌堡乡马道梁村，庙儿梁即今珍珠泉乡庙梁村，也可佐证虎喇岭在今千家店范围内。

除以上两处白塔儿外，赤城在古代还有一处叫白塔儿的地方，元末周伯琦《扈从诗·前序》记载了这个地名，其记："又过磨儿岭，至颉家营，历白塔儿，至沙岭。"根据赤城本地学者孙登海、张进中等人的研究，此"白塔儿"就在今赤城东万口乡的孤石村。孤石村历史上并没有白塔，田广虎先生推测每年二三月元帝北巡，途经孤石村，看到山上孤石覆雪后与白塔外形十分相似，所以就叫它白塔儿。现在孤石村还有地名白塔沟。另外，赤城龙关镇西边现在有一个叫"白塔沟"的村庄，可能此地原来也有白塔。多处白塔的分布证明因元代辇路穿行，赤城建有大量保佑元帝北巡平安的白塔，也可佐证藏传佛教在赤城、延庆这些两都之间地方的盛行。

今北京北部、河北北部地区多有带"儿"的地名。白塔后面加了个"儿"，这很可能和蒙古语有关。北大罗新教授认为这个"白塔儿"很可能是蒙古语"拜达勒"。蒙古语 baidal 的意思是"情形、形式"。《日下旧闻考》的《译语总目》说："拜达勒，蒙古语形像也。"形像，大概是图像、造像之类，与 baidal 似乎也有一点关联。白塔儿可能就是拜达勒，是蒙古语 baidal 的音译。当然因为"白塔儿"是汉语白塔的意思，所以汉语也说得通。这个白塔儿与靖胡堡、宝山寺相去甚远，肯定不会是《九边圣迹图》所绘白塔儿。

## 朝兔、安兔驻牧千家店

《九边圣迹图》白塔儿附近还画了身着典型蒙古服饰的蒙古牧民、蒙古包、牛羊等，显然，白塔儿附近是蒙古人的驻牧地。白塔儿的旁边写朝兔等部落，西北写安兔等部落。《读史方舆纪要》记黑汉岭堡："边外曰白塔儿、牛心山，皆属部驻牧。"《九边圣迹图》画白塔儿东侧有"牛心山"，可以确定，《读史方舆纪要》所云白塔儿就是《九边圣迹图》所绘白塔儿。明代的《九边圣迹图》将今千家店画入图中，并且周围有蒙古人驻牧。这证明，最晚到明代万历三十一年（1603 年），千家店是有朝兔、

朝兔部落在白塔儿周围

《九边圣迹图》中的白塔儿

《九边圣迹图》中的白塔儿

安兔等蒙古东土默特部落驻牧的。

白塔儿大体在明代永宁城的东北、宝山寺西北，也在《读史方舆纪要》所记黑汉岭的北侧。《九边圣迹图》对白塔儿附近驻牧的蒙古部落有明确记载。其记："边外白塔儿、滚水塘一带，朝兔等部落驻牧。"又记："边外白塔儿、牛心山等处皆安兔等部落驻牧。"《九边圣迹图》记朝兔、安兔都在白塔儿驻牧，那么，到底是谁在白塔儿驻牧呢？

《九边圣迹图》在多处地方都标明了"安兔等部落"。如在乱泉寺东北画蒙古包，写"安兔等部落"；在靖胡堡东北画蒙古包以及生活、狩猎的蒙古人，写"安兔等部落"；在神仙院的东北画蒙古包、牛羊等，写"安兔等部落"；在宝山寺东北也画有蒙古包，写"安兔等部落"。

安兔是苏布亥为辛爱黄台吉所生四个孩子中的老大，宣府东塞是安兔带着三个同母弟弟驻牧的地方，兀良哈贵族革兰台的几个儿子带着部众很早就归附了安兔等东土默特贵族。安兔在他的舅舅、兀良哈人伯彦打来去世后，彻底兼并了他的部众以及驻牧地。伯彦打来的驻牧地很大，《卢龙塞略》云："在毛哈气水鸣急音境界驻牧，直白马关八十余里。"明代《蓟门考》云："在石塘岭境外地方满套儿等处住牧[1]。"明代《四镇三关志》记伯彦打来部在"石塘岭、慕田、四海冶境外满套儿住牧"。在今北京密云北、河北丰宁南的广阔区域。

《九边圣迹图》中的安兔等部落

安兔还跟随其兀良哈人继母大嬖只一起驻牧，并逐渐控制了大嬖只的兀良哈部众。正如《卢龙塞略》记被土默特控制的兀良哈"其种朵颜卫兀良哈最贵者为其婿，房首岁至祭天，以往来其部落，而次则奉女为嬖只。嬖只者，妾之称也，有小、大。各分部人马，其父兄反为所

---

1　原文中出现"住牧"和"驻牧"两种记述，意思均为蒙古族等游牧民族在一个固定区域居住并放牧。本书引用之处均忠实原文，未将二者统一表述。

摄，而因亲以居矣"。又记进入兀良哈驻牧地的土默特贵族"分管部夷"。这在《九边圣迹图》中得到了印证："边外芍药湾、宝山寺即安兔等部落驻牧，更有朵颜属夷杂处。"这样，原大宁地区驻牧的兀良哈人逐渐被安兔四兄弟控制。安兔是首领，他的三个兄弟是小首领，部众多是兀良哈人。以安兔为首，俺答汗的四个孙子在大宁地区建立了一个松散的游牧群体"兀爱营"。如明代《武备志》说："东夷兀爱是营名，与下北路龙门所相对，离独石边一百余里。……酋首安兔，……。"所以，《九边圣迹图》标写的"安兔等部落驻牧"，是指属于安兔的部落，不一定就是安兔本人带着部众驻牧。所以，驻牧在白塔儿地区的更可能是朝兔带着的兀良哈人，安兔应该只是偶尔去此地驻牧。

值得注意的是，当时明廷仍然认为驻牧大宁地区的兀良哈人是属夷，而其他进入大宁地区的土默特等蒙古人是外夷，如前述《九边圣迹图》云："边外芍药湾、宝山寺即安兔等部落驻牧，更有朵颜属夷杂处。"又记："边外白塔儿、滚水塘一带朝兔等部落驻牧。边多平漫，墙复低薄，防御最难，迩虽属夷内附，潜通外夷，窃为将来隐忧。"可知明廷在万历年间（1573—1620年）仍将兀良哈三部（朵颜三卫）当作"属夷"，而将后来的蒙古土默特等贵族叫作"外夷"。证明明廷当时还是较为信任兀良哈人的，但实际情况是兀良哈人已经彻底与蒙古本部联合，分属土默特各贵族，对明朝的威胁比原来更大了。那么，明代中后期在千家店驻牧的是朝兔、安兔等土默特贵族分属的兀良哈人，按明朝人的观点，有外夷也有属夷。

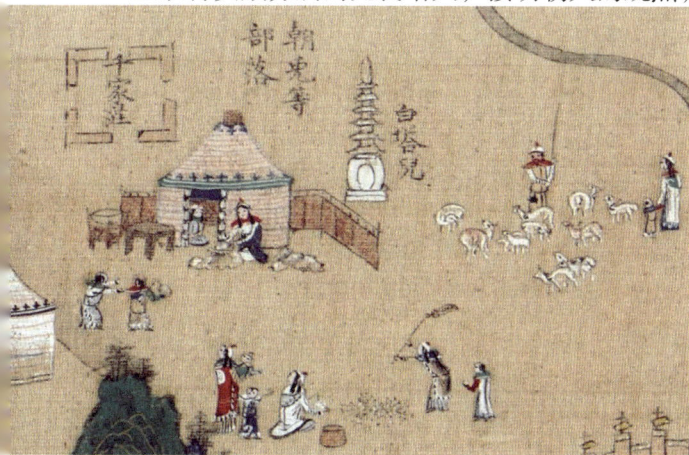

《九边圣迹图》所记千家庄

让人惊喜的是，《九边圣迹图》在记龙门所城图时，记述并画出了一个叫"千家庄"的地方。图中画出一个正方形，代表城墙，然后在里面写了"千家庄"三个字。在千家庄的东侧偏南画有一座白塔，旁边写"白塔儿"。目前所知，延庆和其北部赤城、丰宁境内，只有延庆的千家店地名与千家庄最为接近，且附近有地名白塔儿。《九边圣迹图》所记千家庄方位有误，但图上的千家庄、白塔儿就是指千家店和千家店的白塔儿。现在千家店的名称源自"千家庄"，千家庄是目前所见千家店最早的名字。那么，兀良哈人驻牧的地方怎么会出现汉语地名千家庄？笔者在《九边圣迹图》千家庄东边还查到了"王达子庄"，也是画出方形城池，这证明生活在明朝边界的兀良哈人也学习了汉人的文化习俗，开始尝试定居生活。也有可能是明代千家店地区还生活了少量汉人，毕竟是边疆地区，有人员往来走动也比较正常。另外，1984 年，在鹿叫村曾发现了明代的窑址，窑平面呈圆形，直径 3 米，残高 2 米，窑内尚存码放整齐的板瓦。这证明明代居住在千家店的东土默特人不只住蒙古包，可能还住传统汉人居住的"瓦房"。这些都证明明代千家店的东土默特人是掌握了汉人的修城、盖房技术的，在文化习俗上逐渐和汉人融合。图中在千家庄和白塔儿中间写有"朝兔等部落"，这再次证明，朝兔部落是经常在今千家店驻牧的蒙古部落。千家庄旁边画出了朝兔部落生产、生活的场景，十分珍贵。千家庄旁画了两个蒙古包，其中一个蒙古包里有一个小孩儿向外张望，外面有一名妇女蹲坐着，好像在喂牲畜，外面还站立了几个仆人，南侧有几个人带着孩子，东侧还有几个人在放羊，都穿着典型的蒙古人服饰。图中在蒙古包前蹲坐、形象较大的妇女很可能是朝兔的妻子，蒙古包里的小孩儿应该就是朝兔的儿子。

根据《九边圣迹图》所记，俺答汗的孙子朝兔带领以兀良哈人为主体的部落在千家庄、白塔儿、虎喇岭驻牧，安兔也偶尔在白塔儿、虎喇岭驻牧，也就是朝兔、安兔部落在明代中后期是在现在千家店驻牧的两个蒙古部落。朝兔部落主要在现在的千家店镇中心和原白塔南沟村附近驻牧，安兔部落偶尔在白塔南沟驻牧。根据《九边圣迹图》所记，朝兔还在七峰嵯、一克哈气儿驻牧，但只提及一次，在千家店的驻牧地却提到了三次，朝兔部落是明代在今千家店地区驻牧的最重要的蒙古部落，是唯一一个在千家店镇中心驻牧的蒙古部落，可以说，千家店是朝兔部落的专属驻牧地。《九边圣迹图》只提到了白塔儿、千家庄、虎喇岭三处千家店地方，证明这三处地方在明代是蒙古人比较重要的驻牧地，应该都和蒙古语有关。特别是白塔儿，反复提及多次，应该是朝兔部落在千家店驻牧的核心区域，是驻牧人数比较多的地方。

明朝崇祯初年，察哈尔部林丹汗意图统一蒙古，向东进攻朝兔所在的东土默特部，大概在崇祯二年（1629年），朝兔在与察哈尔的战斗中被俘，可能死于此时。

## 安兔、朝兔的兀爱营

安兔、朝兔等俺答汗的孙子在千家店及附近建立了松散的"兀爱营"，这个"兀爱营"实际上就是东土默特人的驻牧地，千家店是兀爱营的重要一部分，安兔是兀爱营的首领。那么，这个兀爱营具体是怎么建立的，驻牧范围有多大呢？

关于兀爱营的名称，日本学者和田清说："黄台吉在万历十年（1582年），他父亲俺答死后承袭顺义王位，移至归化城方面，因而分割他的东部领地，建立了各营，其中之一叫作兀爱营。"但在蒙文史籍中，没有关于兀爱营的记载；即使在明人的史料中，关于兀爱营的记载也是凤毛麟角，极为罕见。证明在当时兀爱营是一个流传并不广泛的名称，可能就是指代东土默特人驻牧地的统称。

《武备志》记："东夷兀爱是营名，与下北路龙门所相对，离独石边一百余里。……酋首安兔，……"东夷就是指东土默特人，这段记载也证明兀爱营的首领是安兔。那么，安兔是如何当上"兀爱营"领主的呢？宣府外的地方一直是兀良哈人的驻牧地，虽然安兔的母亲是兀良哈人，但父亲是土默特人，从这方面来说，也是个外来户，他想要当上兀良哈人传统驻牧地"兀爱营"地区的领主，肯定要从兀良哈人手里夺来，好在他父亲辛爱黄台吉已经为他打好了基础。

《九边圣迹图》中的安兔等部落

安兔的生母苏布亥是兀良哈首领后代，苏布亥的哥哥是小首领伯彦打来。《蓟门考》记伯彦打来"得辛爱头畜甚多，隆庆元年伊妹已故，因辛爱索要牛马不绝，遂尔背虏南向，投于白马关地名西驼骨境外，复被辛爱围困收服，今与辛爱各心其心矣"。也就是说，最晚到隆庆元年（1567 年），伯彦打来的妹妹苏布亥就去世了，安兔的父亲辛爱黄台吉"收服"了伯彦打来。但在这个时候，很可能是伯彦打来自己听命于辛爱黄台吉，但他的部众仍然听命于伯彦打来，还是有很高的自主权。根据《蓟门考》所记，伯彦打来应该是明朝属夷，明朝还象征性授予了他"都指挥"一职，明代《卢龙塞略》记伯彦打来是"都指挥金事"。《蓟门考》记："都指挥伯彦打木（来之误）部落约有七百余骑，在石塘岭境外地方满套儿等处驻牧。伊妹名苏不（布之误）亥，系辛爱第九妾也。"伯彦打来还经常帮助明朝刺探军情，"前数年石塘岭路、白马关等处哨探虏情，多得的音，皆出此夷之密报"。当时辛爱黄台吉很可能与明朝交战，显然伯彦打来的行为是他不能接受的，这也应该是他收服伯彦打来的原因。

辛爱黄台吉的儿子安兔更过分，万历四十三年（1615 年），在伯彦打来死后，直接把他的长子杀了，把伯彦打来的部众彻底夺了过去。根据《卢龙塞略》所记，伯彦打来有"三子（长男、公男、其男）"。《万历武功录》记安兔"母所居在满套儿，为蓟门属夷，以故得部长男、公男、其男等，……"，证明安兔的母亲苏布亥和舅舅伯彦打来都驻牧于满套儿，安兔得到了伯彦打来的三个儿子长男、公男、其男及其部众，这时候伯彦打来应该已经死了。《卢龙塞略》又记："长男被赶兔杀死。"证明当时伯彦打来的兀良哈部众应该是完全被安兔（赶兔）控制了。继其父辛爱黄台吉收服伯彦打来的兀良哈部众后，安兔彻底控制了这些兀良哈人，让他们成为自己的属民。那么，伯彦打来有多少兀良哈部众呢？《蓟门考》记伯彦打来有七百余骑，《卢龙塞略》记伯彦打来、阿刺章两兄弟"共部落五百余名"。粗略推测，伯彦打来至少有七百人，这些人无疑壮大了安兔的势力。

除了兼并舅舅的兀良哈人部落外，安兔还收服了继母大嬖只的部众。《武备志》记："镇外系朵颜三卫属夷，东北系擦汉脑儿，西北系青把都儿、大嬖只、赶兔等部落住牧。"证明安兔（赶兔）和继母大嬖只在一起驻牧。《卢龙塞略》记载被土默特控制的兀良哈"其种朵颜卫兀良哈最贵者为其婿，房首岁至祭天，以往来其部落，而次则奉女为嬖只。嬖只者，妾之称也，有小、大。各分部人马，其父兄反为所摄，而因亲以居矣"。也就是说，辛爱黄台吉和他的儿子们娶了兀良哈女子后，兀良哈女子的父亲、兄长都要听命于他们，就这样他们渐渐控制了兀良哈部众。兀良哈人甘心听命辛爱黄台吉和他的儿子们，无疑和他们是成吉思汗、俺答汗后裔有关。《卢龙塞略》又记："蓟镇边外，昔惟属夷驻牧，迩因夷女联姻东西大虏，以致各酋子侄，或随母妻，或因分管部夷，移来蓟镇边外驻牧。"这里说的"各酋子侄"就包括安兔，安兔逐渐控制了继母大嬖只的兀良哈部众。

根据《武备志·兵略》所记，兀爱营"部落约三千有余"，也就是安兔在其父辛爱黄台吉九百五十人的基础上，逐渐扩充到了三千人，这些人应该大部分来自安兔先后兼并的舅舅伯彦打来和继母大嬖只的兀良哈部众。后来史、车二部兀良哈人又被安兔吞并，安兔控制的人口和区域达到了鼎盛。《职方考》记："史、车二夷故朵颜卫种。嘉隆间，相继内附，移住边内周四沟、滴水涯、龙门所、南山一带，受我抚赏。万历十八年，安兔勾引叛去，……。"到了安兔儿子们担任兀爱营首领时期，兀爱营的属民又增加了很多。

那么，前面提到《武备志》记："东夷兀爱是营名，与下北路龙门所相对，离独石边一百余里。……酋首安兔，……"显然，安兔控制的兀良哈人地盘被统称为"兀爱营"，听着肯定不是汉语，应该是蒙古语。这个兀爱营的范围在哪儿呢？《蓟门考》记："都指挥伯彦打木（来之误）部落约有七百余骑，在石塘岭境外地方满套儿等处住牧。"又记："满套儿系属夷伯彦打来等住牧之地，白马关、古北口哨夜常哨于此。"安兔是兼并了伯彦打来的兀良哈部众建立的兀爱营，伯彦打来原驻牧地应该就是兀爱营的范围。那么，《蓟门考》记伯彦打来的原驻牧地在满套儿，知道了满套儿的方位就能搞清楚兀爱营的方位了。《万历武功录》记安兔"母所居在满套儿，为蓟门属夷，……"，证明安兔的生母苏布亥和她的哥哥伯彦打来都在满套儿驻牧，也算作明朝蓟镇属夷。《蓟门考》记满套儿在"石塘岭境外"，"白马关、古北口哨夜常哨于此"，又记"前数年石塘岭路、白马关等处哨探虏情，多得的音"，皆出伯彦打来之密报。《万历武功录》记安兔"以故得部长男、公男、其男，……随母逐水草，禀食于石塘路、白马关"。东土默特人生活在明朝边境的北边，满套儿就在石塘岭、石塘岭路、石塘路和白马关的北边，且石塘与白马关位置相近，离古北口不远。古北口在今北京密云。现在密云有一名为石塘路的村庄，那里有营城遗址。《北京文史资料精选·密云卷》记，石塘路城分为南北两城，明朝洪武年间（1368—1398年）用石条、青砖加固旧城，修建了营城，称石塘岭堡，也就是"北城"；为了巩固石塘岭营城的防御功能，明万历初年又建起一座新营城，也就是"南城"。最初的"北城"为正方形，长宽各50丈，缺西南一隅，城周有2000多米，设置四门；"南城"南门外城门洞上方石匾匾额为"石塘岭新营城"，北门仍为"左辅雄关"，东门和西门依旧。"左辅雄关"四个大字，印证了石塘路城堡重要的军事地位。这些证明石塘路城是明朝的一座边关要塞，紧邻北方民族，且石塘路属明朝蓟镇，符合《蓟门考》《万历武功录》所记地理方位。史料中记载的石塘岭、石塘岭路、石塘路就在现在的密云石城镇

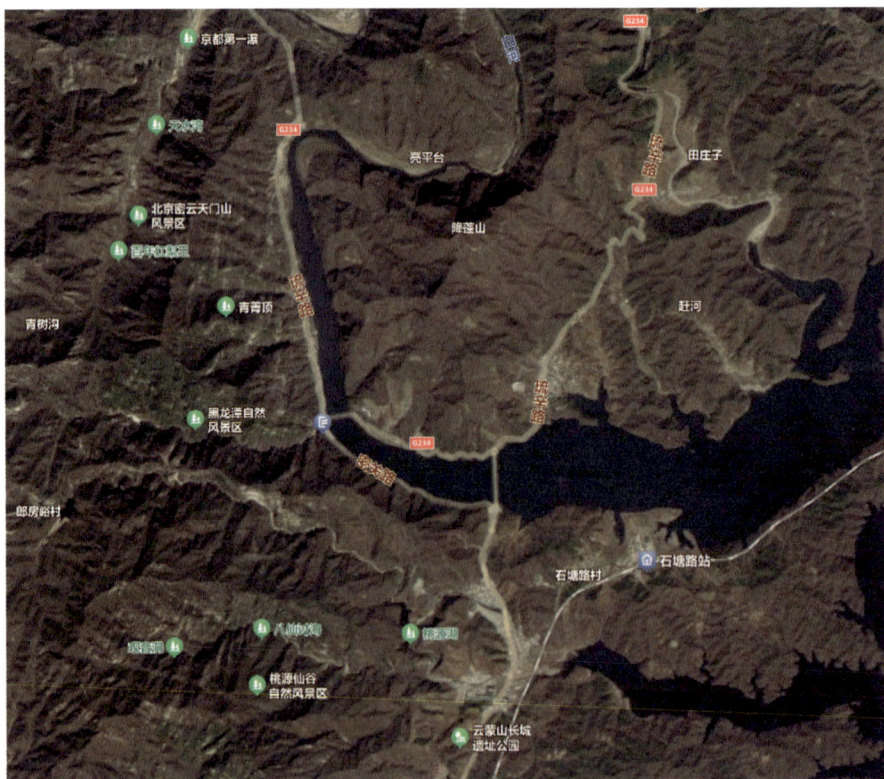

北京密云石塘路村地图

石塘路村附近。

白马关属石塘路长城段，也是边城要塞。明永乐年间（1403—1424 年）开始在白马关修建城堡，起初是一座简易小城堡。嘉靖三十年（1551 年）重修城堡。白马关城堡呈长方形，周长 400 多米，设一南门，门楼上的"白马关堡"石匾至今醒目。白马关城堡坐落在密云北部山区的白马川之中，从城堡北去十余里长沟即为白马川，即今白马关河。白马川之名源于白马山。明朝时白马山自然形成与蒙古人的分界线，大山南面为明朝属地，大山北面为蒙古人驻牧地。白马关城堡现在仍存，在密云冯家峪镇白马关村西、白马关河东侧。可以确定，兀爱营所在地"满套儿"在今密云石塘路村和白马关村北。

《卢龙塞略》记："掌卫印指挥使冕纳，子猛可，生正看，二子，长奴温亭罗袭职，次虎乂，共部落二十余名，随长昂住牧，其随伯彦打来并部酋于西境红花满川烧饼头目、银头目等驻牧四海治（冶之误）、滴水崖、擦石、慕田、石塘一带境外满套儿驻牧，自无侵寇患，犹为侦察西虏者。"根据《卢

北京密云白马关村地图

龙塞略》所记，"满套儿"在四海冶、滴水崖、擦石、慕田、石塘以北的地区。四海冶即今延庆四海镇四海村附近；滴水崖今名仍存，在今赤城县后城镇滴水崖村附近；擦石在今延庆四海镇岔石口村附近；慕田在今怀柔渤海镇慕田峪村附近。综上所述，满套儿在今赤城滴水崖村、延庆四海村和岔石口村、怀柔慕田峪村、密云石塘路村和白马关村以北的区域。

　　满套儿的南界确定了，它的北界在哪儿呢？《蓟门考》记："插汗根儿，番云即白庙儿，在独石东北。西房若自插汗根儿向东南行约七十八里，至地名甘答苏太，再行七八十里至地名石伯岭，行二日至地名满套儿。此满套儿乃犯石塘岭、古北口、曹家寨三路之总括也。切查自满套儿向东南顺潮河田地名插汗河，至地名苏哈喇百余里，苏哈喇仍插汗塔，番云即白地也。过山岭儿二道从窄林由虎石哈东谷口，至地名卯丹冲约一百余里。卯丹冲向东南直至古北、潮河、土墙一带，约六七十里。约满套儿离古北路边下共将三百里。大抵此路迳（径）由潮河曲湾，不如由小兴州广易，固西房先年犯古北径由小兴州行。虽然，此满套儿亦系三路该哨之地。

　　"插汗根儿在独石东北，西房自北南行即至地名甘他素，再南行至水可天克力，即元之官路房川。西犯滴水崖边马市口、作口墩，并白河、龙门所一带。正南犯渤海所、慕田谷并开连口一带。房若自插汗根儿往东过潮河犯古北口，正南犯白马关，西南由毛哈气儿即汤河上稍南犯河防口一带。满套儿系属夷伯彦打来等住牧之地，白马关、古北口哨夜常哨于此。"

　　《蓟门考》记从石伯岭行两日到满套儿。石伯岭在哪里？《蓟门考》又记"由石伯岭即木虎岭东头顺潮河、白塔川"，河北省丰宁县有白塔村，此地原有白塔，附近还有东白塔、白塔东沟等村庄，这是目前在丰宁境内唯一能查到白塔之名的区域，旁边就是潮河。推测白塔村附近的河流在明代叫白塔川。《读史方舆纪要》记："又石伯岭，在满套儿北八十里，亦曰木虎岭，三卫皆驻牧于此。"当时的八十里相当于现在的四十公里。自丰宁白塔村向南直线四十公里是怀柔喇叭沟门乡政府驻地附近。《蓟门考》又记："西房下木虎岭，即是满套儿，向西南行，由汤河上稍再由清江岭，东通石塘岭关。"《读史方舆纪要》也记："白马关在石塘岭东北四十里，东去潮河川九十里，有城，有水关。关北七十里有汤河，又北百里为满套儿，要冲也。自汤河上稍正南行，顺白河至石塘岭，可二百里，山恶水深。"

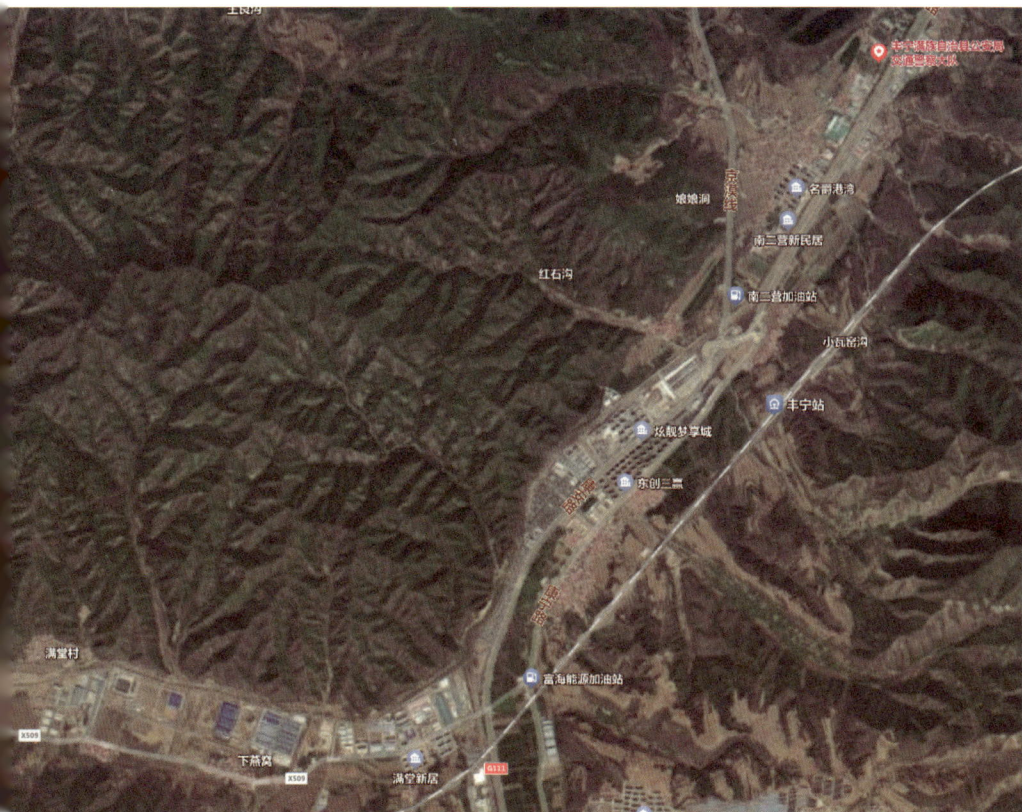

河北丰宁满堂村地图

也就是说满套儿离汤河上游比较近。可是怀柔喇叭沟门已经距离汤河上游比较远了，应该不是满套儿方位。在丰宁白塔村南直线十一公里的地方是一个三岔口，地理位置十分重要。在这个三岔口的西侧是满堂村，村庄位于东西向山沟北侧，背靠大山，向东是三岔口，南北可通，西侧是山沟的尽头，这是一个地理位置十分优越的地方，交通便利，易守难攻。"满堂"与"满套儿"发音十分接近，附近再没有开头以"man"发音的地名。安兔的驻牧地"满套儿"的中心应该就在今河北丰宁县大阁镇满堂村附近。

《蓟门考》记"此满套儿乃犯石塘岭、古北口、曹家寨三路之总括也"。也就是说，满套儿应该是对东土默特人驻牧地的泛指。满套儿在今河北丰宁县大阁镇满堂村以南，赤城滴水崖村、延庆四海村和岔石口村、怀柔慕田峪村、密云石塘路村和白马关村以北的广大区域。此东土默特人的驻牧地满套儿得名于当时的地名满套儿，就在现在的河北丰宁县大阁镇满堂村。

　　《卢龙塞略》记伯彦打来、阿剌章是者勒蔑后裔把儿真之孙，"共部落五百余名，在毛哈气水鸣急音境界驻牧，直白马关八十余里，东至贡关七百余里。附属西虏辛爱（长男被赶兔杀死）"。这个毛哈气也在满套儿的范围内，毛哈气在哪儿？根据史料所载，毛哈气也被记作毛哈气儿、毛哈圪儿、毛哈儿气、毛哈赤，显然应该是蒙古语。《蓟门考》记："虏若自插汗根儿往东过潮河犯古北口，正南犯白马关，西南由毛哈气儿即汤河上稍南犯河防口一带。"证明毛哈气就是汤河上游。崇祯四年（1631年）九月十九日明朝兵部《题行稿》记下北路参将贾秉产禀称"八月二十一日，从周四沟出边，经緫夷地白塔儿、黑河、天克力、毛哈圪儿、别力兔等处，……"。证明毛哈气在天克力附近，天克力就是今怀柔天河，天河东边就是汤河上游，此处有一个三岔口，即今怀柔喇叭沟门满族乡政府驻地附近，此地很可能就是毛哈气，这个地方也是满套儿的一部分。

　　《武备志》记："东夷兀爱是营名，与下北路龙门所相对，离独石边一百余里。……酋首安兔，……"龙门所即今河北赤城龙门所镇，"兀爱营"肯定在离龙门所比较近的地方，龙门所距离丰宁满堂村近六十五公里，可以确定，兀爱营方位肯定不在满套儿中心区。史料中兀爱还有其他写法，戚继光《蓟镇边防》记："大比只巢住无碍，去边三百五十里（乃辛爱妻）。""伯彦打来、阿牙台等巢俱住正西忽石哈、无碍，去边六百余里。"大比只就是大嬖只，安兔的继母。伯彦打来的驻牧地后来被安兔控制，此"无碍"很可能就是兀爱营。《口北三厅志》的记载为确定兀爱营方位提供了重要线索，其记："无碍寺，在滴水崖口外东南，今废。"《明神宗实录》万历二十一年（1593年）七月戊辰条载："宣府镇副将解生羌夷丁颇廷相出边，

河北赤城滴水崖地图

哨至吾爱庙，袭杀安兔部落，……"此吾爱庙在宣府外，地近龙门所，应该就是兀爱营。《口北三厅志》所记无碍寺就是《明神宗实录》所记吾爱庙。因此，确定无碍寺的方位基本就能找到兀爱营了。无碍寺现在已经消失，地望在今赤城滴水崖东南，离千家店应该不会太远。此无碍寺的方位符合《武备志》所记"与下北路龙门所相对"，《明神宗实录》所记的"宣府边外"，以及戚继光《蓟镇边防》所记蓟镇"正西"的方位。可以确定，兀爱营驻地在今赤城滴水崖东南，这是整个兀爱营的中心。

前面讲到安兔的舅舅伯彦打来曾经就在滴水崖驻牧，后来伯彦打来的部众和驻牧地被安兔控制，所以安兔应该会在滴水崖驻牧，这也佐证了兀爱营在滴水崖附近。《武备志》记："史车二夷，故朵颜种。嘉隆间相继内附，移住边内周四沟、滴水崖、龙门所南山一带，受我抚赏。万历十八年，安兔勾引叛去，……"驻牧在滴水崖的史车二夷后来被安兔控制，也可佐证兀爱营在滴水崖附近。

那么，安兔带领的蒙古东土默特人驻地满套儿的核心区在今河北丰宁大阁镇满堂村，而安兔作为领主的兀爱营核心区在今河北赤城滴水崖东南，二者直线距离六十四公里，地理方位相距那么远，这是为什么呢？根据史料记载，兀爱营很可能就是安兔直接控制的东土默特人的驻牧地的别称，兀爱营在安兔的直接控制下。而满套儿泛指所有兀良哈人的驻牧地，这些兀良哈人可能一部分被安兔控制，一部分仍然较为独立。

根据《卢龙塞略》所记，伯彦打来在"四海冶、滴水崖、擦石、慕田、石塘一带境外满套儿驻牧"，千家店正在四海冶（今四海镇）以外，属于满套儿之地。千家店离满套儿中心今丰宁满堂村近六十公里，而兀爱营的中心滴水崖就在千家店西侧，二者直线距离大约二十公里，显然，千家店离兀爱营中心区更近。前面讲到《九边圣迹图》里记了安兔部落曾在千家店驻牧，证明千家店虽然名义上是广义的满套儿地区，实际上直接属于安兔的兀爱营管辖，是兀爱营的直接属地。

兀爱营在史料中出现极少，也并不是一个正式的建置，它很可能只是东土默特人的一个别称。兀爱有无碍、吾爱等多种写法，证明这只是用汉字来表示发音，本身很可能是蒙古语。那么，兀爱是什么意思呢？兀爱营驻牧地实际上就是原来兀良哈人的驻牧地，兀爱和兀良哈发音很像，感觉很像一个词。兀良哈在史料里又写作兀良孩、兀良罕、兀良合惕等。兀良孩和兀爱的发音极像，很可能就是一个词。那么，如果兀爱就是兀良哈，兀爱营显然就是兀良哈人的营地的意思。也就是说，虽然以安兔为首的土默特贵族控制了大量兀良哈人，但是对外的称呼仍然是兀良哈人，而不是土默特人。可以说，兀爱营是一个由土默特贵族控制，属民大部分是兀良哈人的松散联盟。现在在冀北、内蒙古、东北地区已经找不到兀良哈人，兀良哈人去哪儿了呢？明代末期，因受到察哈尔部的攻击，安兔的儿子敖目不得已向东北迁徙，后来被编入土默特旗，为区别土默特本部，他们被称为东土默特人。这些兀良哈人就"冒充"成为土默特人了。现在有很多学者将安兔控制的以兀良哈人为主的兀爱营也称为东土默特人。

那么，安兔是首领，安兔和他的同母兄弟"俱住宣府东塞"，所以，安兔的其他两个兄弟很可能是兀爱营的小首领。比如《九边圣迹图》多记有"朝兔等部落驻牧"，证明朝兔是独自带领一支部落的小首领。在明朝后期，随着安兔之子、兀爱营的第二代大首领敖目正式归附清朝，兀爱营部落联盟彻底瓦解。清代，敖目和他的兀良哈属民被编为土默特右旗。另一部分归附喀喇沁旗的兀良哈人被编为喀喇沁旗。剩下的兀良哈人逐步融合到了察哈尔、内喀尔喀、嫩科尔沁等部。清代前期，原大宁地区成为察哈尔八旗的驻牧地，千家店也在此范围内。察哈尔八旗里面也有少量的兀良哈人，不知道他们在清代是否还在祖居地千家店驻牧。

## 第三节　朝兔安兔生活好　后代出生千家店

俺答汗的儿子辛爱黄台吉娶了几位兀良哈女子，其中苏布亥生下了安兔、朝兔等四个儿子，今千家店就是安兔、朝兔驻牧的地方，朝兔主要在千家店驻牧，他们很可能就出生在千家店。史料记载，朝兔有三个儿子，朝兔经常在今千家店范围内的白塔儿、千家庄驻牧，他的孩子很可能就在千家店出生。但是，史料没有单独记载他们在千家店驻牧的具体情况，造成了这段历史的空白。庆幸的是，《武备志》等史料记载了朝兔、安兔的妻子、儿子，明代万历年间成书的《九边圣迹图》描绘了他们在千家店驻牧的场景，让我们可以看到他们在千家店驻牧的真实景象。

蒙古包

　　根据《明档》兵部《题行稿》所记，安兔的儿子们仍然在千家店白塔儿、石槽峪、红石湾驻牧，白塔儿仍然是东土默特部的一个据点，是东土默特人在千家店的核心地区。明朝末年，随着察哈尔对东土默特的入犯，东土默特部在安兔儿子敖目的率领下，投靠后金，并迁徙东北。从此，安兔、朝兔等土默特部俺答汗的后代彻底退出了今千家店地区。蒙古宗主大汗所在的察哈尔部开始进入千家店地区。

## 朝兔、安兔家族在千家店的幸福生活

　　蒙古土默特部俺答汗的儿子辛爱黄台吉来到兀良哈人生活的大宁地区，娶了几位兀良哈女子，生了很多孩子，辛爱黄台吉把土地、人口分给几个儿子后，自己返回了土默特本部继承汗位。苏布亥为辛爱黄台吉生下了安兔、朝兔等四个儿子，他们生活在现在千家店及附近地区，安兔死了以后，他的二儿子敖目（温布、完布、鄂木布）继承了首领地位。那么，

千家店的山

蒙古包

他们当时生活的地方是什么样呢?

与很多蒙古人不同,他们生活在大山里,而不是草原。明朝人陈组绶《敿目形势论》记:"敿目旧巢,逼近京后。四围皆山,壁立如削,林木茂密,其中旷衍。周匝约百里,水斥卤,可煮盐。土肥沃,可屯田。南北不通,东西有小径,崎岖陡峭,车马难驰,惟攀缘可行。东通古北、白马、石塘、墙子路一带,西径通四海冶、石匣、永宁诸处。其隘口皆一夫可厄。西北约三十里,即大川,广泉,故漯水也。离开平不盈日可到。川之东,即白海子,可通大宁、喜峰、罗文,与束不的等酋为邻。西二百里许,望骆驼山,即宣大、山西边也。繇此可通丰洲、套夷及延绥。"这种高山林立、道路难通的描述及地理方位与现在的千家店极为相似。

安兔、朝兔作为土默特人和兀良哈人的混血,他们终生生活在兀良哈地区,并且后代也生活于此。朝兔生活在兀良哈地区,妻子肯定也是兀良哈人,史料记载了朝兔的三个儿子,都是台吉(蒙古语首领的意思),有兀良哈属民,不愁吃穿,在当时也算是"阔少"了。

## 朝兔后代世系表

| 长子 | | |
|---|---|---|
| 常用名 | 别称 | |
| 召儿必太 | 卓尔毕泰 | 卓毕尔图 |
| 次子 | | |
| 常用名 | 别称 | | |
| 瓦红 | 阿洪 | 阿浑 | 河洪 |
| 三子 | | |
| 常用名 | 别称 | | |
| 索那 | 锁那 | 琐诺木 | 索诺木 |

《九边圣迹图》所画朝兔部落及局部图

《武备志》记朝兔生三子："长子召儿必太台吉存，二子瓦红大台吉存，三子索那台吉存。"朝兔的三个儿子虽然没有当上大汗，但是青史留名了。更重要的是，他们童年时就生活在他们父亲的千家庄、白塔儿驻牧地，他们很可能就出生在千家店。让我们跟随《九边圣迹图》来看看他们当时生活的场景吧！《九边圣迹图》成书的万历年间，明朝与兀良哈人整体还算太平，兀良哈人还假模假样地当明朝的属夷，能保证从明朝得到生活必需品。明朝也乐于接受这个表面上的属夷，维持边境的宁静，好腾出手来应付后金。所以，《九边圣迹图》对朝兔家族的描绘应该是相对真实、客观的。

　　《九边圣迹图》的一张图中描绘了朝兔家人的生活场景。朝兔的两个蒙古包安置于白塔儿和千家庄之间，其中一个略显红色的蒙古包正好位于白塔儿西侧、千家庄东南。这个蒙古包制作得十分精美，雍容华贵，一看就是蒙古贵族居住的。蒙古包的顶部有一个黄色的髹髹，棚顶和下部相交的地方做了蓝边装饰，蒙古包下面打开一扇门，门帘都被卷到了两侧。这个蒙古包的后面有类似围墙的遮挡物，可能是为了防风的。蒙古包的边上还放置了桌子。蒙古包的里面跪坐着一个小男孩儿，向门外张望。小孩儿是大圆脸盘，蒙古发式，着浅蓝色蒙古袍。蒙古包的前面是一个蹲坐的少妇。大脸盘，着装雍容华贵，红蓝相间，一看就是蒙古贵族，虽尺寸之间，但仍能感觉到相貌姣好。她蹲坐着用双手整理东西。这个少妇形象是全图人像中最大的，按照明人绘画习惯，这个美艳少妇应该就是朝兔的正室妻子。蒙古包里的小孩儿应该就是朝兔的儿子，这个小孩儿是整个图画里孩子中形象最大的，应该是朝兔的大儿子召儿必太。他蹲坐在蒙古包内，向外看着妈妈，可能妈妈正在做饭，他太饿了，所以不停向外张望，应该再等会儿妈妈就把牛肉干、马奶都热好了。蒙古人是男人在外打仗狩猎，女人在家操持家务、洗衣做饭、照顾孩子，一个好的女人就是男人的半边天，不得不说，朝兔娶了一个千家店的好媳妇儿。

　　图中左下角有两个仆人，一前一后，前面的人手里好像拿着什么，衣着普通。这两个仆人的出现也再次证明蒙古包外的少妇是画面的中心，应该就是朝兔的妻子，里面的小孩儿是朝兔儿子。两个仆人身后也有一个蒙古包，整体白色，装饰黑边，和朝兔妻子住的蒙古包相比，显得太普通了，这也算是身份地位的象征吧。

《九边圣迹图》所画朝兔部落局部图

　　画面下侧左边有一个着红绿相间蒙古袍、戴蒙古帽，回头看向两个仆人的女子，旁边跟着一个小孩儿，怀里还抱着一个小孩儿，感觉应该是几个月大的婴儿。从装束上看，这个女子应该也是贵族，很可能是朝兔的侧室，两个小孩儿应该都是朝兔的儿子。站着的是朝兔的二儿子瓦红，怀里抱着的婴儿是三子索那。那么，朝兔的三个孩子分别跟着两名女子，证明他们不是一个母亲生的。蒙古包里的男孩儿应该是蒙古包外面的正室女子所生。另外两个男孩儿是侧室所生。

《九边圣迹图》所画朝兔部落局部图

两个男孩儿的右侧有三个从事生产活动的人，左侧着白衣女子坐在地上做回头张望状，旁边有个筐，右边一个男子手里拿着一个类似长杆鸡毛掸子的东西做向下拍打状，可能是在进行农事活动。男子后面还跟着一个小孩儿，应该是一家三口。男子、女子皆戴蒙古帽，穿着相对讲究，应该也是贵族，很可能是朝兔的弟弟或者小舅子一家。

画面的最右侧是三个放羊的人。大概有十一只羊，皆做抬头张望状，显得十分悠闲、惬意。上方是一个拿着杆子的站立男子，右侧是一名站立女子，左手牵着一个小孩儿，根据穿着来看，应该是贵族一家三口。

值得注意的是，整幅图画中的人物都看向那两名仆人，似乎有什么重大的事情。走在前面的仆人手里拿着东西，后面的仆人右手拉住前面的仆人，左手指向朝兔的正室妻子，好像在和前面的仆人说："我们朝兔大人的

《九边圣迹图》所画朝兔部落局部图

妻子在那儿呢！"仿佛有什么重要的事情要告诉朝兔的正室妻子。这幅图画中没有朝兔，结合当时的历史情况，仆人很可能是将朝兔得到明朝封赏或者捕到猎物的好消息告诉朝兔的妻子。这幅图画表现的是从事生产生活活动的朝兔家人，看到有人来报喜的一瞬间。

### 安兔后代世系表

| 满旦璧只所生 | | | |
|---|---|---|---|
| 长子 | | | |
| 常用名 | 别称 | | |
| 七 庆 | 圪他汗 | 乞炭亥 | 圪炭亥 | 屹他海 |
| 次子 | | | |
| 常用名 | 别称 | | |
| 教 目 | 温 布 | 完 布 | 鄂木布 | 俄木布楚琥尔 |
| 三子 | | | |
| 常用名 | 别称 | | |
| 巴 赖 | | | |

看完朝兔再看看安兔一家。安兔是东土默特部的首领，家族生活肯定要比朝兔富贵得多。安兔的父亲辛爱黄台吉有一个妻子叫大璧只，也是兀良哈贵族女子，后来辛爱黄台吉抛弃了大璧只。在古代，蒙古女子的地位比汉族女子要高，有的丈夫死后就独立带领丈夫原来的部属，比如成吉思汗的母亲孛儿帖，在成吉思汗的父亲也速该死后，承担起了部落首领的角色，把也速该的孩子都养大。蒙古帝国时期，在大汗死后没有选出新大汗期间，皇后是可以称制行使大汗的权力的。辛爱黄台吉抛弃大璧只后，大璧只带着一些兀良哈人驻牧在满套儿。苏布亥去世后，安兔也来到了满套儿和继母一起驻牧，后来逐渐统领了大璧只的兀良哈部属，共有精兵三千多人。《卢龙塞略》有关于这方面的记载，其记："赶兔，西房顺义王子，蓟镇属夷妻所生，随母于满套儿驻牧……蓟镇边外，昔惟属夷驻牧，迩因夷女联姻东西大房，以致各酋子侄，或随母妻，或因分管部夷，移来蓟镇边外驻牧。"这是关于安兔（赶兔）等土默特贵族逐渐控制兀良哈人的重要记述。《武备志》记载了安兔的儿子们："酉首安兔故，生三子，子圪

他汗台吉存，二子完布台吉存，三子巴赖台吉存。"圪他汗台吉也写作乞炭亥、圪炭亥、屹他海，也叫七庆台吉，为方便读写，简称其为七庆。完布即敖目。安兔的媳妇叫满旦嬖只，安兔死后，"改嫁阿晕，与赶兔长子乞炭亥岁相仇杀"，后来和解了，七庆（乞炭亥）和满旦嬖只欣赏的二儿子敖目（完布）势力都很强大。不幸的是，七庆后来在永宁被明朝军队的箭炮击伤身亡，敖目

《九边圣迹图》中靖胡堡北侧的安兔等部落

顺理成章成为东土默特部（兀爱营）的首领了。朝兔的大儿子召儿必太当了二把手。那么，让我们跟随《九边圣迹图》看看大首领安兔一家人吧。

安兔是兀爱营的大首领，驻牧的地方随便挑，所以他居住方位不定，千家店只是他偶尔驻牧的地方之一。安兔偶尔在今千家店范围内的白塔儿、虎喇岭等地驻牧。《九边圣迹图》中靖胡堡的东北边画了一些驻牧的蒙古人，还画了一些骑马射箭的蒙古人，上面写"安兔等部落"。根据地理方位判断，他们驻牧的地方在现在千家店的西侧。从图中能看出来，安兔驻牧的地方紧挨着靖胡堡（今白河堡水库），其实，靖胡堡那块地方之前本来就是兀良哈人的驻牧地。

早些年，蒙古土默特部首领俺答汗因明朝没有满足其"互市"的要求，屡次派兵袭扰明朝。嘉靖二十九年（1550年），在兀良哈人的引领下，打到了北京城下，前锋逼近安定门，明朝军队被吓得没有敢应战的，俺答汗大肆劫掠后满载而归，史称"庚戌之变"。"庚戌之变"震动明廷朝野，明朝军队开始修整作为北京屏障的宣府镇城堡。宣府镇管辖的隆庆州（后为避讳隆庆帝年号改为延庆州）黑峪北侧山谷中有一个四通八达的要道，当时在兀良哈人的控制下，此地北可通安兔等部落驻牧地，西南可通延庆城，

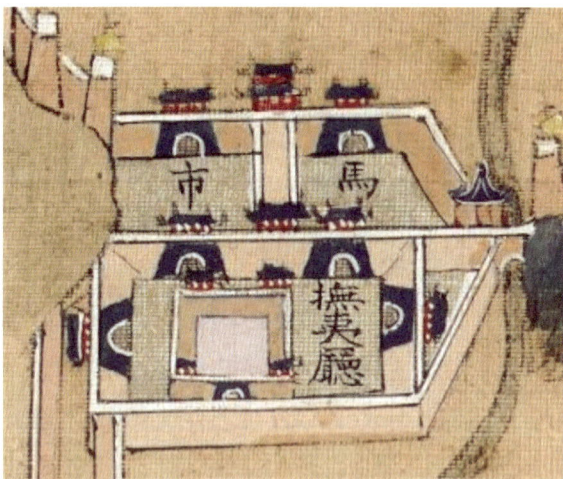

正南可通永宁城。延庆和永宁是明代居庸关北部的重要边塞，一旦失守，昌平天寿山帝陵将被蹂躏。所以，"庚戌之变"后的嘉靖二十九年（1550年）当年，明廷就决定在此山谷三岔之地南侧修建一座新城堡。为报"庚戌之变"兀良哈人引路之仇，明廷派宣府镇劲兵将三岔口的兀良哈人赶走，修建了一座大型、坚固的城堡，直抵兀良哈人驻牧地。因为是将兀良哈等胡人赶走之后修建的城堡，所以称为"靖胡堡"。可以说，靖胡堡外面就是兀良哈人，大量兀良哈人在靖胡堡北侧驻牧。"庚戌之变"是俺答汗发动的，明廷自然和俺答汗的孙子也是仇人了，俗话说，仇人见面分外眼红。靖胡堡的名字本来就有蔑视兀良哈人的意思。安兔和他的继母大嬖只屡次派兵南下攻击明朝边堡，让明朝苦不堪言。为了羞辱明朝，安兔就将自己的营帐设在离靖胡堡不远的地方，让守城明军不得安宁，因为说不定哪天安兔就攻进来了。

　　《九边圣迹图》靖胡堡东北黑牛山的西面有两个蒙古包，都是蓝边修饰的白色蒙古包，左边的更大一些，棚顶还有蓝色箭头图案装饰，后面还插着一杆类似蒙古苏鲁锭的旗，显得十分与众不同，这些应该都是身份地位的象征。苏鲁锭的蒙古语意思是"矛"，是蒙古的象征，是战神的标志，这很可能就代表了安兔本人，毕竟安兔是大首领。这个蒙古包前面坐着一位贵族装扮的女子，形

《九边圣迹图》所画安兔等部落

象较大，毫无疑问，这就是首领安兔的营帐了，女子很可能就是安兔的妻子满旦嬖只。右边的蒙古包帐门打开，里面坐着一个小男孩儿，这应该就是安兔的大儿子七庆。这两个蒙古包的前面有两块隔档板。满旦嬖只的前面有一个手里拿着红色物品做弯腰作揖讲话状的蒙古男子，十分谦卑的样子，后面还跟着一个小孩儿，小孩

《九边圣迹图》所画安兔部落局部图

儿在用手向后拉男子。男子手里拿着的红色物品很像是订婚的聘礼，蒙古人都是很小就给孩子定"娃娃亲"，比如成吉思汗和孛儿帖就是定了娃娃亲。这名男子很可能是想和安兔一家结为亲家，他后面跟着的小孩儿看着像男孩儿，男子肯定是看上安兔的女儿了，想给自己的儿子找个媳妇儿，要是真能和安兔的女儿定亲，那也算是祖坟冒青烟了。这个男子应该也是贵族，要不然他没那么大胆儿到安兔家提亲。

蒙古包的前面、黑牛山后有一只骆驼，前面还有一只小骆驼，这应该是运送货物的驼队，安兔会定期和明朝进行"互市"，互换物品，这些骆

《九边圣迹图》所画安兔部落局部图

驼有可能是给安兔驮运货物的。画面西侧是三个骑马的蒙古人，其中一个正在射箭，这应该是反映安兔部落狩猎的场景。再向西，三岔沟的南边有八只正在吃草的羊，证明安兔部落还是以放牧、狩猎为主要生产方式。画面靖胡堡镇河楼的边上有三个骑马的蒙古男子，一个人在左侧，两个人在右侧，左侧男子骑白马，着红色蒙古袍，与另外二人穿着差异较大，且正回头对另外两个人说话，像是在布置任务。这个骑白马的红衣男子很可能就是安兔，他正在对属下布置攻城方法。左侧还有两个白色蒙古包，已经离靖胡堡很近了。可以说，东土默特人时刻都想攻下靖胡堡，夺回祖先驻牧的地方。从这幅图画中可以看出，安兔家人着装比朝兔家人要更华丽一些，这也可以显示出安兔大首领的地位。

《九边圣迹图》画永宁城的图中也画了安兔部落，他们驻牧在白塔儿的西侧、黑峪口的西北，紧挨着神仙院。画中只有一个蒙古包，整体是白色的，黑边修饰，蒙古包的前面坐着三个人，中间是一贵族女子，怀中抱着小孩儿，三人旁边还有一位站立侍者。蒙古包后面有三头牛。安兔曾和继母大壁只一起驻牧，图中女子地位较高，很可能就是大壁只，大壁只曾屡次带兵袭扰明朝边境。

在安兔和继母大壁只屡次袭扰明朝边境的情况下，明朝宣府镇官兵也曾多次反击，万历年间曾多次进攻安兔驻地。《明神宗实录》记万历二十一年（1593 年）"三月壬申宣大总督萧大亨奏……今尊（史二官）子吉妹并哖罗等果率众来归，又斩安兔伏路贼夷三级以明其心……"。又载七月戊辰"宣府镇副将解生羌夷丁颇廷相出边，哨至吾爱庙，袭杀安兔部落，得级四十"。证明明朝在后期还是可以对安兔的兀爱营核心区域进行攻击的，对千家店驻牧的东土默特人（包括兀良哈人）还是有一定的控制权的，虽然他们不归明

《九边圣迹图》所画安兔等部落

朝直接管辖。

明朝因修建靖胡堡和东土默特人结下的梁子甚至传到了俺答汗的曾孙辈。《明档》记兵科抄出钦差巡抚、宣府等处地方赞理军务、兵部右侍郎兼都察院右佥都御史李养冲崇祯元年（1628年）题本记安兔的儿子敖目和七庆"纠结东奴，西合白言部夷，借势狂逞，于七月内聚兵二三千，突犯靖胡，被我官军割夷级，夺夷器、马匹，怀恨不散……"。

总体来说，万历年间，明朝与其宣镇北部的蒙古东土默特部（包括兀良哈人）是相对和平的，虽然安兔和其继母大嫂只经常袭扰明朝边境，但明军很少进入千家店地区，朝兔基本驻牧在千家店，与明朝鲜有冲突。这样相对安宁的环境是适合安兔和朝兔的孩子们成长的。

## 东土默特部二当家、朝兔大儿子召儿必太和弟弟们

很多年后，蒙古包里那个等着妈妈做饭的小男孩儿已经长大成人了，朝兔为他起名召儿必太，他长得很像他的太爷爷俺答汗，细小的眼睛背后总是透着一股狠劲，让人捉摸不透，这个黄金家族的后代能像太爷爷一样统一蒙古吗？长大后的召儿必太每日和爸爸外出狩猎、抗击明军，策马奔腾在千家店的山水之间，千家店的高山清水养育出了这样强壮不羁的蒙古汉子，他有着怎样的未来呢？还别说，长大后的召儿必太继承了父亲朝兔的地位，当上了东土默特部的二当家，深受大当家敖目的信任。他虽然没能干出像太爷爷俺答汗那样的伟业，但他两次面见皇太极，避免了被察哈尔部兼并，救东土默特部于水火之中。自古忠孝不能两全，召儿必太眼看父亲朝兔被察哈尔人抓走不救，跟随后金皇太极攻打明朝，皇太极认为其十分忠勇，给他封了爵位，后代还可以继承，真不愧是一位足智多谋、忠心耿耿的蒙古汉子。相信朝兔在天之灵知道他有这样一位优秀

骑马的蒙古人

的儿子，肯定不会埋怨他不救自己了吧。

朝兔的大儿子召儿必太在史料中又被记为卓尔毕泰洪台吉，被误写为卓毕尔图洪台吉，二子瓦红也被记作阿洪、阿浑、河洪，三子索那也被记作锁那、琐诺木。明朝天启年间（1621—1627 年），察哈尔部林丹汗屡次攻击土默特等部，希望统一蒙古。东土默特部在首领敖目的带领下反击察哈尔，依靠地形优势取得了一些胜利。明人陈组绥《敖目形势论》记："天启中，插汉拥数十万众西袭，摆言大、永卜邵等部，所向摧灭，独敖目众不满千，敢与相梗。插怒而击之，反为所败，损其精骑数百。此非兵不相敌，盖险不可攻也。"插汉就是察哈尔。但察哈尔毕竟人多势众，在察哈尔的屡次攻击下，东土默特部渐渐难以支撑了。在这种十分不利的情况下，敖目正式给后金皇太极写信求援。清代《钦定外藩蒙古回部王公表传》记："察哈尔林丹汗恃其强，侵不已，固穆父俄木布楚琥尔约喀喇沁部长苏布地等击察哈尔兵四万于土默特之赵城，复杀其赴张家口请明赏兵三千，与交恶不敌。本朝天聪二年偕苏布地上书乞援……"俄木布楚琥尔即敖目。敖目与苏布地等写给后金皇太极的信说："呈天聪汗陛下：可汗、公主、额尔德尼洪台吉、赛格尔恰那颜等尊奏：联盟立誓之际，请御驾出征。闻我们将要结盟和好，那黑心恶毒的察哈尔汗将要征伐（我们）的一方。还有奏请一事：气候变凉，草木将要枯黄，时令艰难时起事也困苦。今秋若不趁早动身，那黑心罪孽之汗将会想出更多各种坏念头。敬请明鉴。为我们共同速速起程事尊奏。奏请八月初十前会师。若准奏，明示！并请本月下旬遣还使者。"此信很可能写于皇太极天聪二年（1628 年）七月上旬。敖目因为袭扰察哈尔部，与察哈尔彻底交恶。

那么，敖目带领的东土默特部能消灭察哈尔三千兵，证明东土默特部当时的人数肯定已经远超安兔时期的三千多人了。但之后敖目却没有配合皇太极进攻察哈尔。皇太极在天聪二年（1628 年）年底为东土默特部没有配合攻打察哈尔给安兔、朝兔的儿子们写信责备："给卓尔毕泰洪台吉、俄木布楚琥尔台吉、阿衮索诺木台吉、阿巴泰台吉等诺颜书：……"信背面用老满文记："喀喇沁卓毕尔图洪台吉信。"诺颜就是领主的意思。卓尔毕泰洪台吉即朝兔大儿子召儿必太，皇太极误以为他是喀喇沁部的。俄木布楚琥尔台吉即安兔的二儿子敖目，阿衮索诺木台吉可能是朝兔的次子瓦红和三子索那，阿巴泰台吉不知道是谁。

安兔、朝兔去世后，他们的后代依然统治着原明朝大宁都司兀良哈人驻牧的"兀爱营"地区。安兔算是兀爱营的第一任领主，那么他的继承人敖目应该是第二任领主。皇太极在信中将敖目写在召儿必太之后，证明朝兔的大儿子召儿必太在兀爱营也是有一定的地位的，应是一个地位很高的领主。也有可能因为敖目是安兔的二儿子，而召儿必太是朝兔的大儿子，召儿必太论年龄和资历都比敖目要高，且当时安兔的大儿子七庆刚死，敖目的地位还不牢固，所以，皇太极在写信的时候才把召儿必太的名字写在了前面。

敖目在天聪三年（1629年）才看到皇太极的斥责信，当时他正和察哈尔部交战，他立即给皇太极回信，信中提到了他们和察哈尔部的战争。证明召儿必太在天聪三年（1629年）曾将敖目的信交给皇太极。史书记当年六月"土默特部落卓尔毕泰台吉、达尔汉喇嘛、阿浑台吉、阿巴当台吉、索诺木台吉来贡，兼贡礼物"。证明是召儿必太带着他的两个弟弟一起觐见皇太极的。

《九边圣迹图》骑马行进中的蒙古人

《钦定外藩蒙古回部王公表传》记："本朝天聪二年偕苏布地上书乞援，三年六月遣台吉卓尔毕泰入贡，寻率属来朝……""寻率属来朝"证明召儿必太后来又入贡了一次后金。天聪三年（1629年）九月，召儿必太又带着敖目的信面见了皇太极，敖目在信中解释了他为什么没有亲自面见皇太极："我虽想亲自向你纳贡，但是我的兄弟被察哈尔杀的杀，四处逃散的逃散。就是我自身也每月在和罪孽的察哈尔交锋。如果我去了，察哈尔将乘虚而入，兀鲁思 [ 也 ] 没有了管治。因此未能成行。"又对归附皇太极表明了决心："虽然左右翼的亲戚 [ 有可能 ] 去四面八方，但是只有我跟在天聪汗后面，向你纳贡。此心至诚。虽然听从你的法令的诺颜、塔布囊们可能有向里面投奔汉人，向外面投奔察哈尔的念头，我心里却绝没有叛变的念头。以奏闻真诚不二的心。"信的背后用旧满文写道："蛇年九月十八日卓尔毕泰洪台吉所送书。"证明在天聪三年（1629年）九月，敖目在察哈尔、明朝的夹击下，经过深思熟虑，终于下定决心投靠后金。天聪二年（1628年）敖目的哥哥七庆在永宁和明军的战斗中受伤身死，他的弟弟毛乞炭也在同年去世，加速了敖目投靠后金。《钦定外藩蒙古回部王公表传》记天聪三年（1629年）"九月上亲征察哈尔，俄木布楚琥尔从"。证明敖目在确定归附皇太极后，立即跟随其出征了察哈尔。

那么，在皇太极写给安兔、朝兔儿子们的信中，召儿必太的名字排在了大领主敖目之前，随后两次敖目的回信都是由召儿必太送交皇太极。这证明，召儿必太在东土默特部地位很高，应该就是东土默特部继敖目后的第二号人物。

天聪三年（1629年），皇太极没能征成察哈尔，而是向南袭扰明朝。因为当时察哈尔部林丹汗仍然是蒙古的大汗，有些投靠皇太极的蒙古部落不愿意征讨林丹汗，所以皇太极不得不改变方向，决定攻打明朝。让人出乎意料的是，就在东土默特部刚刚归附后金的时候，原来的二当家朝兔却被察哈尔部杀死了。《清太宗实录》记载了皇太极在崇德元年（1636年）六月给召儿必太的敕书："尔卓尔毕泰原系蒙古土默特部落贝勒，蒙古国乱，遣人纳款。后尔父为察哈尔所执，会我师征燕京，遂不及寻父，率妻子来归，因是授为二等甲喇章京。"天聪三年（1629年），皇太极当时正率女真、蒙古等部攻打明朝，直抵北京，与"会我师征燕京"可以对应。证明朝兔是在此时被察哈尔人抓走、杀害的，当时察哈尔屡次侵犯东土默特部。皇太极给召儿必太的敕书也证明，崇德元年（1636年）召儿必太依然在世。皇太极因为召儿必太不救父亲也要随自己南征明朝，认为其忠心耿耿，所以授其"二等甲喇章京"。甲喇章京是满语，原称甲喇额真，是八旗爵名，相当于明朝的参将、游击，甲喇章京分三等，一、二等即参将，三等为游击。甲喇章京后来又改称阿达哈哈番，汉意为轻车都尉。召儿必太的二等甲喇章京虽然只是一个小官，但最起码他们一家人的衣食住行没问题了。这算是皇太极对召儿必太不救父亲也要跟随自己的奖励吧。《满文老档》记皇太极说召儿必太的二等甲喇章京"准再袭五次"，也就是召儿必太儿子、

明朝四海冶边外及毛哈气

孙子、曾孙子等等，都可以享受这种待遇，应该可以继承到清代中期。《满文老档》记召儿必太的儿子叫绰斯喜，他很可能也出生在千家店。天聪九年（1635年）十一月，皇太极赏给绰斯喜和敖目虎皮皮端罩三顶、貂皮皮端罩三顶、银各十两，对他还是比较关照的。史料中关于绰斯喜的记载很少，看来朝兔家族在召儿必太后就没有太厉害的人了，逐渐消失在茫茫历史长河之中了。

史料里还有关于召儿必太二弟阿洪、三弟索那的记载，《口北三厅志》引《宣镇图志》记宣府东路"四海冶边外有河洪台吉、满旦比妓等驻牧，约二千余骑。……毛哈气儿去边二百七十余里，锁那等台吉下部落驻牧，约一千五百余骑"。河洪即阿洪，他驻牧的地方在今千家店范围内；锁那即索那，他驻牧的毛哈气儿在今怀柔。

驻牧在明朝宣府镇下北路各堡外的阿洪和锁那还能经常得到明朝的赏物。明朝兵部署部事右侍郎宋等崇祯四年（1631年）五月九日题，据宣府巡抚沈棨报"插酋夷使摆布解生等于本月初三日申时出口缘系已经具报外，复于初四日各夷进口讲赏求索无厌，本职再三拢言，略许餐酒。来夷尚未随意，即于本日出口。今于初五日巳时，又据龙门所守备李怀新禀称，今有夷人摆布解生等一十七名复来进口到城，即据来夷说称，且不言迎风之赏，先要下北路沿边各堡先年夷敖目、毛乞炭、阿洪、锁那等一十七台吉旧例赏物。见有收获各夷原遗旧日领赏夷人引领质对等语，且禀到职"。插酋即察哈尔，敖目、毛乞炭是安兔的儿子，证明安兔、朝兔的儿子们一直在明朝宣府镇下北路堡外驻牧，还能经常得到明朝的赏物，应该名义上也算是属夷吧。文中说崇祯四年（1631 年）察哈尔人也希望得到原先阿洪、锁那得到的赏物，证明此时安兔、朝兔的后代们已经不在宣府镇下北路堡外驻牧了。

## 安兔儿子驻牧千家店

据《明神宗实录》记载，万历三十二年（1604 年）后，安兔去世，安兔媳妇满旦嬖只"改嫁阿晕，与赶兔长子乞炭亥岁相仇杀"，"温布渐长，乞炭亥复与相合"，这期间不知道安兔的大领主地位传给了谁，有可能还是安兔的大儿子七庆，也可能是七庆和敖目各管一部分属民。崇祯元年（1628 年）底，七庆战死，东土默特大首领正式传给了敖目。前面提到的清代《钦定外藩蒙古回部王公表传》记："察哈尔林丹汗恃其强，侵不已，固穆父俄木布楚琥尔约喀喇沁部长苏布地等击察哈尔兵四万于土默特之赵城，复杀其赴张家口请明赏兵三千，与交恶不敌。"由此可见，东土默特开始曾战胜过察哈尔。陈组绶记："独敖目众不满千，敢与相梗。插怒而击之，反为所败，损其精骑数百。"但随后察哈尔林丹汗自率主力军队驻扎于离东土默特较近的宣府边外，对东土默特部造成了很大压力。毕竟林丹汗的军队比东土默特多太多，敖目和七庆所在的东土默特部逐渐落了下风。崇祯元年（1628 年）李养冲题本称："敖、庆等酋连年虽称狡诈，屡犯鼠窃，不过挟赏。自插酋西来逼彼，潜藏白马关等处边外驻牧……"此期间，敖目和七庆很可能撤出了千家店地区。

皇太极天聪二年（1628 年）秋后金发动"取通贵"之役后，因为林丹汗西撤，敖目部众又回到了龙门所边外地方，千家店又被重新纳入敖目的驻地。同年秋，林丹汗接连击败西土默特和鄂尔多斯部。敖目认为察哈尔很可能再次攻击东土默特部，写信给皇太极求援。年底，敖目的弟弟毛乞炭、

《九边圣迹图》骑马行进中的蒙古人

哥哥七庆相继死亡。

崇祯二年（1629 年），察哈尔挥戈东进，讨伐东土默特部。《明档》中崇祯二年（1629 年）五月三日兵部《题行稿》有关于察哈尔和东土默特战争的记载："崇祯二年闰四月二十七日，准镇守宣府总兵官侯世禄手本内称，本月二十五日，据东路永宁参将孙庆禀称，二十四日辰时，据周四沟守备高崇让禀称，二十三日戌时，据长哨钱丙报称，探得敖目转调石槽峪沟口住牧耳森台吉部落夷人，俱突起帐前往地名白塔儿聚齐。随据守口夷人名石鸡子复密报，敖目将本边住牧各夷尽数撤聚，若讲赏不遂，定要谋犯周四沟、观头二堡。又据原差出口委官张满进口报称，敖目索要部落月米二千两，但因插兵来征，甚是慌乱，似有起帐情形等情。又据靖胡堡守备郭秉忠禀，据原差尖夜曹江口报，哨至边外地名红石湾，离边约远六十余里，迎遇敖目守口夷人乞炭说称，有插汉儿家精兵大约三百余骑，将龙门所边后瓦房沟住牧七庆部落夷人、牛羊、马匹赶去，并抢去七庆台吉儿子小台吉。其耳森、打力的两个娘子，随带夷人往东南白马关边后行走。又说，敖目选差精兵百骑，去哨插兵，未知还干何事，又拨步夷带斧砍树当路。见得本酋甚是慌忙，声说往白马关原巢，要回顾家事等情。又据上下北路参将查官正等禀报相同缘由。各转报到镇。除行沿边参守等官与同防兵着实提备、侦探外等，因移会到职。准此为照，敖目近因新收卜石兔部落宾兔台吉等，乃原降插酋，今复叛，投敖目。而本酋近得此夷，志骄气盈，随尔放肆，要挟业经，发兵边口，正在讲袭间。今辛天厌其恶，令插酋杀掠部落，抢去头畜，以致本酋自顾不遑，匆匆东去……"

《九边圣迹图》蒙古人射箭图

据此兵部档案，崇祯二年（1629年）闰四月东土默特在和察哈尔的战役中惨败，退向东部。文中记："探得敖目转调石槽峪沟口住牧耳森台吉部落夷人，俱突起帐前往地名白塔儿聚齐。"白塔儿即朝兔、安兔曾经的驻牧地，在千家店原白塔南沟村北侧。其西侧有今石槽村，村前有一长山沟，此沟北可通千家庄、龙门所，南可通四海冶，即耳森台吉部落驻牧的石槽峪沟。耳森是安兔长子七庆的妻子，证明七庆死后，其一部分部落在其妻子耳森的带领下驻牧在今石槽村附近。这次东土默特与察哈尔的战役异常惨烈，七庆的儿子也被察哈尔人掠去。七庆部属向东南白马关逃去。文中说敖目让所有东土默特部落向白塔儿聚集，目的应该是撤出千家店地区东遁。但是也证明，在敖目、七庆控制东土默特部时期，白塔儿仍然是东土默特的一个重要聚点。文中还记明军在红石湾遇到了守口夷人乞炭，红石湾就是现在的红石湾村。文中最后记东土默特部"自顾不遑，匆匆东去"，于崇祯二年（1629年）闰四月再次退出了千家店地区。这次战斗异常惨烈，敖目在率领东土默特人撤走的同时，用恳求的语气给皇太极写信，希望能救救自己。当年五月敖目写信给皇太极说："天聪汗明鉴。额尔德尼杜棱洪巴图鲁台吉以书上奏。天聪汗的谕旨，于蛇年闰四月初十日到达我们这里。恶毒的汗的鄂托克在去年取通贵时曾经溃散撤回。[但是]现在又回到了原牧地。[他们]朝暮向我们发来精兵。我们跟他们在作战。如果[天聪汗您]慈爱众生，请起驾光临把我们的仇敌压服在我脚下……"

这段崇祯二年（1629 年）五月三日《明档》兵部《题行稿》不仅可以证明东土默特部在崇祯二年（1629 年）闰四月再次退出今千家店地区，也可确定安兔两个儿子在今千家店地区的驻牧地。即：七庆及其妻子耳森与部属驻牧石槽峪沟（今石槽村），敖目及部属驻牧白塔儿（原白塔南沟村北）。其中，白塔儿是东土默特部的一个聚点，也是整个千家店地区东土默特的中心。根据前述《口北三厅志》引《宣镇图说》记朝兔的二儿子阿洪和安兔的妻子满旦嬖只驻牧在四海冶边外，朝兔的三儿子锁那驻牧毛哈气儿，他们应该都由敖目统一调动东遁。朝兔大儿子召儿必太及部属也应在此次东遁之内。

另外，《口北三厅志》引《宣镇图说》对东土默特部驻牧地的记载也可当作佐证，其记："大边东北百五十里，即七庆、满旦、安朝二兔子侄等夷驻牧处，皆俺答苗裔也。""大边东北"即今千家店。

崇祯二年（1629 年）闰四月东土默特人东遁白马关后，没多久又回到千家店附近驻牧了。崇祯二年（1629 年）六月二十日《明档》有一份重要《题行稿》记载了察哈尔和东土默特的战事，其记："崇祯二年六月十五日，据东路永宁参将孙庆塘报，案照本月十一日各将齐赴东河边口，与敖目差来召儿计等三个喇嘛、挨尧什等四个他不能带领夷人一百余名，里外两家睹面苦讲一番。各夷回称，感诸上老爷天恩服款，言定十三日插刀盟誓。陡于十二日午时，有拨儿马达子来调喇嘛、他不能说，有达子二千余骑，已过满套儿，不知是否东夷、插夷。各喇嘛、他不能等随即回巢。又据原差通丁克什兔、罗一栋等带领喇嘛徒弟班的进口飞报说称，敖酋闻报，带领夷兵前去迎敌。又敖目说称，我们旧事讲成，已在十三日插刀。我心忙，不能顾此。差班的在里边住着，以为准信。两三日事定，插刀血誓。卑职随差通丁克什兔，问守备郭秉忠差长哨曹江等出口侦探。一面飞传各堡守防等官严加防备。再照插兵见形，敖酋凶吉未保。查得，敖酋住牧相近周四沟、黑汉岭、四海冶边界，倘插兵逼近，敖酋无路奔逃，倘投边里，请乞兵马预备等情塘报到职。据此看得，所报二酋相持情形已露。虽事在房中，且逼近陵寝，而防备为最吃紧。本职业已先行选发本职下任丁干总侯奇带领夷丁二百名，次发新旧两营步兵一千名，又会发练兵游击熊维藩统领本营军丁五百名前去。东路永宁分布沿边一带紧要冲堡，设伏防御外，系干房中情形，理合塘报等因，各到部。"据此可知，崇祯二年（1629 年）六月，察哈尔继续向东土默特部进攻，此时东土默特部仍驻"周四沟、黑汉岭、四海冶边界"，即今千家店地区。敖目本打算和明朝结盟，因察哈尔的侵犯，不得不匆忙迎战。证明最晚到崇祯二年（1629 年）六月，敖目的东土默特部可能仍有小部分驻牧在千家店附近。

在察哈尔的不断东侵下，敖目坚定了投靠后金的决心，崇祯二年（1629 年）九月，敖目写给皇太极的信中说："……这次派使者的缘由是，因为跟随天聪汗，[向他] 纳贡的心是真切的，所以如此不断地派遣使者。我虽想亲自向你纳贡，但是我的兄弟被察哈尔杀的杀，四处逃散的逃散。就是我自身也每月在和罪孽的察哈尔

东土默特部驻牧的周四沟、黑汉岭、四海冶边外即今千家店地区

交锋。如果我去了，[察哈尔] 将乘虚而入，兀鲁思 [也] 没有了管治。因此未能成行。若想向 [你] 那里迁徙，可是没有车马，所以还不能迁徙……"这封信证明到崇祯二年（1629 年）九月敖目仍然没有迁徙到后金控制区域，也佐证崇祯二年九月前，东土默特部一直在和察哈尔部交战。

那么，敖目是在什么时候正式投奔后金皇太极的呢？崇祯四年（1631

年）正月十五日明朝兵部《题行稿》援引宣府总兵董继舒禀报，报告了"哨探捉获夷奸事"。崇祯三年（1630年）十一月三十日，丁夜刘国甫等哨探到大瓦房沟地方，捉获了两名蒙古妇女。"二妇供说，一名叫特轮住，系夷人黑石兔的老婆；一名叫克令住，系夷人苦思奈的老婆。俱系敖目部落下夷人。有敖目于崇祯二年十一月内投了奴儿哈赤营内，多不遂心，至今不知存亡。又说，有韩僧前于崇祯三年十月二十四五日，将敖目官儿常骑黑骠色战马一匹骑回，仍引领着精兵达子呵计[讨]、兵完[兔]等三十余名，又引着毛乞炭下哑兔害妣妓生的女子，有十来岁，假充小台吉，在于蓟镇白马关边外地名石并一带住牧吃赏。还有散夷五六百名，牛马不多，因你们东北路前者出口杀死我们许多达子，不敢离边，俱各远避，见在地名一克哈赤儿、毛哈赤儿一带驻牧，并无帐房，止有三五个一伙在各山嵯沟岔潜藏"。此时努尔哈赤已经病死，文中奴儿哈赤营应指皇太极。据此可知，敖目在崇祯二年（1629年）十一月正式带领属民投靠了后金皇太极，但没有把所有属民迁徙到后金境内，在毛哈赤（即毛哈气儿，在今千家店东北的怀柔境内）还留有五六百人。

东土默特人最晚在崇祯三年（1630年）六月返回了千家店地区。敖目在投靠了后金后，又回到明朝边地要赏。

《明档》兵部题行宣大总督魏云中崇祯三年（1630年）六月二十五日塘报："有守口夷人背都儿从曹家寨前来到边说，有敖目台吉并喇嘛等俱从东回到曹家寨住下，要吃彼处赏。将精兵留下，吩咐我们散夷先回各口，待我得，便去东路边上问他要赏。……等情到道为照，敖目素性剽悍，且又投顺东奴，势煽益炽。今住曹家寨，留精兵，遗散夷，托名要赏，其情叵测。除严行将备等官，一面整顿兵马，布防提备，一面远差通事，侦探确情，另文驰报等因呈报到职。……敖目下部落夷人约有三百余骑随带夷帐、牛羊，从东喜峰口边界

迁徙中的蒙古族

回到本边境外地名宝山寺下帐住牧，其头畜行囊觉似比往时盛多。……探得敖目部落夷人八班代等随带帐房二十余顶，从东边回来，在于本堡边外伞把沟一带住下，口称系敖自发回各口，共约夷人四五百名等情。……役等哨至边外地名宝山寺等处，离边约远二百余里，遇有旧识夷人猛可代、老奇子说称，敖目、喇嘛俱在东边曹家路边外，先差散夷四五百名，随带帐房往这边上各口住牧。我官儿、喇嘛随后亦来边上要赏等因，各禀到职。据此看得，敖目与奴酋相通，今部夷渐渐复回，唯恐其中隐藏东夷蓄谋。……敖目虽曰小丑，从来狡猾，为永宁一带大害。去冬投奴，敢肆谩书，寻复贪我市赏，就我绦旋。数月来查不知踪迹，盖多从奴作虐，今复领部落西来，桀骜之形，已见其端。"宝山寺就在千家店东边，敖目部落的人很可能也返回了千家店。

但据汉译《满文老档》所记，崇祯三年（1630 年）六月遣诺木图等率八家每家三人及每旗蒙古一人，携每家金银千两与土默特部敖目同往蓟镇喜峰口贸易，证明皇太极是派他去喜峰口和明朝贸易的，敖目每年都要将和明朝贸易所得财物进贡。但是敖目却向明朝要赏，然后又返回了千家店原驻牧地，暂不知道目的何在，有可能是想脱离皇太极。敖目在投靠皇太极后，一直协助其与明朝和其他蒙古部落贸易之事，以获得后金急需的生活用品。如天聪九年（1635 年），皇太极"命每家三人随诺木图，携每旗银各六百两，与鄂木布楚虎尔同往喀喇沁贸易"。

延庆永宁火神庙壁画中的明朝军队（局部）

因为此时东土默特已经彻底归附了后金，已经背叛了明朝，这个白眼狼又回来要赏物，明朝咽不下这口气，所以希望趁敖目主力不在千家店之际，派兵剿杀残留在千家店的东土默特人。《明

延庆永宁火神庙明朝军队和蒙古人作战壁画（局部）

档》崇祯三年（1630年）七月十九日题，宣府总兵董继舒禀："连日密侦敖酋消息，今回牧永宁、白河边外一带者，乃其零星部落耳。……敖尚有子公布台吉、登其喇嘛，俱称狡猾为患，况欲来永宁讨要新旧赏物。彼既恋此，是饵就此，伺见乘机，尽可以计图之，方得拔除祸根。待侦有的报，敖果实在何处，与何部落联营，令行禀报。总之，机有可图，务令入我网络，无一脱漏。"

《明档》兵部题，兵科抄出，钦差巡抚、宣府等处地方赞理军务、都察院右佥都御史杨述程题本，崇祯三年（1630年）十月初八日奉旨："随接董总兵塘报，于北路龙门塘子冲等处出口，斩获夷级六十二颗。内据通事谢添银认识有名恰首二颗：解生恰、把独儿恰。得获牛八只，夷器、弓箭四百六十七件。轻伤家丁二名，射死关马四匹。又据孙总兵塘报，于四海冶等处出口，主客各营兵通共斩获首级一百七十三颗，内据通事马金等认出恰首六颗，得获达马六匹，牛二十七只，夷甲七领，盔九顶，弓矢刀杖夷器共一千五百七十三件。重伤家丁五名，轻伤家丁九名，阵失马十七匹，回营倒死马二十八匹……"这是明朝和东土默特人最后一场战役，也是东土默特人损失最重的一场战役。明人认为此役"少可以剪奴酋之翼，而寒西夷之胆，下可以舒中华之愤，上可以释皇上西顾之忧，岂不为宣镇仅见之一大奇捷哉"。这次孙显祖和董继舒出边斩杀了二百三十五人，获军器两千余件，而自身几乎没有什么损失。从此，东土默特人再也没敢大规模回到千家店袭扰明朝边塞，正如宣镇监视王坤所说，"永宁边外旧为敖目巢穴，受我戎索有年矣。自叛顺归奴，屡开边衅。崇祯三年始行剿杀，断其抚赏。年来移帐而东，不复敢南向牧马，宣东颇觉安静"。

敖目带领东土默特人历次撤出、返回千家店时间

| 次数 | 撤出时间 | 返回时间 |
|---|---|---|
| 第一次 | 崇祯元年（1628 年）初 | 崇祯元年（1628 年）秋 |
| 第二次 | 崇祯二年（1629 年）闰四月底 | 崇祯二年（1629 年）六月 |
| 第三次 | 崇祯二年（1629 年）十一月 | 崇祯三年（1630 年）六月 |
| 第四次 | 崇祯三年（1630 年）十一月 | |

前面说崇祯三年（1630 年）十一月，据两名蒙古妇女说，千家店应该已无人驻牧。证明在崇祯三年（1630 年）十一月前，敖目已经带着东土默特人主力撤出了千家店。此次撤出后，东土默特人再也没大规模回到千家店。千家店仅有百余东土默特人驻牧。

安兔的二儿子敖目可以说是安兔、朝兔家族及后代中"混"得比较好的了。清朝统一全国后，敖目成为清代土默特右旗的始祖。根据《清史稿》所记，清代土默特部"主右翼者为元太祖裔。自元太祖十九传至鄂木布楚琥尔，生子固穆，与归化城土默特为近族"。敖目（鄂木布楚琥尔）率领的土默特人战功赫赫，天聪六年（1632 年），参与包围明朝锦州的战役，击败总督洪承畴的援军。顺治元年（1644 年），东土默特人从龙入关，攻打李自成，顺治三年（1646 年），参与剿灭苏尼特部叛人滕机思，顺治十三年（1656 年），随大军进剿耿精忠，是清朝平定天下的功臣。敖目的

北京公主坟老照片

土默特右翼有九十个佐领，共"领一千八百二十六人"。敖目在崇德四年（1639 年）去世，其子固穆在顺治五年（1648 年）被封札萨克镇国公，康熙二年（1663 年）再封札萨克固山贝子，世袭罔替。固山贝子原为满语"贝勒"的复数，有王或诸侯之意，是只有皇族宗室才能享受的爵位。王公以下宗室有

九等爵，固山贝子为宗室封爵第四级，低于多罗贝勒，而高于奉恩镇国公。这比给朝兔大儿子召儿必太的"准再袭五次"正三品官"二等甲喇章京"要高太多了。敖目的儿子固穆可以说享受到了安兔、朝兔家族最顶尖的待遇了。有清一代，敖目的后人对清朝都极为忠诚。康熙十四年（1675年）同为黄金家族的察哈尔林丹汗后裔布尔尼发动反清叛乱，希望固穆儿子衮济斯扎布参加起事，衮济斯扎布坚决反对，并秘密告诉清廷，立了一大功。敖目后人中有一个叫玛呢巴达喇的，继固穆之后再一次光宗耀祖。他被嘉庆皇帝看上了，给其第四个女儿庄静固伦公主当了驸马爷。皇上女儿的丈夫，这可不得了，安兔祖坟上冒青烟了。今天的北京公主坟就得名于埋在那里的庄静固伦公主和嘉庆皇帝第三女。因为娶了皇帝女儿，嘉庆皇帝马上授予玛呢巴达喇固伦额驸。道光年间，玛呢巴达喇一直受到皇上的关照，授予他在内廷行走，再授正红旗蒙古都统、阅兵大臣，又赏御前大臣、郡王品级，可穿四团龙补褂及贝勒全俸，最后升其为贝勒，这是皇亲国戚才能给的爵位啊。玛呢巴达喇是安兔、朝兔家族后裔中"混"得最好的了。玛呢巴达喇他们家的棍贝子府，就在老北京城的积水潭，因为是公主曾经住过的地方，里面极尽豪华，有面阔七间的大殿，还有花园，一点也不输清朝的那些王爷府。玛呢巴达喇的后人还不忘给新中国做个贡献。最后一个袭爵的叫棍布札布，这个庞大的宅园也被称为"棍贝子府"，新中国成立后在棍贝子府建成了北京著名的积水潭医院，现在仍有遗存。

## 明末千家店是无人打扰的人间天堂

察哈尔将东土默特人赶走后，完全占领它的驻牧地了吗？根据史料记载，自崇祯元年（1628年）正月起，察哈尔就开始东侵东土默特的地方了。清代康熙年间（1662—1722年）成书的《崇祯长编》记崇祯元年（1628年）正月"兵部疏言：'插部拥众而来，薄我宣、云边外，蚕食七庆等……'"，证明安兔大儿子七庆的驻牧地最先被侵犯，察哈尔很可能最先侵犯七庆最西侧的驻牧地长伸地堡口外之地（今赤城长伸地村附近）。在今千家店西北，不在千家店境内。此后屡次和东土默特交战，将东土默特逐渐赶往东部。崇祯元年（1628年）秋，东土默特部曾撤出千家店地区，迁至东北部白马关驻牧，随后返回。但察哈尔仍然东犯，崇祯二年（1629年）五月前再次

千家店秋景

撤回千家店，随后返回。崇祯二年（1629 年）底，带着大量部众离开千家店，迁至东北蓟镇边外。崇祯三年（1630 年）六月，敖目再次返回千家店，希望恢复明朝的封赏，十一月前再次撤出。此后，再未发现敖目带领东土默特主力回到千家店驻牧的记载。

据明朝兵部《题行稿》所记，崇祯四年（1631 年）三月明军进入千家店等东土默特驻牧传统地区后，未见东土默特人。《题行稿》引述了宣府总兵董继舒、协御总兵孙显祖和昌平总兵尤世威的塘报内容："该职等遵奉明旨，约会订期于本月（三月）十六日寅时从靖胡堡出口。职等申严将士，务要同心勠力，直捣夷巢。分路搜山，尽歼残孽。去冬大捷，朝廷赏不逾时。尔等正当奋勇先登，以图报效。各官兵闻谕，无不人人鼓舞，思一当虏，共建奇功。繇是分道长驱直抵敖目旧巢。十六日晚驻兵白塔儿。十七日，搜剿宝山寺、天克力沟，并无一虏形迹。"白塔儿曾是东土默特在千家店的据点，此地无东土默特人，证明东土默特人应该全部撤出千家店了，所以《题行稿》称其为"敖目旧巢"。这段记载证明最晚到崇祯四年（1631 年）三月，千家店基本是"无人区"了。

崇祯四年（1631 年）五月，察哈尔希望取代东土默特各台吉获得明朝的赏赐，这证明明朝很可能在上一年拒绝了敖目重新获得封赏的请求。明朝兵部署部事、右侍郎宋等崇祯四年（1631 年）五月九日题，据宣府巡抚沈塘报"插酋夷使摆布解生……今有夷人摆布解生等一十七名复来进口到城，即据来夷说称，且不言迎风之赏，先要下北路沿边各堡先年夷敖目、毛乞炭、阿洪、锁那等一十七台吉旧例赏物。见有收获各夷原遗旧日领赏夷人引领质对等语，且禀到职"。插酋即察哈尔。证明在东土默特归附、迁徙至后金后，察哈尔想替代敖目、毛乞炭、阿洪、锁那等东土默特台吉索要明朝封赏。佐证包括宣府镇下北路在内的原东土默特驻地大部分被察哈尔占领，但没有占据千家店，因为两个月前明军在千家店未见察哈尔人。察哈尔索要封赏后，皇太极立马南犯，驻牧在宣府外的林丹汗带着部众西逃，察哈尔彻底离开了宣府外。

崇祯四年（1631 年）九月十九日明朝兵部《题行稿》记："总兵董继舒揭报，据东路永宁管参将事副总兵郑一亨禀报，四海冶堡守备张登科禀报，本年八月二十一日辰时，蒙本路差旗牌李福、把总周嘉宠带领属夷及各城堡丁夜一百名从四海口出境，哨至边外地名宝山寺、天克力、裨儿罢、黑河、滴拔兔等处，离边二百余里，俱系敖目各夷住牧巢穴，并无夷人踪迹。回至孤山、碱场、虎喇岭、白塔儿。于本月二十六日，从靖胡堡、东河口进境等情。又据各城堡丁夜曹江等回称，役等各与边外分布横哨，或三二十里一拔，或十四五一拔不等，俱系房贼经行路口。各随炮火登高哨瞭，并无夷人动静等情。又据下北路参将贾秉产禀称，该卑职差亲丁李文升、通官谢天银等带领各城堡家丁、哨夜一百名，于本年八月二十一日从龙门所边塘子冲出口，哨至边外地名一克天克利东梁、把汉天克利西梁，离边二百余里，俱系敖部住牧巢穴，并无夷人踪迹。回繇石背儿、刀戴、庆阳口、乱泉寺一带，于本月二十六日从长伸地堡边四道树进境等情。……又据东路永宁管参将事副总兵郑一亨禀称，本月二十七日卯时，卑职遵蒙从靖胡堡东河口出境大哨，带领守备管坐事王宗禹……等，统领军丁二百名，各堡属夷、长哨一百名，共三百名，从靖胡堡东河口出境，本日至白塔儿住宿。二十八日至地名黑河住宿。二十九日至地名毛哈儿气、乌牛泥、汤河、宝山寺，至大安口住宿。三十日繇园杆湾、庙儿梁，申时从四海冶口进境。东西约远三百余里，俱系敖目住牧巢穴。沿途哨探并无夷帐，亦无夷人踪迹。其汤河以东系蓟境，应听彼边哨探等情。又据下北路参将贾秉产禀称，卑职……等带领兵马于八月二十六日从龙门所塘子冲出口哨探。今于九月初一日申时分，据原差出口守备坐营千把总李怀新等进口禀称，有千总谢天银、把总赵然带领各堡一百名分拨前行直哨。职等统领兵丁、属夷三百二十名随后大哨。而直哨籍大哨之威壮胆，得以深入，繇夷地塘子后沟、常哈廒儿，哨至□力库，离边一百余里，日已将暮，职等就在东边扎营住宿。次日繇牟虎儿天克利，哨子一克天克利、碧波兔一带，离边约二百五十余里，俱系敖目旧牧巢穴，止有三五零夷脚踪，并无夷帐，亦无动往情形。回繇瘦士儿梁、卯镇沟、磨石门，于九月初一日申时分，从长伸地堡边四道树进口等情。又据……原差都司守备等官张贤、莫能强等进口报称，职等奉委带领马兵，于八月二十一日，从周四沟出边，经繇夷地白塔儿、黑河、天克力、毛哈圪儿、别力兔等处，离边三百余里，俱系敖目旧日住牧巢穴，并无夷人踪迹，理合据实回报等情。"证明今千家店境内的东土默特部驻牧的白塔儿、虎喇岭已无东土默特人，甚至毛哈气儿及周围几百里原东土

千家店滴水壶秋景

千家店傍晚夕阳

默特部驻牧地，几乎没有东土默特人。佐证敖目投靠后金后，残留的东土默特人也归附了后金。千家店没有东土默特人驻牧，也没有察哈尔人驻牧。察哈尔虽然击败东土默特，但没有在千家店驻牧。

自崇祯二年（1629 年）十一月敖目离开千家店投奔后金后，除遗留少量部众驻牧外，千家店大部分区域没人驻牧，属于真空地带。

崇祯三年（1630 年）六月，为了向明朝索要赏物，敖目很可能又返回千家店，随后又撤出。最晚从崇祯四年（1631 年）开始，千家店没有任何人驻牧，成为名副其实的"动植物天堂"，这种情况可能一直持续到清代初期。

皇太极平定察哈尔林丹汗后，将其属民迁移至义州（今辽宁义县）。

康熙十四年（1675 年），林丹汗之孙布尔尼发动叛乱，叛乱平定后，察哈尔人被迁徙至宣化府（治所在今张家口宣化）一带，编为八旗，称为察哈尔八旗。很可能在此时千家店成为察哈尔人的驻牧地，属察哈尔左翼镶黄旗领地。

# 第五章　沙场点兵

　　崇祯元年（1628 年）下半年，敖目的亲弟弟毛乞炭和亲哥哥七庆相继去世，失去了两位亲兄弟的辅佐，再加上察哈尔侵犯，敖目独木难支，最终在崇祯二年（1629 年）正式投靠了后金。可以说毛乞炭和七庆的去世，也是促成敖目投靠后金皇太极的重要原因。七庆和敖目是安兔的大儿子和二儿子，共同掌管东土默特部。崇祯元年（1628 年）下半年，因察哈尔的屡次进犯，东土默特部缺衣少粮、甲胄稀缺、战马减少，迫切希望和明朝“互市”。此时明朝已经和察哈尔结盟，发现东土默特有向后金投靠的倾向，所以明朝断绝了和东土默特的互市，封闭边境。为了逼迫明朝重开互市，恢复封赏，崇祯元年（1628 年）七月，敖目和七庆发兵攻打靖胡堡，没有什么战果。八月，安兔的小儿子毛乞炭去世，毛乞炭是在攻打永宁、四海治等城堡时战死的，目的是逼迫明朝互市、恢复封赏。九月初，七庆准备攻打明朝宣府镇东路第一要塞——永宁城，很可能是为三弟毛乞炭报仇。七庆作为安兔的大儿子，从小就跟着安兔狩猎、征战，练就了一身好本领，安兔去世后，东土默特的精兵全部交给了七庆。七庆的骑兵是东土默特部最精锐、数量最多的部队。崇祯元年（1628 年）九月初，七庆带着东土默特精锐骑兵攻进延庆州内，攻克阎家堡，在永宁和香营之间伏击永宁援军，野战中大败永宁军，然后攻至永宁城下。明军怀来营等军队前来增援，七庆被明军箭炮打中受伤，所以没有进攻永宁，回到大营。此役，明军损失八百余人，是明朝末期明蒙之间的一次重要战役，史称“永宁之变”。虽然打了胜仗，但是七庆身受重伤，于当年九月底去世。崇祯二年（1629 年），在察哈尔的屡次攻击下，继承了东土默特部首领的敖目正式投靠后金皇太极，察哈尔加紧了对东土默特部的攻势。当年十月，朝兔率领东土默特军队在与察哈尔人的一次战斗中被俘，被察哈尔人杀害。崇祯元年（1628 年）

到崇祯二年（1629年），东土默特部与察哈尔、明朝屡次交战，在短时间内，安兔的儿子毛乞炭、七庆，以及朝兔本人相继阵亡。这是东土默特部战事最多、损失最大的一段时间。

## 第一节　逼迫明朝给封赏　兄弟二人攻靖胡

　　土默特与明朝是一对纠缠多年的"欢喜冤家"。土默特部俺答汗因明廷多次拒绝"互市"，蒙古人无法获得生活必需的铁锅、农具、布帛等，曾屡次南下劫掠。嘉靖二十九年（1550年），俺答汗又因明朝拒绝互市，在明朝边境属夷兀良哈人的带领下，率领蒙古精兵一路南下，打得明朝守军丢盔弃甲，不敢应战，俺答汗最终攻到了北京城下，京师朝野震动，史称"庚戌之变"。明朝为了报复为俺答汗引路的兀良哈人，也为了扼控山道，防止俺答汗再次南下，将在黑峪口北驻牧的兀良哈人赶跑，修建了一座大型、坚固的城堡——靖胡堡，截断了蒙古人南下隆（延）庆和永宁城的山路。靖胡堡所在地原是兀良哈人的传统驻牧地，靖胡堡建成后，他们仍然在城外驻牧，不肯离去。俺答汗的孙子——继承了东土默特首领的安兔为了给兀良哈人报仇，曾率领兀良哈人多次攻打靖胡堡，明军依靠火器勉强坚守。安兔去世后，他的儿子们依然对安插

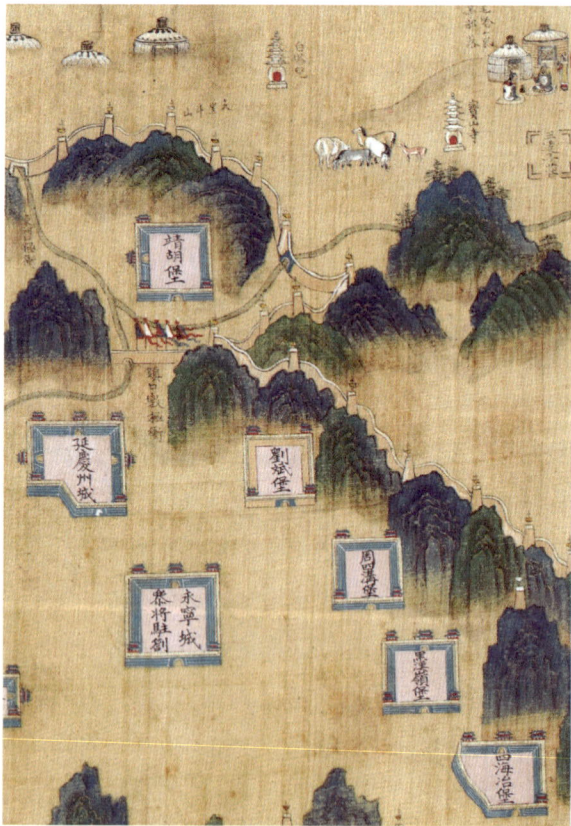

《九边圣迹图》所画靖胡堡方位图

在兀良哈人传统驻牧地的靖胡堡充满敌意，希望攻克靖胡堡，抹去靖胡堡这个羞辱自己的称呼。

## 七庆与敖目试手靖胡堡

崇祯元年（1628年），东土默特的日子不好过了，蒙古人的宗主大汗林丹汗希望像祖先成吉思汗一样统一蒙古，他带着察哈尔部东征西讨，吞并了很多蒙古部落，最后将矛头对准了驻牧在宣府外的东土默特部。东土默特在七庆、敖目、毛乞炭和他们的二叔朝兔的指挥下，英勇反抗察哈尔人的入侵，但林丹汗兵多将广，东土默特几千人的兵马不是察哈尔的对手。在察哈尔的进攻下，东土默特曾一度退出今天的千家店地区。后来在"取通贵"战役中，后金击败察哈尔后，东土默特才返回千家店。但是察哈尔看到东土默特人回来后，又开始攻击千家店的东土默特人。因为和察哈尔不间断的交战，东土默特人粮草已经十分稀缺，战马和盔甲也快不够用了。在喀喇沁部苏布地的撺掇下，敖目有了投靠后金的企图，但又怕明朝知道后停止封赏，一直很犹豫。崇祯元年（1628年）六月，察哈尔对东土默特的攻击日益加紧，东土默特部实在吃不消，在东土默特有被察哈尔兼并的情况下，敖目和七庆不得不决定投靠后金。他们在当年七月上旬与苏布地等一起给后金皇太极写了一封求援信，还表示希望和后金结盟。当时察哈尔已经和明朝结盟一起对付后金，明朝答应每年给察哈尔封赏，换取察哈尔守卫宣府边外之地，阻止后金军队南侵。察哈尔知道东土默特想要和后金结盟的消息后，立即告知了明朝，要求

原放置在花盆关帝庙的明万历二十七年（1599年）铁磬
（很可能是明朝给东土默特人的赏物）

明朝切断和东土默特人的互市并停止封赏。明廷得知此事后，立即要求宣府镇切断和东土默特人的互市，停止封赏。东土默特人一边遭受察哈尔的进攻，一边又没有了与明朝的互市和封赏，无法利用马匹、皮草换取生活必需品和铁器，缺衣少粮。可以说，到崇祯元年（1628 年）七月，东土默特人已经生活在水深火热之中，缺少农具和做饭的锅碗瓢盆等生活必需品，食不果腹。东土默特人进入了驻牧千家店以来最艰难的一段时期。

七庆和敖目商量后，为了能够保住东土默特部，他们决定攻打老冤家靖胡堡，逼迫明朝继续互市、恢复封赏，这样东土默特人才能在察哈尔的持续攻击下活下去。七庆和敖目在后金和喀喇沁部的支持下，组成了一支两千多人的骑兵，身披铁甲，长刀、弓弩人手一把，几乎动用了所有战马和武器、铠甲，抱着鱼死网破的决心，准备和明朝决一死战。

《九边圣迹图》所画靖胡堡

七庆认为，靖胡堡是明朝宣府镇东路的重要边堡，围攻靖胡堡，明朝有可能吃不消，就会恢复互市和封赏了。如果攻克了靖胡堡，一来可以饱掠一番，解决一下食物紧缺的问题，二来也可以从靖胡堡沿着山路南下进攻永

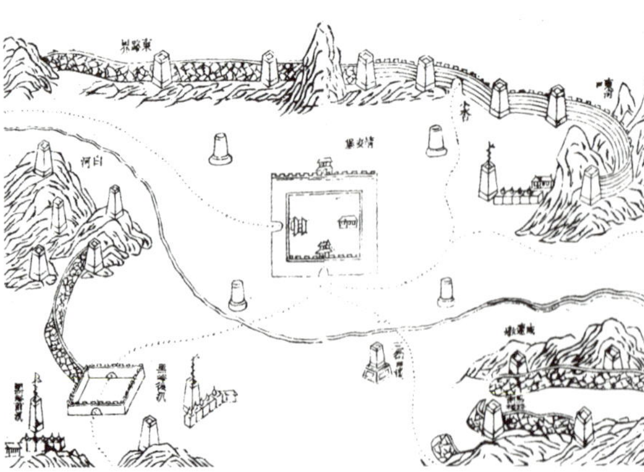

清光绪《延庆州志》靖胡堡形势图（靖胡堡清代改为靖安堡）

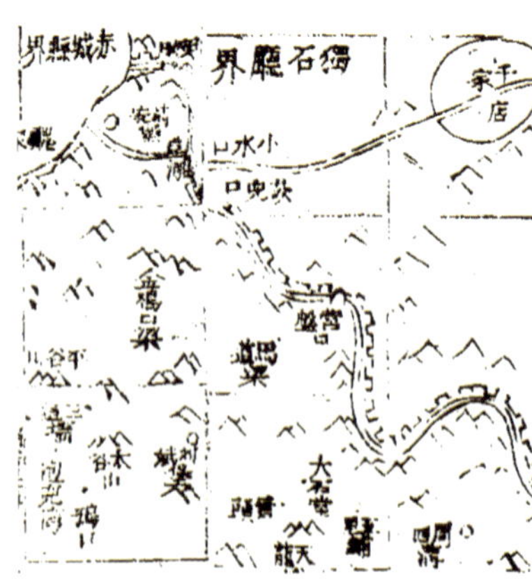

清光绪《延庆州志》千家店和靖胡堡相对位置图

宁城和延庆州。所以，攻打靖胡堡有百利而无一害。当时在东土默特部内，七庆的势力最强，他直接继承了安兔的精锐部队，人数也最多。根据《口北三厅志》引《宣镇图说》所记，最多时七庆有兵一万五千骑，敖目和安兔的小儿子各有约两千骑，攻打靖胡堡是以七庆为主将的，敖目为副将。

《九边圣迹图》骑马行进中的蒙古人

　　战前，七庆单骑走到整齐排列的蒙古骑兵面前，大声说，我英勇的土默特勇士们，敌人万恶的城堡就在我们面前，一百年前，明朝人从我们祖先手中夺下了这块水草丰美、牛羊成群的土地，把我们的祖先从这里赶走，修建了这座万恶的城堡，阻塞了我们游牧的道路。为了羞辱我们，他们还把这座城堡取名靖胡堡，意思是把我们的祖先赶出去了。英勇的蒙古男儿们，雄鹰在天空尽情翱翔，黑白河的水在不停流淌，它们都有自己的归宿，而我们蒙古人就是草原上的苍狼，长生天下的土地都是我们牧马的马场。勇敢的蒙古人，敌人的城堡就在眼前，成吉思汗的子孙从来不怕艰难，长生天在保佑我们，让我们的马儿踏平前方的城堡吧！说罢，七庆抽出腰间的弯刀指向前方，在阳光的照射下十分耀眼，脚踢马肚，大喊一声，头也不回地飞奔了出去。敖目紧随其后。身后的蒙古人听完七庆的话后，个个血脉偾张，紧握刀柄，眼中充满怒火，恨不得立马踏平前方。他们如弓箭离弦一般，叫喊着跟着七庆和敖目飞奔了出去。顿时，草原上万马奔腾、尘土飞扬，朝兔带着留守的族人，吹响牛角，响箭射向长生天。牛角的轰轰声，响箭的咕噜声，蒙古勇士的呐喊声，马蹄的奔腾声，刀剑迎着风产

生的呲呲声，汇成一片，山河
为之震动。蒙古人就像草原上
的苍狼，眼中只有猎物，永不
回头。

　　不愧是俺答汗的后代，七
庆和敖目带着东土默特人以迅
雷不及掩耳之势迅速攻克了靖
胡堡的北大门镇河楼，蜂拥至
靖胡堡的西城门。靖胡堡有西
门和南门两座城门，南门是正
门，出了南门向南就能到达宣
府镇东路第一城——永宁。

　　那边，靖胡堡的守军早已

《九边圣迹图》靖胡堡北侧的镇河楼

被城下蒙古人的阵势吓傻，虽然靖胡堡城墙坚固，但毕竟是一座小城，守
军只有七百多人，很少有被两千多蒙古人围攻的情况。好在城中有很多专
门对付蒙古人的火器。明朝的先进火器都是优先配发给宣镇、蓟镇这些直
接面对蒙古、女真人的军队，因为在野战完全不是蒙古人对手的情况下，
守城以火器反击是击退蒙古人最好的办法了。当时的靖胡堡除了有佛郎机

永宁火神庙壁画明军用三眼铳击退蒙古骑兵

炮、三眼铳外，还有几门当时最先进的红夷大炮，还有鲁密铳、鸟铳、神火飞鸦，少部分军人还配有可以连发的迅雷铳，可以射到百米之外。靖胡堡明军心里知道，靖胡堡是在兀良哈人地盘上建的，蒙古人屡次攻击靖胡堡，算是有世仇了，这次蒙古人是要来真的了，如果城破免不了一死，所以大家都抱定了必死的决心。靖胡堡内安静得仿佛像空气凝固了一般，外面，东土默特人万马奔腾，呼喊着冲向靖胡堡西城门，仿佛要吃掉靖胡堡一样。靖胡堡守军在默默等待东土默特人接近城堡，有的胆儿小的士兵手都开始抖了起来。

为了切断守军溃逃的念想，靖胡堡守备郭秉忠命把总封应魁将南大门堵死，抱定了必死的决心，城在人在，城破人亡。在郭秉忠和三名把总的指挥下，靖胡堡守军全体进入战斗状态。看到七庆和敖目的军队快要进入射程后，靖胡堡守军也不含糊，毕竟这是

四海九眼楼火焰山营盘遗址出土的三眼铳

四海征集的佛郎机子铳

生死存亡的战斗。顿时枪炮齐鸣，在红夷大炮的轰击下，战马咆哮、人仰马翻。但七庆和敖目不愧是成吉思汗的子孙，仍然奋不顾身向前冲锋，东土默特勇士们在身后紧紧跟着他们。靖胡堡上的守军用火绳枪奋力发射，但奈何准星一般，基本打不到在战马上左挪右晃的东土默特人，只有带准星的迅雷铳才勉强击中了几个土默特人。东土默特人终于快要冲到靖胡堡的城门，他们在城下用蒙古重弓向城内仰射。顿时，万箭齐发，城内守军很多应声倒地，双方用枪、箭互射，都是顶着枪林弹雨冲杀。虽然东土默特人没有使用火器，但他们毕竟弓马骑射了那么多年，每天在野外用弓箭

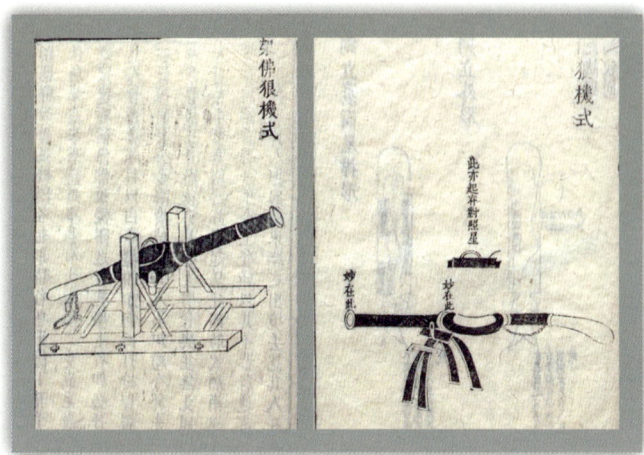

明代《武备志》绘佛郎机

射动物，准星和力量明显比经常龟缩在城里的明军要厉害，近距离互射东土默特人更占优势。身披厚铁甲的七庆在城下弓弩手的掩护下，镇定自若指挥手下，搭梯攻城、撞击城门。城上守军眼看蒙古人要爬上来了，也都急眼了。几百枚码放好的石雷、铁雷如雨点般落下，猛火油、开水、石头也都用上了，城门下面犹如火海。很多勇敢的东土默特人从云梯上跌落，但身后的东土默特人又如蚂蚁一般补位爬上去。七庆见状，亲自带兵攻城，见七庆亲自攻城，城下的东土默特人像疯了一般冲上前去保护七庆，奋勇攀爬，眼见靖胡堡城上守军就要顶不住了。这时，朝兔派来的信使告诉七庆，察哈尔的援军从龙门所赶来了，朝兔建议先撤军，如果被察哈尔和明军两面夹击，有全军覆没的风险，趁着没有损失，先撤回千家店，日后再作打算。这时有永宁信使也来报，说永宁城的明朝援军已经赶到了黑峪口外。眼看靖胡堡唾手可得，七庆很是犹豫。就在这时，只听城上砰的一声，七庆应声倒地，敖目冲上前用身体挡住哥哥。原来七庆是被城上守军用迅雷铳击中，好在身穿厚铁甲，只是受了轻伤。事已至此，七庆也只得退兵了，东土默特人撤出了对靖胡堡的包围，城上守军算是大松了一口气。

此一役，东土默特人没有达

《九边圣迹图》骑马射箭的蒙古人

到战略目的，没有抢到食物，反而损失了一些士兵、战马和盔甲，明朝也不会恢复互市和封赏，七庆和敖目都希望再次向明军复仇。七庆认为是他的受伤导致攻城停止，他希望马上教训明军，为东土默特人出口气，抢夺一些食物。敖目知道七庆的想法，劝他先把伤养好，然后他们再做打算。

李养冲崇祯元年（1628年）题本记载了这次战事："敖、庆等酋连年虽称狡诈，屡犯鼠窃，不过挟赏。自插酋西来逼彼，潜藏白马关等处边外驻牧，纠结东奴，西合白言部夷，借势狂逞，于七月内聚兵二三千，突犯靖胡，被我官军割夷级，夺夷器、马匹，怀恨不散……"敖、庆即敖目、七庆，东奴即女真，白言部夷即喀喇沁部。明朝晚期，宣府镇、蓟镇在和蒙古、女真的交战中屡有败绩，却经常假报战功。李养冲所云东土默特被明军"割夷级，夺夷器、马匹，怀恨不散"，显然有夸张成分。《崇祯长编》记崇祯元年（1628年）七月"七庆犯宣府靖胡堡，拒之，退"，证明此次战役应该是以七庆为主将的。

崇祯元年（1628年）后，在察哈尔的持续进攻下，东土默特和后金结盟，察哈尔和明朝结盟，明朝切断和东土默特的互市、封赏，东土默特人在察哈尔和明朝的双重打压下，缺衣少粮，后金又远水解不了近渴。为了逼迫明朝恢复互市、封赏，东土默特不得不主动攻打明朝边堡。根据目前所见史料，靖胡堡之战就是这一系列战役中的第一场大仗，具有重要意义。

## 第二节 爱恨情仇永宁卫 勇士战死在沙场

### 东土默特人和永宁城的爱恨情仇

靖胡堡之战失利后，七庆和敖目的日子更不好过了，明朝认为东土默特人势力已经不比以前，加上被察哈尔部反复攻击，缺衣少粮，现在正是清除东土默特势力的好时候。明朝不再顾忌东土默特，明目张胆地支持察哈尔攻打东土默特，严令边关将士封锁边境，不给东土默特人提供任何食物。东土默特部内的兀良哈人原来是明朝的属夷，为明朝看管边境，明朝每年给他们封赏，还定期互市交换物品。兀良哈人可以从明朝获得铁器、食物、衣服等，明朝为了不让兀良哈人反叛，对兀良哈人也是点头哈腰，十分客气。但是，三十年河东三十年河西，现在看到东土默特人不行了，态度来了个一百八十度大转变，这让东土默特首领、曾经成吉思汗的子孙们怎么受得了？要知道，当年他们的太爷爷俺答汗可是打到北京城逼迫明朝花银子买平安的。祖先的荣耀时刻在提醒他们要干出一番事业，不能向明朝这样的手下败将认尿。

七庆枪伤好了点儿后，就和敖目商量怎么给明朝点儿颜色看看，他们认为，要想让明朝记住"疼"，就要攻打他们最重要的地方。永宁城是明朝宣府镇东路第一城，城高墙阔，宣府镇一直以精锐著称的"永宁军"为傲，如果能攻下永宁，明朝宣府镇东路门洞大开，不仅可以饱掠一番，还能逼迫明朝签订城下之盟，恢复互市和封赏。所以，七庆和敖目都一致将永宁作为他们下一个攻击目标。但当时东土默特缺兵少将，已是困兽之斗，胜败在此一役，如果失败，只能撤出千家店等传统驻牧地退往白马关了。当时察哈尔在明朝的支持下持续不断袭扰东土默特，东土默特人已经快在千家店待不下去了。在察哈尔和明朝的双重打压下，东土默特人食物已经十分匮乏，山里的兔子都快打光了，有的山民已经饿得开始吃树皮了。

七庆是个忠厚、有善心的人，看到东土默特现在的惨状，十分心疼，觉得上次没有攻下靖胡堡是因为自己受伤影响了攻城速度导致的。七庆是当大哥的，虽然早年因为母亲改嫁，和敖目关系有点疏远，但是他后来还是接纳了他这个弟弟，他们共同管理东土默特部。他想到，永宁城城池坚固，守军配备了最新火器，是可以穿透厚铁甲的，攻打永宁城太危险了。如果敖目前往攻打，怕他被枪打伤。自己久经沙场，武艺高强，临场应变能力更好，所以，七庆没有告知敖目，自己悄悄准备攻打永宁城。他派人通知龙门所瓦房沟和千家店石槽峪沟的手下，准备战马、盔甲、兵器，整军备战。七庆的部队都是当年安兔死后留给他的，可以说是东土默特中最精锐的部队，在骑兵作战方面不输察哈尔，攻打明朝城堡不敢说一定打下，但他的骑兵还是值得信赖的。

明朝在宣府镇东路交通要塞修建的永宁城，是防止蒙古人南下的屏障，终明一朝，永宁很少被蒙古人攻破。永宁城丢，则明朝北边门洞大开，皇陵必不可保，京师亦危矣。明朝将永宁城修建为宣府镇东路第一城。明廷在永宁设有永宁卫、隆庆左卫等军事机构，统辖附近四海冶、黑汉岭、周

永宁周边长城及城堡分布示意图

清乾隆《延庆州志》永宁周边防御图

四沟等军堡。宣府镇还在永宁驻有副总兵一名，统管参将，全权负责宣府镇东路之军事，这是宣府镇除宣化府外地位最高的城堡了，与蒙古人交界的四海冶等军堡都归永宁管辖。永宁、四海冶、周四沟等城堡互为掎角、互相策应，加上长城烽火台、敌楼等军事设施，构成了一整套严密的军事防御系统。明朝在永宁城附近驻扎了大量精锐部队，将专门对付蒙古骑兵的红夷大炮、火绳枪、多管箭炮等当时最先进的火器大量配置永宁。七庆、敖目、毛乞炭三兄弟以及朝兔和他的三个儿子召儿必太、瓦红、索那就驻牧在永宁东北的白塔儿等地，可以说，永宁城的存在，让他们寝食难安。因为东土默特人基本不住城堡，所以，随时有被明军偷袭的可能，而明军有城堡，东土默特人基本偷袭不到他们。所以，永宁城对东土默特人来说就像一颗定时炸弹，是他们的眼中钉肉中刺，东土默特人做梦都想拔除永宁这个钉子。除靖胡堡外，永宁也是东土默特人的"冤家"，可以说，东土默特人和永宁军打仗是不用动员的。

《九边圣迹图》以永宁为中心构建的宣府镇东路防线

当年俺答汗曾屡次劫掠永宁，以嘉靖二十八年（1549年）二月为甚，这次永宁、延庆、怀来的城堡大部分都被俺答汗攻克，军民损失惨重。《明世宗实录》记："屠堡数百，杀掠人民以数万计，怀、永之间流血成川，积尸满野。游骑南掠至岔道、八达岭，关辅震动。"可以想见当年永宁及附近边堡的惨状，很可能永宁附近的边堡都被俺答汗攻克了。看来土默特人和永宁军早就结下梁子了。明军经常从永宁城派出军队剿杀东土默特人，也算是复仇吧！你打我我就要打你，长期被明军剿杀的土默特人早就把永宁城当成自己的敌人了，互相都欲拔之而后快。勇敢的七庆、敖目还有他们的亲弟弟毛乞炭早就想攻克永宁了，像他们的太爷爷俺答汗一样将蒙古苏鲁锭插在永宁城上。但永宁城和附近城堡构成了一整套严密防守体系，他们一直未能攻下永宁，只能在附近打打小城堡，这仍然让永宁守军比较恐惧。永宁参将孙庆等人曾禀报说："据此为照，敖目虽曰小丑，从来狡猾，为永宁一带大害。去冬投奴，敢肆谩书，寻复贪我市赏，就我缭旋。"证明在崇祯二年（1629年）投靠后金前，敖目就是"永宁一带大害"，很可能残破过永宁管辖的城堡。李养冲崇祯元年（1628年）题本曾写："敖目、七庆与已故弟毛乞炭鼎足而立，各拥强兵，列帐山后林丛中，险不能进，攻不能入，而时窥内地，每岁蹂躏于永宁之东，号称劲敌。"证明七庆、敖目、毛乞炭都曾攻打过永宁东侧的四海冶、黑汉岭、周四沟等边堡，并且给明军制造了很大的麻烦，是永宁守军最主要的敌人。由于屡次战斗，大家互有伤亡，永宁和东土默特部的梁子只能通过战争解决了。得知七庆要进攻永宁，他的手下们一个个都十分兴奋，有的要为死去的族人报仇，有的就是单纯想和永宁守军较量一下，还有的是想将永宁城内那用不尽的粮食、酒水、军械、美女、金银财宝等收入囊中。大家伙儿一个个都斗志昂扬。

## 东土默特战神毛乞炭

就在七庆秣马厉兵准备攻打明朝宣府镇东路第一城的时候，他最小的弟弟毛乞炭找到了他，他大声恳请七庆："大哥，有我在呢，你和二哥还要在家应付察哈尔，管理部族，看管我们的兀鲁思（封地），你的伤还没完全好利索，这等攻城拔寨的事情就交给我吧！我要为你报仇！为死在靖胡堡的兄弟们报仇！"敖目知道了七庆要马上攻打永宁城后也极力劝阻，说他的伤还没痊愈。那么，这位毛乞炭到底是何许人也？

七庆是安兔的大儿子，敖目后来继承了首领，史料里都记载了很多，和两位哥哥不同，只有毛乞炭记载的不多，但是这点滴记载中也可证明毛乞炭是个勇猛善战的蒙古勇士。毛乞炭是安兔和妻子满旦婴只的第三个儿子，也是最小的一个。和他的两个哥哥七庆、敖目一样，毛乞炭继承了成吉思汗黄金家族勇敢、狡黠的优良品格，也继承了俺答家族勇往直前的男子气概，经常率领东土默特人在永宁东部"横冲直撞"，和两位哥哥比有过之而无不及。《清史稿》记："七庆台吉及敖目比吉、毛乞炭比吉等，亦各拥众往来窥伺塞下。"前面说李养冲文书中写毛乞炭与两个哥哥鼎足而立，各拥强兵，证明毛乞炭是有自己的一支独立军队的。《明档》载天启四年（1624年）八月十二日兵科抄出，钦差总督宣大山西等处地方军务兼理粮饷、兵部右侍郎兼督察院右金都御史王国祯题本记："今自东事以来，我以示弱，虏气遂骄，重之挑选半空，目复无我。故永邵卜挟数万之众相持数月，毛乞炭亦肆跳梁，白言拆墙拉人，以更否测。"毛乞炭对待明朝的方式显然比两位哥哥更加强硬。天启六年（1626年）闰六月，明朝兵部尚书王永光给朝廷上奏的疏折中说："毛乞炭狂逞四年，虽九九认罚，狼心犹在……"《明熹宗实录》记天启六年（1626年）九月，"毛乞炭聚众千余挟赏，住牧滴水崖，谋犯宁疆火烧庄等堡，宣府巡抚秦士文遣北路参将张承宪等率兵往御，承宪随贼中死之"。《赤城县志》引《续宣镇志》："熹宗天启六年，北部毛乞炭拥众至龙门所邀赏。乘夜入滴水崖，焚掠火烧庄。下北路参将张承宪拒战死，毛乞炭寻乞盟。"明朝宣府镇北路参将张承宪被毛乞炭打死。同年十一月，明朝兵部尚书冯嘉会上疏中云："毛乞炭阑入北路，丧师损将，为封疆忧。"这些记载可证明毛乞炭比两位哥哥要生猛得多，史料很少有关于七庆和敖目如此生猛的记载。以上史料还证明在天启年间，毛乞炭就经常袭扰明朝边境，被明朝称为宣府镇一大威胁，这是目前史料中所记七庆三兄弟中关于袭扰明朝边境最早的记录。证明毛乞炭确实在东土默特部是最英勇善战的，也是最不把明朝当回事儿的。

那么，毛乞炭在打死宣府镇北路参将张承宪后又想和明朝恢复友好，证明他不只有勇，还是一个有谋的人。为什么毛乞炭在打败明军后不乘胜追击，而是还要和明朝重修旧好呢？东土默特一直驻牧在宣府外，为明朝戍边，明朝每年都给赏银、赏物，所以，毛乞炭在打了胜仗后马上和明朝示好，这是怕明朝一生气不给封赏了啊！有时候毛乞炭闹得厉害，明朝也会发点脾气，暂停封赏。如果给钱，毛乞炭还笑脸相迎，你这断供了毛乞炭也就不惯着了。前文述天启六年（1626年）九月"毛乞炭聚众千余挟赏"，"拥众至龙门所邀赏"，挟赏、邀赏，实际上就是逼迫明朝给钱，不给钱就打你家城堡。毛乞炭还总是要求明朝增加封赏，让明朝头痛不已。如《明神宗实录》记东土默特部屡次让明朝加赏赐，又说"屡为其少子毛乞炭拥兵挟赏"，明朝只要说不，毛乞炭就马上发兵袭扰劫掠，这真是一言不合就开打啊！能动手绝不多说！太像蒙古人的性格了。晚清成书的山西临猗地方志书《临晋县志》在记曾任明朝怀隆副使的李栖凤时记："毛乞炭者，以屡恳增赏未允，怀愤背盟，窥犯边口……"《山西通志》在记李栖凤时也云毛乞炭"屡求增赏，背盟入寇"。只要有一点不高兴就开打，比他的两个哥哥要生猛太多，毛乞炭堪称是明朝宣府外的第一大患！等明朝满足了他的增赏要求后，他又主动和明朝示好。《临晋县志》记："乞炭悔罪赴边愿听讲罚。告天盟誓，歃血□刀。"毛乞炭真的是能屈能伸，真丈夫也！毛乞炭的骑兵如旋风一般，随时劫掠明地，然后消失无影踪，明军抓不到他。然后给封赏就相安无事，不增封赏就开打，让明朝极为头疼，明朝每年都要拿出大量封赏给毛乞炭。有一次增赏后，毛乞炭还和两个哥哥合计好，到明军面前表决心。明朝真的是拿他们一点办法没有。《临晋县志》记李栖凤即将离任怀隆副使，"敖目兄弟三台吉，各差好人赍禀宣抚军前曰：'我等看守边疆都为李□爷好看，我是儿女一般，今升去要走，我们也无心效力，望乞上本保□，我也好效力守边……'"《筹辽硕画》也记毛乞炭和媳妇阿兔壁只让明朝增加赏赐，态度十分诚恳，几乎是哀求，然后说他们要为明朝守卫边疆。其实守卫边疆是假，要钱是真的，像毛乞炭这种蒙古人，不破坏明朝边疆就已经很不错了。毛乞炭为了封赏真的是什么好话都说了，也是什么便宜都占了。

不得不说，毛乞炭是安兔三个儿子里面最勇敢也是最聪明的。

因为毛乞炭的勇猛善战，整个宣府镇东路，特别是永宁附近，提到他没有一个人不知道的，是让永宁及附近明朝守军闻风丧胆的东土默特战神。毛乞炭每次攻

《九边圣迹图》骑马射箭的蒙古人

城必顶着枪炮，冲锋在前，东土默特骑兵都被他的勇猛所折服，心甘情愿跟着毛乞炭攻城略地，毛乞炭就是靠着这股狠劲儿屡次击败明军。东土默特人都把毛乞炭当成东土默特战神，千家店的保护神。牧民们被明朝巡边的士兵欺负了，都要找毛乞炭帮着去讨要说法。知道是毛乞炭来了，明军马上认怂，该赔钱赔钱，该办事办事。平时明军探子得到毛乞炭的骑兵要来攻城的消息，都火速逃回城内，大喊"毛子来了！快点回城啊"。因为多次和毛乞炭的骑兵交手，明军就给他起了个外号"毛子"，一听"毛子来了"，大家伙儿都火速逃回城内，准备枪炮伺候。因为和毛乞炭的骑兵在城外野战，几乎没有生还的可能。毛乞炭经常借着在永宁边外的威名，在四海冶、周四沟等城外纵马劫掠，总是能饱掠而归。

　　每年的博克摔跤比赛上，没有一个人能把他摔倒，是东土默特最有名的"巴图鲁"（勇士）。他的两个哥哥也很倚仗他。战场上被毛乞炭打回城里的明军往往只能眼巴巴看着他带着蒙古人抢夺财物，无能为力，因为明军心里都觉得只要毛乞炭别攻城就谢天谢地，城外劫掠就是钱财的问题，但是攻入城内可就小命不保了。所以，明军宁可让毛乞炭在城外劫掠，也不出城应战。双方好像已经心照不宣，毛乞炭每次在城外饱掠后，都不会攻打城堡，只偶尔象征性地放几箭。因为东西都抢到手了，目的达到了，就不妨给明军一条生路。要是把他们的城堡攻克人杀光了以后还抢什么呢？再说战马上堆满了抢来的东西也没法施展拳脚啊！所以，

蒙古搏克

《九边圣迹图》蒙古人摔跤

毛乞炭每次都是带着蒙古兵在城外劫掠后撤走，很少与城里的明军真刀真枪地打，有时候会摧毁明军城外的新建据点，巩固明军对他的恐惧。

## 七庆和毛乞炭的兄弟情

七庆和敖目攻打靖胡堡的时候，毛乞炭正在永宁附近劫掠，得知他们损兵折将还没有攻下靖胡堡，而且大哥七庆还受了枪伤，气得大发雷霆，说要让南朝人知道什么是蒙古勇士！他立马回营看望哥哥，得知七庆气不过，要攻打永宁，毛乞炭马上说自己可以，这才有了前文他和七庆的对话，坚决要代替哥哥去攻打永宁。其实，大家应该看出来了，得知大哥七庆受伤后，毛乞炭火速从永宁前线回到大营，生怕哥哥有什么闪失，他和哥哥七庆的感情很深。七庆是安兔最大的儿子，比毛乞炭大很多，七庆是善良、忠厚的人，从小就十分关照毛乞炭这个最小的弟弟。弟弟小的时候，父亲母亲和二弟在外面打仗、狩猎，七庆就带着毛乞炭在营地附近玩儿。

有一次，毛乞炭非要上山玩儿，七庆拗不过，就带着他去了山里。在大山里，七庆带着毛乞炭一起采蘑菇，七庆耐心地告诉毛乞炭什么蘑菇有毒不能吃，什么蘑菇可以吃，兄弟俩的笑声响彻了整座大山。突然，从树林里窜出一只小脑袋，是一只身体肥胖的黑色动物，看着笨拙，跑起来却十分迅速、敏捷，直奔毛乞炭冲过去了。七庆抬头一看，原来是黑熊，他本能地掏出腰间明晃晃的蒙古弯刀，站在毛乞炭面前，毛乞炭吓得躲在树后大哭起来。七庆心里想，今天要是打不过黑熊，弟弟也要死在这大山里了，他用劲儿紧紧攥了攥刀柄，下决心今天无论如何都要打死这只黑熊。说时迟那时快，黑熊可不废那么多话，直接冲上去了。七庆从小和安兔练得百般武艺，一直是东土默特公认的搏克高手，还是有点本事的。只见黑熊向他一扑，七庆一个侧步，同时用弯刀横着甩向黑熊的脖子，只见黑熊一动不动地趴在地上。七庆额头渗出了豆大的汗珠。黑熊向前扑的时候也抓坏了七庆的左肩膀，留下了三道血痕。这时，躲在身后的毛乞炭出来了，看到七庆的伤痕，大哭起来，说哥哥你受伤了。七庆还没从和黑熊的搏斗中转过神来，他紧紧抱住弟弟，方才大松一口气，庆幸他们这次捡了一条命。看着毛乞炭还在哭，回过神来的七庆冷静下来严肃地对毛乞炭说，毛孩儿，你知道吗，咱们是草原英雄成吉思汗的后代，是曾经把明朝人打怕的俺答

千家店的山

汗的后人，咱们的父亲安兔是东土默特人的大英雄。你看蒙古人就像草原上的苍狼，勇往直前，这样才能无坚不摧，蒙古男儿没有流泪的，都以战死沙场为荣……毛乞炭用他那双明亮、清澈的眼睛认真地看着七庆讲，也不哭了，说，哥哥，以后我也要和你练习摔跤，骑马射箭，长大了也打南朝。

《九边圣迹图》练习射箭的蒙古人

此后，七庆手把手教毛乞炭摔跤，身子骨结实了后，七庆带他在营地练习骑马、射箭，毛乞炭仿佛对骑马射箭有天赋，很快就学会了，进步很快。

《九边圣迹图》蒙古人狩猎

《九边圣迹图》蒙古人用布鲁狩猎（左侧）

石槽村出土布鲁铁头

等毛乞炭慢慢长大了后，七庆出去狩猎的时候就带着他，教他如何使用布鲁击打猎物。布鲁是外形像镰刀状的弯把木器，头部拴着一个类似箭头的铁器，遇到猎物时将其大力扔出。布鲁往往头部较大，随着惯性，打到动物身上会产生很大的力量，被铁头打到的动物，往往会被打成重伤。毛乞炭臂力巨大，十分适合抛掷布鲁，梅花鹿、狍子、兔子等动物被毛乞炭打到基本一击毙命。石槽村曾出土大量布鲁铁头，很可能就是当年东土默特人使用的。毛乞炭投掷布鲁力量巨大，射箭、套索精准，很快成为东土默特人里的狩猎高手。

有一次，毛乞炭第一次独立和族人出去狩猎，七庆高兴地将毛乞炭送走，随后就开始担心起来，什么事情也干不了，在营帐里来回踱步。不一会儿听着急促的马蹄声由远及近，七庆开始紧张，又很兴奋。听到外面族人的欢呼声，七庆也走了出去，只见毛乞炭下马后背着一只黑熊高兴地跑向大哥的营帐。看到毛乞炭，七庆仿佛刚刚回过神，印象里弟弟还是那个拉着自己上山采蘑菇、挖野菜的小男孩儿……毛乞炭上前将黑熊放在地上说，大哥！七庆上前用两只手紧紧抓住毛乞炭的胳膊说，毛孩儿啊，你长大了！当晚，族人们在白河边举办盛大的篝火晚宴，东土默特人载歌载舞，七庆兄弟们大口吃肉大口喝酒。千家店和煦的微风吹动着他们的长发，这是他们家族在千家店生活最幸福的瞬间，也是勇猛善战的毛乞炭在千家店

《九边圣迹图》蒙古人围坐于篝火旁

最难忘的日子。在千家店的白河高山之间，兄弟三人形成了牢不可破的兄弟情。

作为蒙古人，毛乞炭也注定有一天要走上战场，这是长生天赋予他们的本领。看着毛乞炭慢慢长成大小伙儿，七庆就带他一起去战场看看，第一次去的就是永宁城外的边堡。毛乞炭第一次跟随哥哥出来打仗，见到明军高大的城堡不禁被震慑，他渐渐明白打仗不像狩猎那么简单，是要死很多人的。七庆怕弟弟受伤，只让他远远地在后面看着士兵攻城。后来，七庆再次带着毛乞炭攻打永宁外的边堡，这次毛乞炭坐不住了。城上有一个明军手持火绳枪几

《九边圣迹图》
张弓射箭的蒙古人

乎是百发百中，很多东土默特骑兵应声倒地，七庆也看着揪心。正当他准备骑马冲上去的时候，看着大哥着急的毛乞炭，跳上马背，一溜烟冲了出去。七庆来不及说话，只能在身后大喊，毛乞炭你小心啊！然后带着几名亲兵也跟了过去，只见毛乞炭来到城下二百步的地方，用粗壮的胳膊拉满弓弦，一只眼闭着，一只眼睁着瞄准城上那个神枪手，嗖——没想到箭竿射到了城里，远远望去，只见那个明军神射手，从城墙上跌落。七庆和东土默特人都被这一幕惊呆了，大家都没想到毛乞炭的力量那么大，仿佛是天兵下凡，射得那么准。七庆的面部表情也从害怕到露出了欣喜的笑容。他赶紧把弟弟叫回营中，问他不怕被火绳枪打到吗。毛乞炭说，明军火绳枪基本打不到二百步外，而我的弓箭可以射到二百步外，所以我才驻足射箭的。七庆听后不禁在心里钦佩弟弟的智慧，心想弟弟不仅力大无穷，而且还会用智慧打仗，有勇有谋，日后一定能成为东土默特的战将。

经此一战，守城的明军都知道东土默特人里面有个神射手。后来知道他是安兔的小儿子，都十分害怕，守城的火器兵，都害怕被毛乞炭的弓箭射中。此后，毛乞炭跟着哥哥七庆不断攻城拔寨，每战必冲锋陷阵，成了七庆的先锋战将，无坚不摧。永宁城外的明军都被他打得满地找牙，给他起外号"毛子"，一听说毛子来了都马上跑回城里。天启六年（1626 年），毛乞炭到滴水崖火烧庄逼迫明朝给赏物，明朝不允，毛乞炭一怒之下，带兵攻打明军，怒斩明朝下北路参将张承宪，边外震动，甚至明朝兵部尚书

冯嘉会将此事上奏给皇上。毛乞炭的威名响彻永宁边外。虽然长大了，毛乞炭和七庆的兄弟情一点儿没变，每次打完仗，七庆都要去看看弟弟有没有受伤，有伤口会亲自帮弟弟消毒擦洗。毛乞炭也独立打猎了，有时候能打到貂、豹子等珍禽异兽，回到大营后都会马上送给哥哥。七庆看着弟弟毛乞炭成长为东土默特的勇士，第一巴图鲁，心里别提有多欣慰了，他想起小时候带着毛乞炭到山上采蘑菇、挖野菜，到黑白河抓鱼时的情景，心想也能对在天上的父亲有交代了，他把弟弟照顾好了。

## 毛乞炭战死永宁城

毛乞炭和大哥七庆的兄弟情坚如磐石，得知七庆在攻打靖胡堡的时候被火绳枪击伤，火速从永宁前线回到大营，看到哥哥伤势不重才算放心。但知道哥哥想要去攻打永宁城，毛乞炭很不放心，坚决反对。他认为大哥七庆还未痊愈，二哥敖目也要管理部族，所以他坚决要代替哥哥去攻打永宁。大家都知道毛乞炭的性格，他就像野牛，想做的事情，是一百匹马都拉不回来的。加上现在东土默特部确实已经比较艰难，察哈尔人已经把东土默特人包围在千家庄、白塔儿、红石湾、虎喇岭、毛哈气儿这些地方。这些地方基本都是山区，食物匮乏，随着气温的降低，动物也减少了。东土默特人人困马乏、食不果腹，有的妇女因为山里寒冷，缺衣少粮，还被冻死了，部落里已经出现了人心浮动的迹象。东土默特唯一获得食物的办法就是向南边的明朝索要。七庆和敖目商量后，不得不同意让毛乞炭兵攻永宁，他们认为这是获得食物拯救东土默特的唯一办法了。七庆从小就比较关照毛乞炭这个最小的弟弟，毛乞炭作战勇猛、仗义执言，七庆很欣赏他。但自从明军改进枪炮后，七庆就总是为他这个弟弟提心吊胆，因为毛乞炭每战必冲锋在前，明朝的红夷大炮和火绳枪是可以打到他的。临行前，七庆默默地来到了白塔儿驻牧地元朝祖先们修建的白塔，为毛乞炭祈福，希望他像往常一样安全回来。

在晨光的照射下，毛乞炭带着东土默特勇士准备出发了，临行前，七庆拖着病身赶来，将自己的厚铁甲亲手交给了毛乞炭，让他穿上，说这个铁甲可以挡住火绳枪弹丸。毛乞炭接过铁甲穿上后，仍像过去一样满怀信心和两位哥哥说："我佯攻永宁城，永宁参将得知是我，肯定会认怂，重开贡市！"看两位哥哥仍面露担心，毛乞炭又说："二位哥哥不用担心，我有铁甲在身，明军的枪炮无奈我何。"七庆仍不放心，他反复叮嘱，如果攻城后，明军仍不就犯，恢复互市，不可恋战，尽快返回白塔儿，毛乞炭满口答应。他又私下和毛乞炭的副将说，一定要保护毛乞炭的安全。但七庆和敖目心里还是对这个"勇猛"的弟弟不放心。在族人的叮嘱声中，毛乞炭纵马一跃，在阳光的照射下，回头看了一眼哥哥七庆，但这瞬间唯美的画面就是毛乞炭和哥哥七庆的最后一面了。毛乞炭扭回头后带着三千骑兵径直向永宁城奔发，留下一路尘土，七庆和敖目远远望着毛乞炭，一直到看不见为止。七庆想起毛乞炭年少时和他说过的话，东土默特人就像草原苍狼……心里又担心又欣慰，有一种不祥的预感。

二叔朝兔带着召儿必太，也来送毛乞炭了。安兔死后，朝兔算是家族里最年长的族人了，虽然很少带兵打仗，但七庆、敖目有什么大事总要征求一下朝兔的意见，朝兔也经常给晚辈们讲述成吉思汗、达延汗、俺答汗等祖先们征战草原的英雄故事。七庆把自己的担心告诉了为毛乞炭送别的朝兔，但朝兔却说，蒙古男人有长生天保护，祖先成吉思汗在看着咱们，土默特人就像草原苍狼，即使敌人再强大，也要勇往直前，毛乞炭如果有什么闪失，咱们一起为他报仇！没想到这句话后来变成了真的。

得知毛乞炭再次率兵劫掠，明朝遵守和察哈尔的盟约，封闭边境，城外居民、辎重全部撤入城内。靖胡堡被攻打后，明军知道东土默特人一定会报复，永宁及附近城堡应该是东土默特人的重点袭扰对象，在坐镇永宁城宣府镇副总兵的统一调配下，参将杜维栋逐城进行备战工作。检查兵器，更新火器，囤放火药，重要城堡都配备由北京城紧急调配的红夷大炮、火绳枪，以及最新改进的"迅雷铳"。此次改进后的迅雷铳可以连续发射

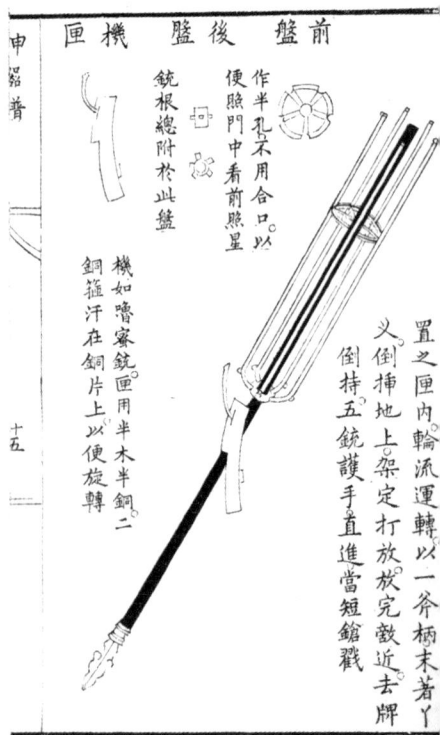

明代《神器谱》中的迅雷铳

四十多枪，大大提升了射击速度，准星还更精准了，堪称是那时候的神枪。迅雷铳是明朝"枪王"赵士桢发明的多管火绳枪，每支枪共有五支枪管，一个枪管打完自动转到下一个枪管，类似后来的左轮枪。崇祯初年，改进后的迅雷铳已经可以连续发射四十多发弹丸，最远可以打到一百八十米，近距离可以穿透铁甲，是反击蒙古骑兵的大杀器。更要命的是，迅雷铳还有支架和准星，命中率惊人，堪称明朝晚期的连发狙击步枪。虽然因为装填烦琐，没有大量配置军中，但仍发挥了很多特殊作用，是狙杀蒙古骑兵的重要火器。由于是紧急调配，时间较短，毛乞炭还没有得知明军更新火器的情报。

毛乞炭沿着石槽峪沟一路南下，但因明朝早有准备，城堡戒严，毛乞炭在四海冶、黑汉岭、周四沟城外一无所获。士兵们有的已经几顿没吃饱饭了，都问毛乞炭应该怎么办。毛乞炭向来仗义，看到大家忍饥挨饿，心里也十分不舒服，就向大家承诺，向西就是明朝宣府镇东路第一城——永宁城，咱们到了永宁城，明朝一定会继续给咱们封赏的，人人有份。听到毛乞炭的话，大家又有了动力，鼓劲儿向西行进。因为多次和察哈尔交战，东土默特人铁甲损失殆尽，加上明朝的封禁，获取不到明朝生产的铁器，所以，毛乞炭的军队中，只有不到三分之一的人穿了铁甲。在兵发永宁的途中，毛乞炭看到跟随自己多年的老副将铁甲轻薄，便把自己的厚铁甲脱下给了副将，自己穿上了薄铁甲。就是这个举动，为毛乞炭的死埋下了伏笔。

更新装备后的永宁城四座城门都有红夷大炮，人手一支火绳枪，还有神火飞鸦等火器。城中储存的火药、石雷、铁雷、炮弹、箭镞等够用一年的了。神机营配备了当时最先进的单兵火枪——

延庆八达岭出土的石雷

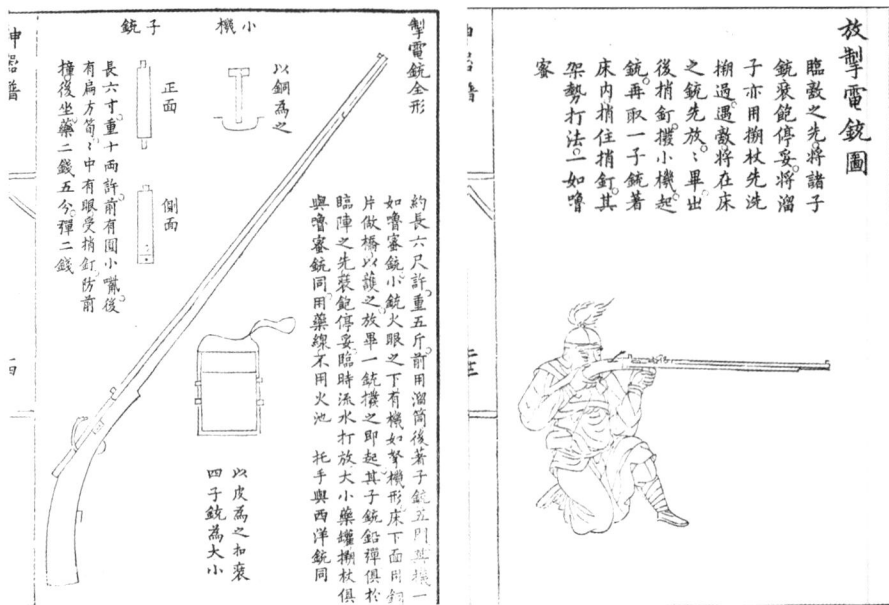

明代《神器谱》中的掣电铳

迅雷铳，永宁神机营是宣府镇火器装备最先进的部队之一，相当于那时候的特种部队。驻扎在永宁城的宣府镇副总兵和参将得知毛乞炭再次来犯后，马上召开战前会议。因为早年一直被毛乞炭劫掠，各位将士义愤填膺，纷纷表示，现在是东土默特人最虚弱的时候，应该全力守城待援，以城池为依托，用神枪击退敌人，坚决不开互市。有个副将还说："咱们不能拿肉包子喂狗，最后还带着奴酋回头咬咱们！"看到众将士的态度，副总兵和参将表示赞同，他们觉得永宁城内火器威力大、射程远，粮草充足、兵多将广，足以击退缺衣少粮的东土默特人。副总兵制订了作战计划，参将杜维栋安排士兵驻守在每个城门和瓮城，码放火药、石雷、铁雷，手持火绳枪的神射手单膝跪在墙垛间，各就各位，严阵以待。杜维栋认为毛乞炭所带骑兵不多，无法对每个城门展开围攻，他们是从东边来，很可能首先攻打东城门。杜维栋就把城内最好的射手布置在了东城门上。

崇祯元年（1628年）八月的一天正午，塞外的永宁城凉风阵阵，刺眼的阳光照射在坚固的永宁城墙，城上军旗招展，士兵们全部进入战斗姿态目视前方。俗话说，仇人见面分外眼红，这天永宁和毛乞炭该有个了断

《九边圣迹图》永宁城图

了。远处，烟尘滚滚，毛乞炭带着蒙古人首先到达永宁教场，他下令一把火烧了个精光，火光冲天。在大火的映衬下，毛乞炭带着东土默特人咆哮着奔向东城门。毛乞炭心里还想着，就是索要一些食物，按照明军之前的作风，保证还是花钱买平安了。殊不知，他正一步步走向深渊。

到了永宁城东门下，毛乞炭没有下令攻城，他单骑走到城门下，像以往一样以蔑视的态度找宣府镇副总兵谈判。副总兵在城上和毛乞炭大声说，我朝每年给你家封赏，你们拿了赏赐，不为皇朝抵御后金，反而要投靠后金奴酋，你们还敢来要封赏吗？毛乞炭听到后吓了一跳，因为往年攻打明军边堡时，明军都是拿出"花钱买平安"的态度，礼送他们出境，现在觉得土默特人不行了，居然敢不给封赏。毛乞炭大发雷霆，威胁副总兵说，你们南朝人忘了两年前我在滴水崖斩杀参将张承宪的事儿了吗？你们还是识相点，乖乖给东西，不给的话，参将张承宪就是你们的下场！副总兵已经做好开战的准备，再次拒绝了毛乞炭。毛乞炭说：你们南朝人今天不给封赏，我们东土默特人便把永宁城踏为平地。毛乞炭觉得永宁守军是敬酒不吃吃罚酒，要给点儿颜色看看，心里想着蒙古人一攻城，明军肯定认尿。

参将杜维栋为了鼓舞士气，打消士兵们对毛乞炭的惧怕心理，他在城墙上对进入战斗姿态的士兵们说，我们是大明朝北边最大军镇宣府镇东路最精锐的永宁军，我们脚下的城堡是宣府镇东路第一城永宁，今天我们把城堡丢了，朝廷一定会追究，我们的妻儿也要给蒙古人做奴。我们领的是大明朝俸禄，今天不能给老祖宗丢脸，为了我们的妻儿，也要守住永宁！永宁城破，昌平皇陵将遭践踏，京师危矣，皇上一定会治罪，会诛九族。

而且对面的蒙古人毛乞炭是野兽，他们攻进城内，我们必死无疑，所以我们不能有一点儿侥幸心理，只能战斗到最后一个人！大明立国两百年，土木之变蒙古杀我几十万士兵，其后屡次进犯永宁、延庆，毛乞炭太爷俺答在我朝嘉靖二十八年（1549 年）焚掠永宁、滥杀无辜、奸淫妇女，今天是我们复仇的时候了！咱们作为男人不能保护妇幼，还算什么男人？！现在城下就是俺答的曾孙毛乞炭，他们家欺负我们几代人了，现在正是东土默特人比较虚弱的时候，今天我们新仇旧恨一起算，拿出男子汉的气概，为死去的亲人、兄弟报仇！城破我们必死，横竖都是死，我们还不如战死，死出个男人样来！城在人在，城亡人亡！说罢，杜维栋给将士们每人一碗酒，喝完全部摔在了地上，大家都抱定了必死的决心！

延庆永宁火神庙壁画中的明军城楼

城下，毛乞炭让手下摆开攻城阵势，但是因为长期和察哈尔打仗，弓箭也剩下不多了，有的人还没有兵器。这些都被城上的守军看在眼里。参将杜维栋将这些消息报告给副总兵，大家都觉得心里更有底了。火绳枪不会击透厚盔甲，但是如果打到人的身体上，也是有一击致命的威力的。杜维栋告诉神射手们，专往没有盔甲或者盔甲残破、轻薄的土默特人身上射击。杜维栋远远望到毛乞炭身上的盔甲好像不是重甲，而且还有残破的

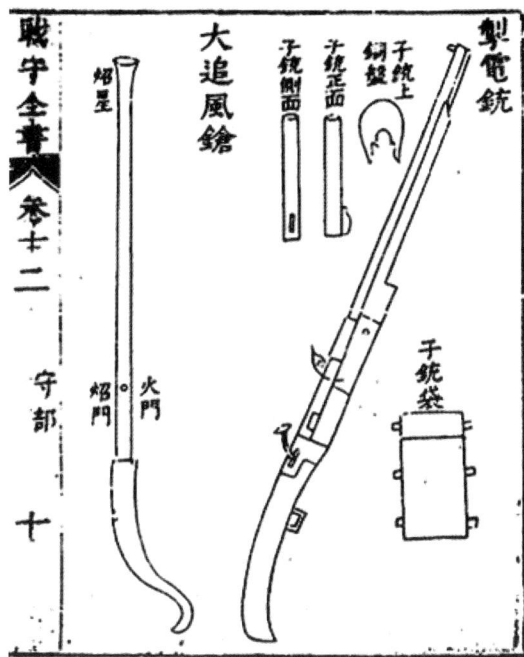

明代《战守全书》中的掣电铳

地方。他悄悄找到永宁城两个最好的神射手，告诉他们哪个是毛乞炭，盔甲哪里有残破，让他们手持迅雷铳躲在城墙左右的两个角落，等毛乞炭到达射程后一起射击。毛乞炭那边和手下交代了攻城计划后，也不废话，准备攻城，他不用作战前动员，只要有他在大家就有无限动力。但是毛乞炭心里仍然觉得明军就是像往常一样试探他们，等他们真的攻城了，明军肯定会给封赏。毛乞炭的手下也是这么想的，而且都饿着肚子，也没力气攻城了，只能虚张声势。在毛乞炭的号令下，东土默特人假装布阵攻城，此时，永宁城上的明军目不转睛地用火绳枪瞄准着他们。毛乞炭一声令下，东土默特人一齐向永宁城东门发起冲锋。毛乞炭怎么说也是成吉思汗的后代，什么时候怕过事儿啊。在战场上，在兄弟们眼前，那就更不能怕事儿了。像以往一样，毛乞炭一马当先，冲在最前面。但毛乞炭显然误判了形势，这次城里的明军玩儿真的了，而且听到刚才杜维栋的一番战前动员，个个战斗力十足。更让毛乞炭出乎意料的是，四海冶、黑汉岭的明军过去都是使用三眼火铳、鸟铳、鲁密铳等火器，没有准星，击中率极低，而且还打

不透厚盔甲，毛乞炭向来不把这些明军放在眼里，对付这些明军，毛乞炭往往是弓箭对射。毛乞炭力大无比，满弓射出后甚至比明军火器打得还远，而且还比明军火器射得快，明朝的火器军队都不是毛乞炭的对手。毛乞炭以为永宁城守军还是用老式的火器，没想到他们装备了当时最先进的连发四十弹迅雷铳。

伴随着红夷大炮的震天响，永宁城守军火绳枪齐射。马儿在轰鸣声中不断咆哮、跳跃，有的人从马背上摔了下来，有的人没穿盔甲，有的人盔甲薄、残破被火绳枪击中落马。毛乞炭骑着快马带着亲兵向前冲，他觉得明朝火器准星很差，他在战马上辗转腾挪，明军打不到他，而且还穿着铁甲，明军也打不透，虽然有残破的地方，但就明军火器那准星也打不着。但伴随着冲杀，他看到手下一个个被打落下马，有的穿厚盔甲也被打落下马，而且明军准星明显比过去强了，心里开始犯嘀咕。毛乞炭心里慢慢明白，这场仗和过去好像不一样了。但是在这个时候他也没法掉转马头撤退了，因为兄弟们都饿着肚子等着明朝的封赏呢，而且现在撤退，兄弟们以后怎么看自己，自己还是那个威震边外的巴图鲁吗？他想起了大哥七庆经常对他说的话，土默特人就像草原上的苍狼，勇往直前……毛乞炭血脉偾张，两眼冒着怒火，仿佛有了无限力量。他用手抓紧马缰，大吼一声，纵马奔驰，副将和亲兵们看到毛乞炭义无反顾的样子，也都毫不犹豫地向前冲杀。终于冲到城门下，毛乞炭指挥手下架梯攻城，城上枪、箭齐发，东土默特人伤亡很大，纷纷跌落马下，在毛乞炭的带领下，东土默特人用弓弩也向城内射箭，副将为毛乞炭挡了好几支箭。

这时，有个曾被明朝俘虏的东土默特士兵大声喊，毛大人，

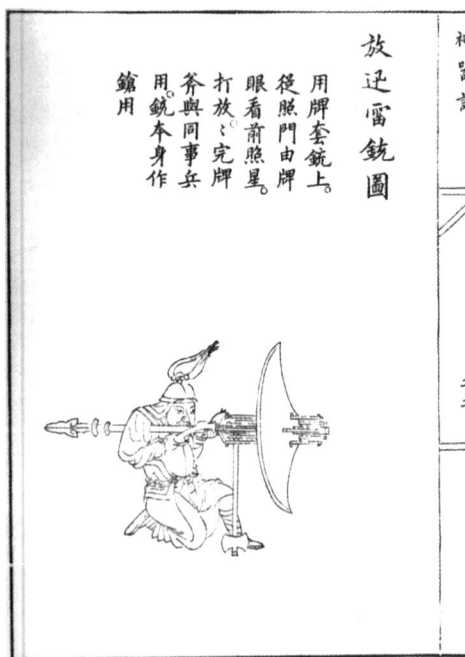

明代《神器谱》中的迅雷铳

城上面有连发四十弹迅雷铳，百发百中、威力无比，您快回营吧！几个亲兵纷纷来保护毛乞炭，毛乞炭仍然不想撤出战场。就在这时，隐藏在永宁东城门城墙上左右两个角落的神机营迅雷铳神射手悄悄用枪口瞄准了毛乞炭，连发数枪，毛乞炭大叫一声跌落马下。副将和亲兵冒死将毛乞炭拖出战场，回到营中。毛乞炭身中数枪，因为铁甲薄，已被迅雷铳击穿，而且左胸盔甲残破处也被打中，正是心脏部位，鲜血直流，这是致命的。毛乞炭的副将哭喊着叫大夫，毛乞炭微微摇头示意有话说，众将士全部跪在营中，男人们都流下了痛心的眼泪，谁也不想让毛乞炭死，他们是真心爱戴这个东土默特人的首领啊！毛乞炭说："今日之……败，责任在我，是我轻敌了。"又说："土默特人像草原苍狼，即使前方是深渊，也……勇往直前……土默特男人不能流泪……长生天在保佑我们。"说完，毛乞炭就咽气了。大家看着毛乞炭，都大哭起来，但是这一天，他们没有气馁，顶着饥饿，勇往直前，抬着毛乞炭的遗体，返回白塔儿。

　　经此一役，东土默特部阵亡一百多名骑兵，丢盔弃甲，损失惨重。那边，永宁城上守军看到毛乞炭跌落马下，东土默特人仓皇逃离，城上守军欢呼一片。这些年一直被毛乞炭欺负，现在总算是出了一口恶气。探子来报说毛乞炭回营后枪伤不治而死，参将杜维栋知道后，马上告诉了守城的永宁士兵，整个永宁城欢呼雷动。毛乞炭可是明朝永宁边外的第一劲敌，常年劫掠，无恶不作，而且屡次强迫明朝增加封赏，拿了赏赐后不久又翻脸劫掠，飘忽不定，大家早就对他恨之入骨了。得知毛乞炭身亡后，众将士纷纷请愿出城追击东土默特人，参将杜维栋也向副总兵请愿。副总兵却说穷寇莫追，一方面，守城用火器击敌是咱们的优势，但是野外骑兵作战是他们的优势；另一方面，兔子逼急了也会咬人，如果察哈尔和明朝把东土默特逼急了他们会迅速投靠后金，对明朝会更加不利。副总兵接着说，毛乞炭是东土默特部七庆疼爱的弟弟，他这次要是真的死了，七庆肯定会发兵报复，现在后金仍在关外虎视眈眈，咱们不能多面树敌。说罢，他回到城中，准备给七庆修书一封，并说可以提供一些食物等必需品，商议重开互市，恢复封赏。当晚，永宁城与四海冶、黑汉岭、靖胡堡等明军共同庆祝这场大胜。

　　永宁城里庆祝的明军还不知道，一个月后，土默特人有史以来最大规模的进攻马上就要来临。毫无意外，敢作敢当、有仇必报的蒙古人肯定会为毛乞炭复仇，七庆一定会为弟弟报仇，即使会战死沙场，这就是蒙古人。七庆是安兔的大儿子，常年跟随父亲征战，勇猛善战，经验丰富，用兵如神，神出鬼没，十分狡猾，明军即便能打败勇猛的毛乞炭，也未必能打败老谋深算的七庆，上次要不是被迅雷铳击中，靖胡堡早就被他攻克了。果不其然，一心想复仇并且还在有勇有谋的七庆指挥下的军队必定是无敌的，而明军这边又犯了一个致命错误，永宁军差点在七庆骑兵的冲杀下全军覆没。这是现在还在庆祝的永宁城守军没有想到的。

## 天葬毛乞炭

　　东土默特人抬着毛乞炭的遗体回到了白塔儿大营，外面的东土默特人看到后，一片哀号。此时，敖目已经开始倾向投靠后金，与喀喇沁部首领苏布地一起写信发给了皇太极，希望能抵抗察哈尔人的进攻。察哈尔人仍派兵袭扰东土默特人，毛乞炭的遗体回营时，敖目正和七庆商量应付的办法。听到营外的哀号，敖目一下子呆坐在了椅子上。七庆疯一样冲到弟弟毛乞炭的遗体边，趴着遗体大哭了起来，觉得自己当时要是能阻止毛乞炭，他就不会死了。七庆想起了毛乞炭年少时跟他一起纵马在千家店的快乐时光，觉得自己没有替父亲照顾好弟弟。想起了毛乞炭打到黑熊回到营地送给他后开心的样子，七庆哭得更伤心了。他跪在毛乞炭遗体旁，双手指天，发誓要为毛乞炭报仇。第二天，朝兔带着召儿必太等在七庆和敖目等家族成员的注视下，在白塔儿附近的敖包为毛乞炭举行了祈祷仪式，祈求长生天永远保佑毛乞炭，用蒙古人传统的天葬仪式为其下葬。朝兔作为"送魂人"到白塔报丧，意谓亡魂"去上天报到"，行动不得怠慢。朝兔向寺院喇嘛告知了毛乞炭的属相、生辰及亡日，请求喇嘛为其超度。七庆颤抖着双手将毛乞炭生前的衣物、马匹、鞍

敖包

礜，还有他生前最喜欢吃的白塔儿山上的蘑菇、榛子等交给了朝兔。朝兔将其一一转交给白塔喇嘛。

送葬当天，白塔儿附近的东土默特人几乎全部自发到达白塔，七庆和敖目哭红着双眼用白布将毛乞炭身体缠裹成 S 形，外面再用毛乞炭生前穿过的大皮袍裹住，用骆驼运往白塔南部的空旷地。七庆和敖目兄弟俩一前一后，喇嘛们在后面手里拿着佛珠念经，东土默特人全部站在路两边，他们用哭红的双眼看着毛乞炭的遗体，一直目送到天葬场。到达天葬场后，只有七庆、敖目和朝兔及他的三个儿子，外加喇嘛，共七人进入。喇嘛首先为毛乞炭超度，剩下的人挖了一个小坑，将毛乞炭生前用品放入，还把他生前最喜爱的蒙古弯刀和弓箭也放了进去，把坑填平后，上面放了一大块白石，然后就把毛乞炭的遗体放上去了。之后他们头也不回地走了，任凭野兽将毛乞炭融化在这美丽千家店的山水之中。回来的路上，东土默特人仍站在路边，七庆和敖目将包裹毛乞炭的白布和大皮袄焚烧后扔上了天，东土默特人全部下跪哭了起来。此时的七庆心如刀绞，他明白，现在东土默特已经到了最艰难的时刻，必须要有人站出来了。他这次一定要不顾生死，为弟弟复仇，也要为东土默特人谋得一条生路。他看着天上盘旋的雄鹰，默默发誓，这次一定要击败永宁明军。

崇祯元年（1628 年）九月二十九日李养冲题本记："敖、庆兄弟三人止兵三千，不意毛酉陨后，纠结诸夷，合并六七千，大非昔日比矣。"此处"毛酉"即毛乞炭。证明毛乞炭在崇祯元年（1628 年）九月二十九日前就死了。当年九月二十七日（公历 10 月 23 日）李养冲奉旨在一份文书中写道："敖目、七庆与已故弟毛乞炭鼎足而立，各拥强兵，列帐山后林丛中，险不能进，攻不能入，而时窥内地，每岁蹂躏于永宁之东，号称劲敌。""故弟"证明毛乞炭最晚在崇祯元年（1628 年）九月二十七日前就去世了。《崇祯长编》记崇祯元年（1628 年）八月"敖目收毛乞炭、二比妓之众约三千人，佯言备插，将谋犯黑汉岭等处，命宣抚李养冲备之"。证明毛乞炭最晚在崇祯元年（1628 年）八月就已身亡。时间在七庆发动靖胡堡之役后一个月左右。

## 第三节　永宁之变载史册　七庆朝兔皆阵亡

《九边圣迹图》中的蒙古人行军图

### 七庆妫水河大败永宁军

毛乞炭下葬后，七庆一直养兵蓄锐，在千家店的大山里偷偷训练军队。明朝那边，自永宁之役获胜后，副总兵给七庆写信，希望重修旧好，七庆把信扔到了一边。敖目捡起后说，大哥，现在不是意气用事的时候，咱们应该利用明朝的封赏，发展壮大，君子报仇十年不晚啊！见七庆没回话，他便叫来属下给驻扎在永宁的宣府镇副总兵回信，同意继续为明朝戍边，恳请明廷提供食物、衣物、食具、农具等生活必需品，再少量提供一些兵器和盔甲，以备女真南侵。明朝副总兵认为这次处在崩溃边缘上的东土默特人终于服软，真心要为明朝戍边，所以一一满足了敖目的要求。副总兵和参将说，经过察哈尔和明朝的双重打击，料东土默特也没有发兵再战的能力了。副总兵的这次养虎为患差点断送了永宁城。敖目一边向明朝哭穷，索要兵器、盔甲和生活必需品，一边准备给后金写信正式投降，换取后金的支持。明朝赠送的兵器和盔甲大大增强了七庆军队的战斗力。由于千家店高山林立，荒无人烟，隐蔽在大山深处训练的七庆军队没有被明军的探子探到。这给东土默特人闪击永宁提供了可能。为了继续麻痹明朝，七庆假装旧伤复发，东土默特人假装忙前忙后，妇女、孩子还在七庆的营帐里哭了起来。探子以为七庆命不久矣，就回永宁城告诉了副总兵和参将，大家都喜出望外，心想终于铲除了这个心头大患。为了以防万一，又派出探子刺探。七庆示意敖目给副总兵写信要治疗枪伤的金疮药。敖目在信中极尽恳请之词，对明朝表现得十分恭顺，这封信让永宁副总兵和参将更加相信七庆真的已经病重，慢慢也就放松了戒备。而且毛乞炭在身亡后，东土默特人果然没有犯边，心理作用让明军的边堡守备更加松懈。就在明军的一片祥和之中，七庆的铁骑将如天兵下凡一般进攻永宁了。

　　崇祯元年（1628年）九月初，七庆率军突然自阎家堡犯边，攻克香营后，南下直逼永宁。永宁守军轻率出城，在永宁、香营之间的地方和七庆的军队遭遇，被歼灭八百余人，几乎全军覆没，随后东土默特人即将兵临永宁城下。这是明朝末年对东土默特人伤亡最大的一场战役，史称"永宁之变"。明朝将领不敢如实上报此惨状，便谎报军功。宣大巡按叶成章在崇祯元年（1628年）九月曾记："今又借兵数千，拥众拆墙，又犯委属，大举欲抢延庆州，其势不小。幸官军拒敌，杜维栋、王乾元安营坚壁，彼冲数阵不开，反被枪炮击死多夷……"《崇祯长编》记崇祯元年（1628年）九月"西部敖庆由华尖边入犯永宁川，参将杜维栋拒之，退"。即指七庆大败永宁军的战役，这是明军谎报军功的说法。如《崇祯长编》记崇祯元年（1628年）十二月"以七庆永宁堡之入，诛宣府营将张时俊、孙世新，革杜维栋、王乾元任回卫，道臣项梦原等夺俸有差"。证明到当年十二月，朝廷在调查知道谎报军功后，诛杀了几名将领，并革了永宁参将杜维栋的职务。当时在知道存在谎报军情嫌疑后，崇祯帝让钦差巡按直隶、监察御史王会图彻查此事，王会图秘密调查走访相关地方，终于水落石出，这才让我们知道这场战役的经过。

　　在毛乞炭身亡一个月后，七庆的枪伤也基本痊愈，崇祯元年（1628年）九月三日夜晚，七庆趁着察哈尔在和明朝讨赏，明军防备松懈之时，悄悄带着七千精兵，会合在黑峪道（今香营乡黑峪口村北）外。敖目也带着军队赶来，七庆劝他回去，说部族需要有人管理。敖目却说，此一役关乎东土默特部的命运，无论生死，我都要和哥哥在一起，如果哥哥有闪失，我一个人管理东土默特有什么意义？而且我也要给毛乞炭报仇，不上战场，我手痒痒。七庆与敖目搭着背，并马前行！

　　七庆让将士们偃旗裹甲，钳马衔枚，自平梁二楼马路南楼拆墙进境。自黑峪道迅疾南下，在白羊峪驻牧老兀良哈人的引导下，突破边墙，南下疾驰阎家堡（今旧县镇闫家庄）。等明朝长城夜不收发现时，东土默特军队已经快到阎家堡。靖胡堡长哨曹江立即上报永宁城，长城守军马上点火、开炮鸣响。永宁城副总兵得知七庆、敖目率兵突然犯边的消息后，大惊失色，立即让士兵去北城门御敌，甚至一度还想要逃到八达岭去避难。参将杜维栋也慌了起来，因为毛乞炭就是被他的部下打死的，七庆来了就一定不会放过他的。两个人都手足无措，准备逃出城。但冷静下来后想想，就算能逃出去，这永宁城失守的事情也是瞒不住的啊，到时候皇上怪罪下来，是要掉脑袋的。两个人左思右想，还是要留在城中，再不济像上次一样用火器击退敌军，守城待援，也不至于掉脑袋啊。副总兵马上加急给靖胡堡、龙门所、怀来营等明军写信求援。

此时，杜维栋有一计，他和副总兵说，七庆、敖目此次南犯，目标肯定是永宁城。自阎家堡南下必须要跨过妫水河上游，我领兵马到妫水河南岸安营扎寨，七庆和敖目的骑兵无法渡河，只能驻扎在河对岸。到时候咱们的援军到了，将其包围，七庆的骑兵发挥不出威力，肯定会如困兽一般，粮草缺少后，只能投降。如果七庆和敖目的军队还没有攻克香营，到时候咱们也能和香营守将里应外合，将七庆的部队击溃。副总兵很赞同杜维栋的这个策略，让其即刻领兵出城。但刚到子时，天色极黑，杜维栋怕东土默特人两面夹击，恐有埋伏，就暂缓出城了。四更时，香营守军送报，七庆和敖目攻下阎家堡，东奔香营，真是迅雷不及掩耳，再送报可能就是要到永宁城下了。杜维栋立刻带领兵马出城北上，此时，南山王乾元也带兵前来支援，两军会合后一起北上。虽说东土默特在靖胡堡和永宁城与明军作战两连败，缺衣少粮，正是虚弱的时候。但杜维栋看着天上的圆月，总感觉这次出兵有点莫名其妙，不知道前路会发生什么。

就在永宁守军还没出城的时候，七庆和敖目的军队已经从阎家堡东进包围香营。七庆这次带了七千精兵，又训练了个把月，毛乞炭的去世让大家都憋着一股劲儿，斗志昂扬，很快就攻下了阎家堡。但七庆要求士兵不要劫掠阎家堡，不能在阎家堡有任何停留，火速东进扑向香营。七庆知道，这次突袭，讲的就是突然，一定要打明军一个措手不及。他心里明白，如果让永宁守军有充足准备，纵然自己的七千精兵也不能马上攻克永宁城，如果明军援军赶到，自己还会受到两面夹击。他一面让游勇前去永宁城刺

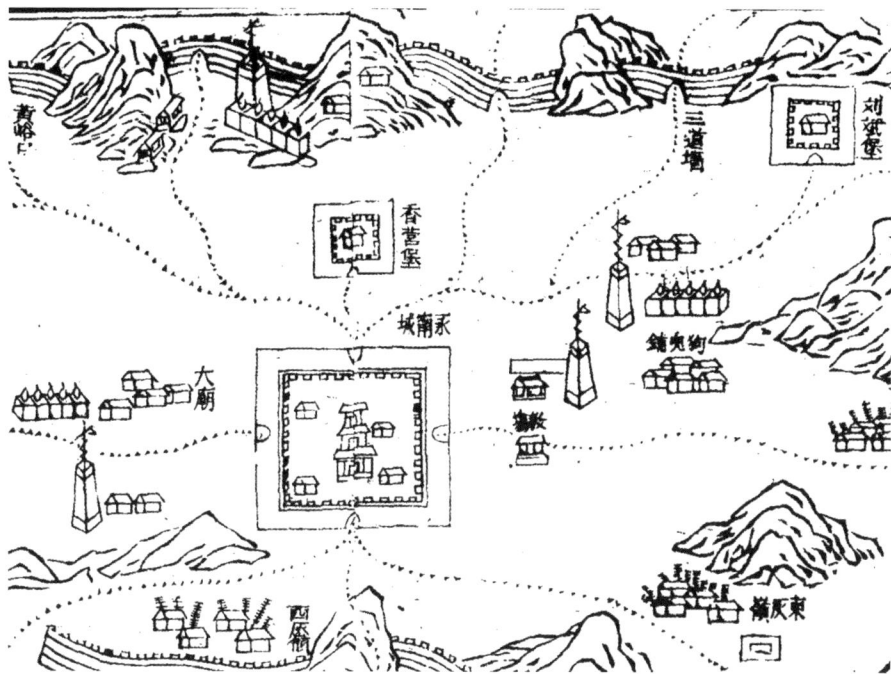

清光绪《延庆州志》永宁城、香营堡形势图

探情报，一面严令士兵不可抢夺任何辎重，轻兵突进。差不多香营守将将信送往永宁的同时，七庆的军队有如天降包围了香营城。香营是永宁下辖的重要军堡，虽城堡不大，但城高墙厚，内有精兵守城，配有最新的迅雷铳等火绳枪，还有红夷大炮。最重要的是香营扼控南下永宁的要道，如果香营失守，永宁北部门户将大开。所以，香营守将的想法是要坚守待援。七庆在香营城外查看城墙后，认为如果硬攻将会付出很大伤亡，而且会影响行军速度，到时候明朝援军赶到，自己将腹背受敌。

此时，七庆的部下抓到了一个明朝信使，信是由永宁发来的，信的内容是让香营守将坚守待援，马上派兵增援。七庆收到这封信后，知道永宁城的军队已经出城，自己需要尽快攻克香营才行。他将计就计，让自己一个投靠过来的汉人手下假装永宁城派来的信使，将一封假信带进香营城中。七庆以杜维栋的语气写，永宁城已经快要被敖目攻破，你们务必坚守待援。然后，假装没抓到信使，将假冒的信使放了进去，香营守将看到信后傻眼了，知道永宁援军不会来救他们了。但他仍故作镇定，让士兵坚守待援，说永宁援军快要到了。他心里已经开始犹豫是否能守住城堡了。此时，七庆派使者进城希望和香营守将谈判，香营守将为了延缓七庆的进攻，也将计就计，派出一个早年投靠自己的蒙古人出城谈判，并告其要拖住七庆。七庆一看对方派出谈判的是蒙古人，决定用心理攻势，动之以情，晓之以理，终于成功策反。让其回城后假装告诉香营守将宽限五日攻城，然后在深夜偷偷打开城门。这个人早就听闻七庆是忠厚之人，又了解到东土默特的惨状，决心帮助七庆。九月三日三更（晚上 11 点到 1 点），按照约定时间，那个内应收买香营城南门守卫打开了城门，七庆的骑兵一拥而进，占领了香营。在香营城，七庆的部队完成了简单补给，准备尽快南下攻击永宁城。这时，信使来报，说杜维栋的永宁军和南山援军准备在妫水河南岸扎营，静候七庆的部队。七庆明白，如果在自己没有渡过妫水河前明军抢先安营扎寨，自己将面临前后夹击、功亏一篑的风险。在和敖目商议后，七庆决定马不停蹄赶在明军到达妫水河南岸渡河，然后埋伏在河南岸两侧，出其不意伏击明军。兵贵神速，七庆立即召集军队出香营城，直奔妫水河。

七庆那边火速出兵，而杜维栋那边却行军缓慢，因为只有自己和王乾元两支部队，杜维栋害怕和东土默特军队在野外遭遇，他想等怀来营援军到达后一起行进，所以进军极慢。七庆那边不愧是训练有素的骑兵，星夜兼程，赶在明军之前到达了妫水河的上游，他立即组织士兵过河。但这时有信使来报，杜维栋的军队已经快到达妫水河了。七庆认为，所有军队渡河已经来不及，于是他与两千亲兵率先渡河，敖目领五千人军队在河北岸扎营迷惑明军。等杜维栋、王乾元到达妫水河时，看到敖目已经列兵于北岸，犹如神兵天降，都不敢相信。为了阻止东土默特人南下，只得在妫水河南岸列

延庆永宁火神庙壁画明军骑马行进图

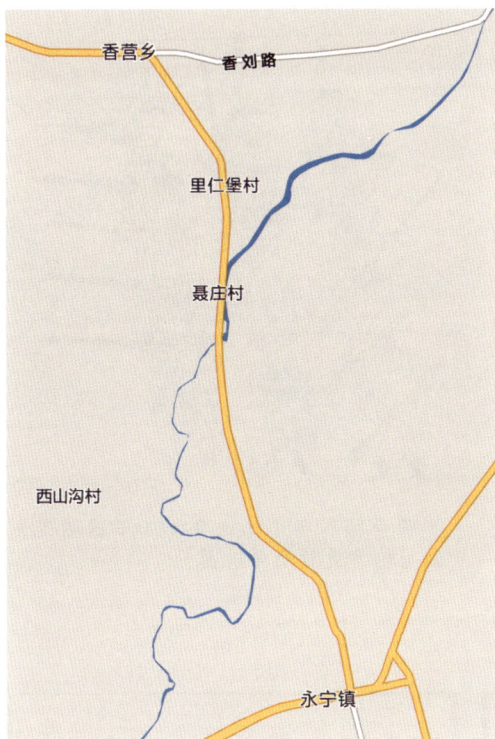

永宁、香营和妫水河位置示意图

阵。宣府练兵营千总张时俊和游兵营把总孙世新赶到增援，领马兵约一千人扎营东南。此时，明军仍未察觉到已在河南岸的伏兵。因为又有军队前来增援，明军军威复盛。

九月四日清晨，明军率先向河北岸敖目的军队发难，炮箭齐发，因为明军在火器方面更先进，所以在枪箭互射方面很占优势，敖目的军队不得不向后撤，明军开始放松戒备。埋伏在附近的七庆见时机成熟，向天空连射两支响箭，顿时，埋伏两侧的两千东土默特精兵自山林中杀出。张时俊和孙世新的宣府兵本来就是来

"打酱油"的，看到有伏兵，以为对方人数很多，马上掉转马头就撤。本来杜维栋和王乾元还要领兵应战，但他们的手下一看到东土默特人杀过来，

《九边圣迹图》蒙古人骑马射箭图

内心的恐惧又回来了。再看到张时俊、孙世新的士兵逃跑，以为敌人很多，本能地也跟着逃跑了。杜维栋、王乾元大声喊叫让士兵回来也无济于事。很多士兵为了能跑得快点便丢盔卸甲，大炮、火枪也全部丢弃，马兵速度快大多能逃走，步兵大部分被七庆的骑兵砍杀，损失殆尽。为了羞辱明军为弟弟复仇，七庆让手下将明军俘虏头发全部砍下。按蒙古人的习俗，砍去毛发是一种极大的羞辱。

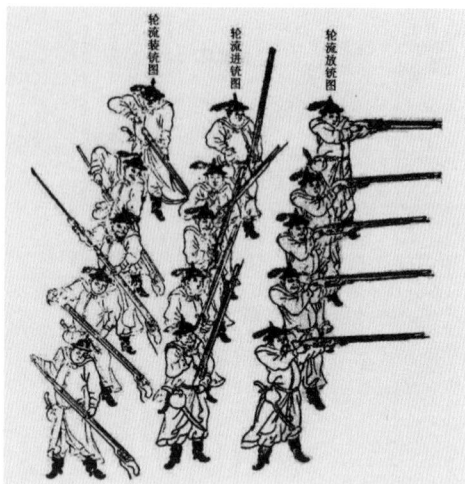

明崇祯八年（1635 年）《军器图说》中的《轮番更放西洋铳图》

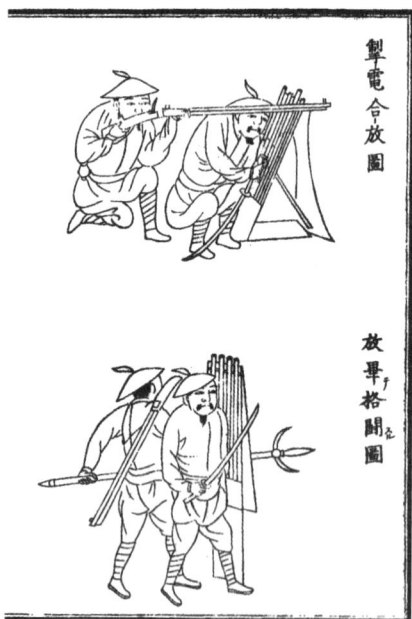

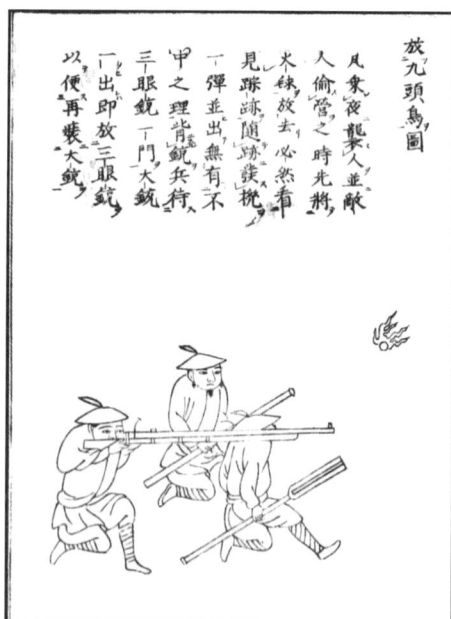

明代《神器谱》中的明军使用火铳图

## 七庆永宁城下负重伤

杜维栋、王乾元只得领着残兵败将南逃回永宁城，进城后全然不顾东土默特追兵，竟然觉得太饿开始吃饭了。此时，怀隆道遣怀来游击孙庆领兵到达永宁城外增援，信使又报龙门所参将张懋功、靖胡堡守备郭秉忠也领兵前来增援，就快到永宁了。杜维栋心想，自己毕竟是永宁参将，也要拿出宣府镇东路第一城永宁参将的样子，随即与王乾元领兵出城。前面失利的宣府兵也假模假样地跟着杜维栋和王乾元，但却驻扎在永宁城北四五里的地方停滞不前，明显是为自己找退路啊。关键时刻还是永宁亲兵和怀来、南山这些兄弟部队靠得住啊！

怀来营游击孙庆十分会打仗，他抢占先机堵住永宁北侧的关口，等七庆带兵赶到时他指挥士兵依靠地形以火器攻击。那边，七庆在妫水河打败明军后，捡拾明军盔甲、兵器，简单补给后，马上南下进攻永宁，在距离永宁城北六七里的地方和怀来营士兵遭遇。此时，怀来营士兵已经把守住要道，怀来营虽然人数不多，但占据有利位置，七庆的骑兵一时冲不过去。真是机不可失时不再来，就这么一会儿工夫，七庆失去了攻下永宁城的良机，这不能怪七庆，只能说怀来营孙游击是比较会打仗的。

怀来也是明军宣府镇的重要边塞，配备的火器在当时都是最先进的，他们将几辆多管火箭炮——"架火战车"带到了永宁，这种火器类似独轮

延庆永宁火神庙明朝军队和蒙古人作战壁画

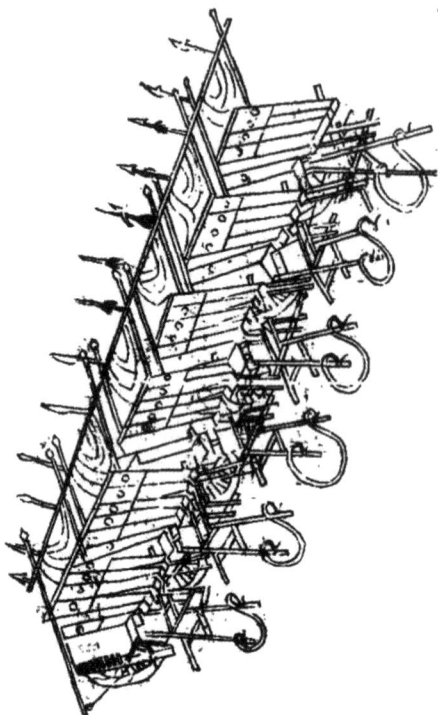

手推车，里面有一百多支火箭炮，威力巨大，堪称明代的"喀秋莎火箭炮"。七庆见军队屡次攻击不成十分着急，他明白这时必须要顶住，被明朝反击后果不堪设想。他亲自带兵冲上前线，大吼一声，对明军喊道，我是毛乞炭的大哥，成吉思汗第十九世孙七庆，我的太爷爷俺答汗曾兵临北京，踏平延永，毛乞炭曾把你们打得屁滚尿流，你们现在停止攻击，我会放你们一条生路！随后七庆大喊一声，为了毛乞炭！带着亲兵冲锋陷阵，希望能在明军阵地中打开一个口子。看到东土默特人发动新一轮攻势，

明代《武备志》中的架火战车

怀来军用多管火箭炮奋力射击，永宁、南山军看怀来军这么厉害，也一个个奋不顾身，拼命发射多管火箭炮。打密集骑兵还是架火战车更管用，这种火箭炮一次可以发射多发，落地爆炸后威力巨大，很多东土默特骑兵都被炸开了花。七庆带着亲兵顶着箭炮奋勇冲杀，眼看就要冲到明军阵地，明军前方阵地已经开始松动。就在这时，永宁军发射的一支火箭炮击中了七庆。按常理，穿着厚盔甲的七庆不会受重伤，但是要命的是，击中的还是之前负伤的地方，七庆捂着胸口，从马上坠了下来。敖目看到后，带着亲兵冲上前将七庆拖回，七庆当时意识仍清楚，说让敖目继续带领军队进攻永宁城。敖目在和众将领商议后，觉得七庆伤势比较严重，应该先撤回大营。敖目列阵佯装进攻永宁城，待天黑后，领兵迅速退回了边外。因为明军的溃败，东土默特人俘获了很多俘虏，辎重太多，敖目就让他们背着辎重一起返回了大营。到了营地后，想起毛乞炭的死，再想到大哥七庆负伤，敖目气不打一处来，准备惩罚这些俘虏为哥哥、弟弟报仇。他让这些俘虏

脱光衣服，然后放他们走，等他们走远后，敢目示意骑兵前去砍杀，所有俘虏全被杀死。

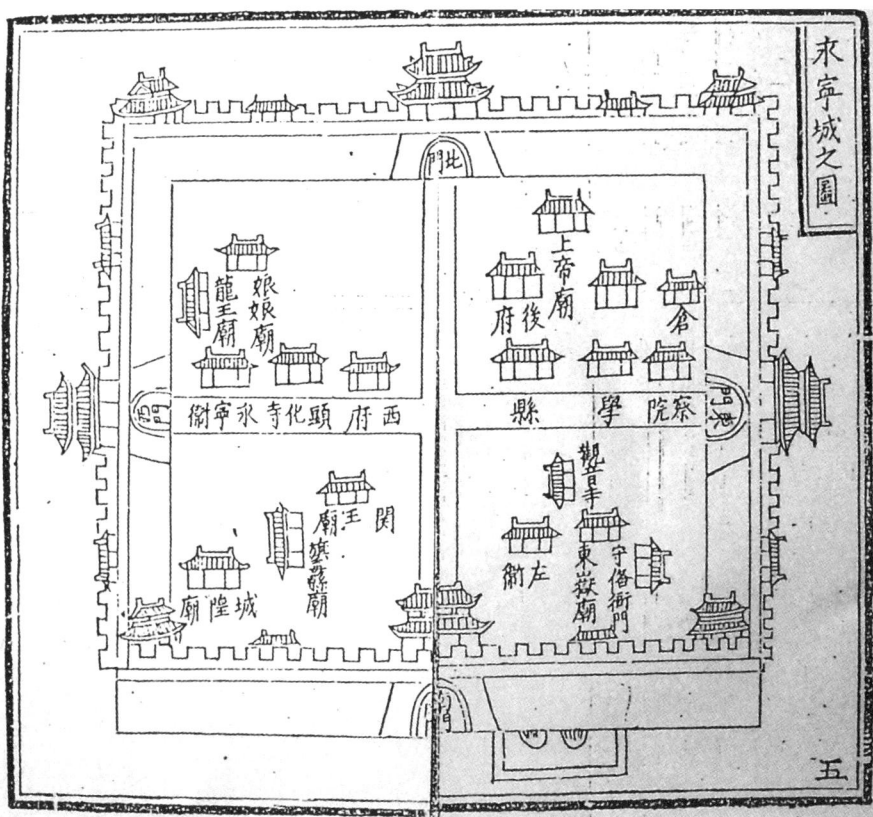

明嘉靖《隆庆志》永宁城之图

　　那边，怀来、永宁、南山军阻截了东土默特骑兵的一次攻势后，准备回营休整，但在他们南边的宣府兵远远望到尘烟滚滚，以为是东土默特人杀来，军队迅速向永宁城溃逃，真是一个伤了的七庆能吓退无数明军啊！永宁毕竟是塞外苦寒之地，民风剽悍，永宁老百姓早就对宣府兵失去了耐心，甚至憎恶。因为宣府是永宁的上级，但军官指挥不当，士兵拉胯，十个宣府兵也打不过一个永宁兵，永宁老百姓都觉得自己能打得过宣府兵。说实话，永宁人是瞧不起宣府兵的。看到宣府兵在城下叫嚷着要进城，永宁老百姓可不惯着，一齐拿石头向城下扔，不让宣府兵进城。看进城无望，后面还有"追兵"，就往南奔南山去了。到南山又闹出笑话了，南山老百姓以为是明军兵败，蒙古兵打来了，吓得都逃到了山上，后来得知是宣府兵又回来了。就这么拉胯的军队还敢称是宣府镇的兵，真不知道是怎么想的！可想而知明末九边镇战斗力的羸弱。这些宣府兵的下场也可想而知了，毕竟崇祯皇帝新上任要有个"三把火"才行啊。

此次战役，明军被打得是狼狈至极、闻风丧胆，也足见七庆骑兵的威慑力。因为东土默特人这次进攻永宁也是为了给毛乞炭报仇，所以个个奋勇杀敌，因明军溃败，东土默特人抓住不少俘虏。

此一役，明军战死约八百人，其中永宁军三百人，堪称晚明时期与东土默特对战损失最大的一场战役。这次战役如果不是明军援兵及时赶到，永宁城可能会被攻克。杜维栋被革职后，拯救永宁城的功臣孙庆当上了永宁参将，在他的镇守下，永宁终于安宁了。

明朝监察御史王会图调查此次战役经过时路过岔道，问一个延庆州的人，那人说："若非救兵俱到，永宁恐亦难保。"足见七庆的军事指挥能力。因谎报军情，明军多将领被斩杀，部分将领被革职，杜维栋的参将也被革去了。但东土默特也损失巨大，七庆被箭炮击中负伤，回营后身亡，东土默特少了一位能征善战的猛将。叶成章曾记，"此役也，我兵固多损伤，而歼其巨魁"。此巨魁即七庆，也证明了七庆在东土默特的地位。崇祯元年（1628年）冬天，明廷得报七庆已死，可又惑于"或云当阵，或云带伤回巢而毙"之传闻，故下令严查缘由。宣大巡按叶成章对此进行了详细调查，将调查结果写成题本呈于兵部。其写当年九月"二十九日报，七庆死了，满营齐哭。举问今日哭怎么缘故。敖酋下夷人颇颇会恰说，七庆官儿、宰生恰台吉俱被你南朝上阵打着。七庆箭炮眼发死了，宰生恰台吉阵上回来即死。还有许多带伤夷人不教外人看见。颇颇说称，你们不要与人说，敖目官儿厉害，不教你们南朝知道。……臣看得，敖、庆兄弟，房中之最黠者也。迩来无岁不犯，至今岁则犯而至再至三矣。天厌其恶，殄此元凶。九月初四日大举入犯永宁，我军炮打箭射，七庆带伤回巢，于九月二十九日（公历10月25日）死矣"。证明七庆在当年九月二十九日因箭炮伤而亡。直隶巡按、监察御史王会图曾记："维栋以内丁射死七庆、夺获庆马……"证明七庆是杜维栋的永宁兵射死的，永宁军射术还是可以的。

毛乞炭、七庆相继身亡后，他们的部属都归附了敖目。崇祯元年（1628

年）李养冲题本记："熬、庆兄弟三人止兵三千，不意毛酉殒后，纠结诸夷，合并六七千，大非昔日比矣。"叶成章亦记："七庆死，而其众尽归敖目，桀骜之性，叛附靡常。"当时敖目直接管理的人应该有一万口左右。崇祯二年（1629 年）五月前又收服"卜石兔部落宾兔台吉等"，实力大增。但这和东土默特巅峰时期比人数已经少了很多，应该是在和察哈尔的战斗中损失了很多。

七庆死后，敖目十分伤心，屡次袭扰明朝边境，但奈何察哈尔一直进攻，便没有因七庆的死而进攻永宁报复明朝。七庆当年和继父不和，母亲满旦嬖只就带着敖目和继父一起生活。后来七庆不计前嫌，仍旧接纳了敖目，一起驻牧，证明七庆是一个心胸十分宽广的人。所以，七庆身亡后，敖目肯定还是很难过的。但碍于察哈尔的进攻，敖目不得不在崇祯二年（1629 年）五月打算和明朝再次结盟。但之后永宁和东土默特的恩怨还没完事，崇祯三年（1630 年）十月，永宁明军剿杀驻牧千家店的东土默特残余二百余人，获军器无数，也算是报了前年"永宁之变"的仇了，被称为"宣镇仅见之一大奇捷"。东土默特人在"永宁之变"中大胜永宁军，宣镇兵在两年后又打败了东土默特人，双方各一胜一败，算是平手。但七庆在"永宁之变"中击败永宁军等明军精锐，斩杀八百余人，显然算是大胜了。而明军之后仅斩杀东土默特残余二百多人，都是东土默特部边缘的一些属民，不是敖目的核心部族。七庆的"永宁之变"足以在东土默特人的历史上彪炳千古了。

## 监察御史王会图调查"永宁之败"

时任明朝直隶巡按、监察御史王会图调查永宁之战后，认为参战将领谎报军情，重新梳理了战争经过（详见附件 4 第 005 本四一六直隶巡按、监察御史王会图为查勘永宁失事及议处官将等事题本，崇祯元年十月二十三日），其部分记："是夕宿关外阴凉崖朱三家，此地臣曾巡历，恐三认识，以病目羞明为辞，令将灯光撤去，与之对语。先以他事为引，徐及永宁之事。伊云：我兵劫营才定，达贼呐喊，马兵先逃，步兵随溃，达贼围裹杀死兵士许多。问其数目并将领则不知也。次早昧晦登程，黎明至十间房界，有挑贩梨事三四人言去永宁贸卖，臣按辔与之偕行，问及香营之事。俱云：达贼九月初三日夜间入犯，正值我等在永宁城内，一闻传烽炮响，齐上北城把守垛口。本营杜参将因天色昏黑不便出城，至四更时分因闻贼已过了阎家堡，随统兵马及宣府防兵出城迎敌，天将明时有南山王参将亦领兵马前来赴援，从城外竟往香营，与杜参将合兵，刳营已定。达贼亦结阵相持，我兵炮矢齐发，亦有射打得贼著者，贼因呐喊为冲击之状，宣兵打马先跑，冲动杜王二营兵马站脚不住，因而奔溃。达贼乘势追杀，内有马兵跑得快者尚得走脱，其余并步兵被贼裹在阵中杀死不计其数。杜王二将带领残兵奔至城下，喊称饥饿，遂开门进城吃饭，恰才丢碗，忽闻怀来营、龙门所、靖胡堡救兵俱到，二将复开城门驰与三处合营。宣兵见二将出城，从后跟随，及怀来等救兵从黑峪口来，宣兵望见以为达贼又来追杀，复拨马逃讫。臣问杀死若干，答曰：有说八九百者，又有说七八百者，那时止顾性命，何暇细问？臣此时已得其概矣。及过岔道，又遇延庆州一人，问之，亦答如前，且云：宣兵若不先跑，达贼亦不敢追杀，二将亦不致折兵。若非救兵俱到，永宁恐亦难保。臣又问以杀死数目，则云：连轻伤并重伤及杀死者说起也有一千以外。……遂投本营龙王庙，有僧海会延臣入庙，臣出青蚨令买草料饭食，僧往本庙对门施主魏思庆家去买。庆好义人也，念臣逆旅，以脱粟饷臣，臣受之，与之共几而食。首以龙门所探亲为题，因及香营之事，备云九月初三日三更时分，本营听得县北炮响，知道有警，即将家小搬至城下。适值东门放出哨军，就便进城，将家小送至岳母处安顿，随众上城。听得达贼已到香营，杜参将领兵马于四更时分同宣府兵马出城，天才明时有南山参将连夜领兵东援，与杜参将合营迎敌。有宣府练兵营千总张时俊并游兵营把总孙世新各领马兵约有一千，列阵于东南二面，杜王二将列阵于西北二面。刳营方定，张时俊兵并孙世新兵见贼将欲冲击，即拨马奔溃。贼因乘势遂分两路抄来，杜王二将兵士欲随宣兵奔溃，被贼追裹在内，自知不免，各将盔甲卸下，铳炮等项丢下，以图轻身走脱，被贼迎杀。杀讫，剥去衣服，割去头发。二将带领败残兵马奔至城下，此时肚中饥甚，开门入城吃饭，后闻怀隆道遣怀来孙游击领兵来援，又闻龙门所张参将、靖胡堡郭守备亦领兵来援，二将复上马出城，与怀来等兵合营。宣兵从后跟随，离城四五里刳住，竟不上前。及远望见怀来等救兵将贼堵截出口，摆队回营，宣兵遥见尘土起处，疑是贼兵得胜，追赶我兵，复拨马逃至城下。城上军民齐用砖石打下，不容进城。遂往南山躲避，南山军民望见宣兵认作贼兵，四散奔窜，久之知是宣兵，方各归城。"

这是关于"永宁之变"最真实的史料。明朝档案所有关于"永宁之变"的报告附后。

## 朝兔宁死不屈身死察哈尔

《满文老档》记："绰斯喜之父卓尔毕泰，原系蒙古土默特部贝勒。蒙古国乱，遣人求降。后尔父为察哈尔执去，未往寻父，我征北京时，携妻来归……"卓尔毕泰即朝兔之子召儿必太。《清太宗实录》记载了皇太极在崇德元年（1636 年）六月给召儿必太的敕书："尔卓尔毕泰原系蒙古土默特部落贝勒，蒙古国乱，遣人纳款。后尔父为察哈尔所执，会我师征燕京……"也就是，皇太极在攻打北京之前，朝兔已经被察哈尔人抓走。皇太极一生只有一次兵围北京城，即崇祯二年（1629 年）十月至崇祯三年（1630 年）一月，证明朝兔在崇祯二年十月前就去世了。

朝兔是安兔的二弟，史书常将安朝二兔并称，他们曾是东土默特部最强的两个首领，在毛乞炭、七庆相继去世后，敖目和朝兔是东土默特最重要的两个首领了。敖目在崇祯二年（1629 年）五月写给皇太极的信中提到了察哈尔的战争："我凭仗地势险要，率领右翼亲族，安然逃脱。其他亲戚没能够赶上，备受苦难。"敖目在崇祯二年（1629 年）九月写给皇太极的信中写道："我的兄弟被察哈尔杀的杀，四处逃散的逃散。就是我自身也每月在和罪孽的察哈尔交锋。"证明崇祯二年（1629 年）五月到九月，东土默特部一直在和察哈尔交战。朝兔很可能是在与皇太极征北京的十月相近的九月前后被察哈尔抓走的。史料记其"为察哈尔所执"，证明他是被察哈尔人抓走了，没有当场杀死。此后，再未发现关于朝兔的任何记载，证明朝兔是在被察哈尔人抓走后杀死的。可以想见，朝兔被察哈尔人抓走后，肯定不会投降，宁死不屈，这就是成吉思汗后人的铁骨吧。

朝兔的死也算为家族带来了荣光，因为大儿子召儿必太没有寻找朝兔，而跟随皇太极南征明朝，皇太极认为其忠诚，"授为二等甲喇章京，准再袭五次"。根据目前所见史料的记载，朝兔的儿子们没有安兔的儿子们勇猛善战。

崇祯元年（1628 年）到崇祯二年（1629 年）一年左右时间内，东土默特首领毛乞炭、七庆、朝兔相继阵亡，东土默特遭受了驻牧千家店以来的最大打击。首领阵亡、损兵折将、缺衣少食，遭受察哈尔和明朝的两面夹击，东土默特即将被消灭，遇到了其发展历史上的最大危机。但多亏敖目是一个可以力挽狂澜的人，他镇定自若地指挥东土默特人在夹缝中生存，正确投靠了后金，为东土默特以后的长久发展打下了基础。从某种意义上讲，毛乞炭、七庆的死加速了东土默特人的整合。他们身亡后，部众统一由敖目指挥，使敖目有了统一调动东土默特人的权力。在敖目的正确指挥下，东土默特部随清军进关后南征北战，为清朝立下了汗马功劳。东土默特人可以作为一个整体一直发展、保留至今，这也算是对死去的毛乞炭、七庆、朝兔有个交代吧。敖目的后人在清朝一直享受着宗室般的待遇，还曾娶过皇帝的女儿，拥有至高无上的荣誉，这些都与敖目的功劳密不可分。

## 第四节　石槽惊现铜铁器　蒙古武器传今朝

### 石槽村出土的蒙古人遗物

　　通过询问石槽村村民和延庆文物管理所工作人员，石槽村早年曾出土一些类似"窖藏"的文物，出土地点明确，保存完好，这些很可能是蒙古人天葬时的随葬品。这是千家店比较重要的出土文物，笔者详细说一下这些文物当年的出土情况。

　　2004 年 6 月，石槽村民老铁（化名）在东沟放羊时突然在地上看到了一块石板，老铁很好奇，因为在大山深处的石槽很少发现这些东西。他把石板挪开，发现下面是一件倒扣着的陶瓮，直觉告诉他，陶瓮里面一定有宝贝。兴奋之余，在好奇心的驱使下，老铁也顾不上放羊了，开始奋力刨陶瓮附近的土。等到挖出陶瓮，老

石槽村出土的铁罐

铁已经累得气喘吁吁，蹲坐在地上。这时他突然向四周张望，发现没人，心想，万一陶瓮里面有什么宝贝，让别人看到，肯定要和别人平分。这么一想，又有劲儿了。老铁奋力将陶瓮翻过来，不顾自己的气喘吁吁，赶紧往陶瓮里面看。还是有点失望的，根本没有真金白银，有的只是陶瓮四周的碎铁片。常年生活在农村的老铁明白，这种碎铁片卖到收废品的地方根本不值几个钱。忽然，老铁的两只眼睛变得越来越大，仿佛头要扎进去一般，原来，里面还有个小铁罐，满是锈迹。老铁在心里默念，老铁家祖上保佑啊，罐子里面一定要有宝贝。怀着忐忑不安的心情，老铁将铁罐掏出，这一拿不要紧，铁罐死沉死沉的，老铁两只手给抱出来了。老铁心想，铁罐里这么沉，一定是有值钱的宝贝了，这下稳了！

老铁迫不及待地将铁罐里的东西都倒在了地上，原来又是一些铁制品，全都生锈了，肯定不值钱。老铁想今天是跟"铁"干上了，以后别叫老铁了，改名叫老铜吧，说不定就能挖到铜了。老铁晃荡了一下铁罐，发现里面还有东西，又倒扣了几下，掉出来十几枚铜钱。看来以后真要改名叫"老铜"了。老铁虽然文化程度不高，但是前几年总在电视上看"鉴宝"节目，知道铜钱还是能卖几个钱的，心想回去给孩子、媳妇儿买点吃的去。临走前，老铁往铁罐里还看了一眼，发现最下面还有用纸包了很厚的一个东西。他迫不及待地用手将那个东西掏出，发现是一个扁平状的东西，还挺沉。他想快点把纸拆了，外面的油纸包了里三层外三层，好半天才拆开。这下老铁可傻了，原来是一个铜片，一面有纹饰，另一面发亮，老铁心想：这就是鉴宝节目里的铜镜吗？这是应了那句老话

石槽村出土的"嫦娥奔月"铜镜

儿啊，好事儿果然都在后面。老铁想快点把这些宝贝都带回家，万一被别人看到就麻烦了。为了不留痕迹，老铁将所有文物都原封不动地放回原样，抱着陶瓮急匆匆往家走。好在石槽村前不着村后不着店，一路上没碰到熟人，安全到家了。到家后，老铁就把这些文物放到了自家十几年都不用的老仓房里了。

老铁回家的时候，妻子正好不在家，老铁自己躺在炕头，左思右想，妻子经常和邻居唠嗑，要是把这个事儿告诉了妻子她肯定会说出去。老铁打算暂时先不告诉妻子了，妻子回来后，夫妻俩一块吃饭、起居，老铁像什么事儿都没发生一样，对妻子也是只字不提。但是老铁一到东沟放羊的时候就会想起自己挖出的那些宝贝，老铁心想，想让这些宝贝变成钱，必须要卖出去，可是，到哪儿去卖？值多少钱？放了半辈子羊的老铁心里很没底，但是这种事还没法和别人说，说了对方肯定要分宝贝。后来，每当一个人在家的时候，老铁都拿起烟抽个不停。就在这种内心煎熬、折磨的痛苦之下，老铁一下憋了三年。2007年，察觉出丈夫不对劲儿的妻子，就尝试性地问他，老铁啊，你最近咋了？心里有啥事儿哩？和俺说说，你别心急，等咱们的羊长大了，能卖上好价钱。老铁听妻子这么说，知道妻子是自己最亲近的人，不能再瞒着妻子了，就一五一十地把"挖宝"的事儿说了。岂料妻子却说，我听说私藏文物是犯法的事，咱家虽然没钱，但日子也能过下去，你可不能干犯法的事啊。城里不是有个什么文物所吗，咱们带着这些文物去那儿问问吧！在妻子的劝说下，老铁慢慢开始动摇了，也觉得还是先让文物所工作人员看看，万一要是犯法了，自己不能连累妻子。

2007年6月29日，克服心理重重障碍的老铁终于带着文物到城里的延庆县文物管理所，让工作人员鉴定。工作人员仔细查看后发现，铁罐虽然生锈，但保存完整，口径12.2厘米，腹径17厘米，高17.5厘米，很可能是过去的一件生活用具。铁罐里有一件铜镜，有手掌心那么大，还有十二枚铜钱，有

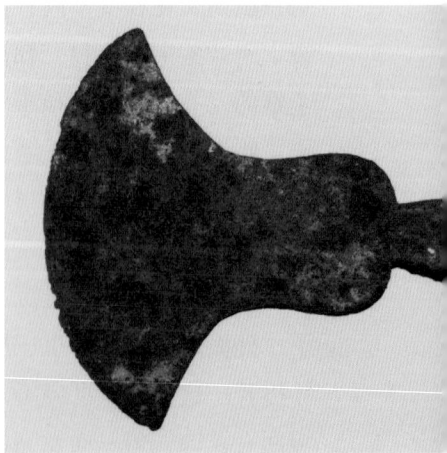

石槽村出土的铁铲（制皮工具）

的已经生锈很严重了。除了这些铜器外，剩下的全是生锈严重的小铁器。有一件皮匠工具；一件铁锥，有穿孔，长 8.3 厘米；一件帽钉，长 5.5 厘米，帽直径 3.4 厘米。还有布鲁、秤砣、铁圈、铁环各若干件，尺寸都很小。这些铁器很可能在下埋时有木制连体物，现在木器已消失，只剩下铁器。在陶瓮和铁罐之间还有盔

石槽村出土的布鲁铁头

甲铁片若干，长 2.5 厘米—7.5 厘米不等。这些文物中数铜镜的文物价值最高了，仅有少量锈迹，铜镜正面边缘是凸起的素面宽边，中间是系钮，四周是嫦娥奔月浮雕。显然这在当时不是一般人使用的。因为里面有蒙古人特有的布鲁，所以这些文物很可能是蒙古人的遗物。那么，这是一个普通的窖藏吗？显然不是，窖藏基本是存放大量钱币、金银器、铜铁器，石槽出土的这些东西没有那么珍贵。石槽出土的布鲁、铁铲，明显是狩猎和战争工具，铜镜、秤砣、锥子、铁环这些是生活用品，盔甲片入埋时应该就是一件残破的盔甲。显然，这不像窖藏，更像随葬品。

　　蒙古人的主要丧葬习俗就是天葬，将死者用白布捆绑或装入白色袋子中，放在天葬地，然后将死者生前物品埋入。一般情况下，几天之内死者就会被动物吃光尸体，多年后就会尸骨无存了。所以，在石槽只发现了随葬品，没发现人骨。蒙古人笃信藏传佛教，藏传佛教讲究利他，解救芸芸众生，可以说天葬淋漓尽致地表达了这种思想。人活着的时候要行善，死后灵魂要离开肉体，就将这无用的肉体作为最后的奉献，利悦鸟兽。所以，石槽出土陶缸铁罐内的布鲁、

石槽村出土的盔甲铁片

文物工作者在老铁（化名）家查验文物

铜镜、盔甲片等实际上很可能是蒙古人天葬时的陪葬品，盔甲很可能是死者生前穿戴的，布鲁是死者生前狩猎的武器，铜镜是死者生前使用的物品。那么，这些随葬品最有可能是哪个蒙古人的呢？千家店在元明清时期有蒙古人居住、生活，在那时能用得上铜镜的，应该也都不是一般人，这些文物很可能是哪位蒙古首领的生活用品。前面说到，石槽曾是七庆妻子耳森的驻牧地，七庆在生前很可能也在石槽驻牧。所以，石槽发现的天葬随葬品很可能是七庆或者是耳森的，或者在他之前去世的毛乞炭的。

　　石槽出土的文物是目前延庆地区发现的唯一一处天葬随葬品，具有很高的价值，出土的布鲁证明了蒙古人曾在此地生活过。另外，在延庆文物所工作人员的劝说下，老铁终于将这些文物一件不落地上交了，也算是为国家做贡献了，困扰了他几年的心事终于烟消云散。

# 第六章　八旗驻防

清代独石口厅千家店地图

　　明末清初，自东土默特部迁居东北后，千家店基本成为无人区，又因千家店远离城镇，在清代初期成为"教匪"们藏匿的地方。为彻底清除教匪，清康熙年间，独石口八旗兵南下千家店剿灭教匪，从此，八旗兵开始在千家店驻防。千家店驻防八旗兵仅四十名左右，但规格较高，均是满洲八旗，设有两名防御和一名骁骑校。千家店驻防八旗属独石口厅管理。千家店是有清一代整个延庆地区唯一驻防八旗兵的地方。千家店八旗兵管辖面积较大，不仅包括千家店，珍珠泉也归其管理。千家店有很多归属察哈尔左翼镶黄旗的田地，这些土地归属蒙古察哈尔贵族，察哈尔庄头在千家店管理，汉人佃户种地。珍珠泉还有很多隶属朝廷的皇庄地，由储粮道管理，每年把粮食运到内廷。因蒙古人和满洲人多年在千家店地区的生活，今千家店很多村名、山名都跟蒙古语和满语有关。

## 第一节　八旗勇士灭教匪　关氏满族美名扬

明代，千家店属长城以外，不是明朝直接管辖的范围，是明朝九边重镇宣府镇和蓟镇的交叉地。有明一代，千家店几乎没有汉人，有少量归附明朝在千家店驻牧的蒙古人。清朝入关后，继承了明朝在千家店周围的行政建置，千家店属宣府镇，具体归属专管蒙古察哈尔旗民事务的独石口管理。清康熙五十年（1711年），千家店正式设立满洲八旗驻防，康熙五十九年（1720年）后，短暂隶属宣化府延庆州，雍正初年，千家店开始隶属于专管察哈尔右翼旗民的张家口厅独石口管站。雍正十二年（1734年）独石口从张家口厅分出来独立建厅，千家店一直隶属独石口厅至清朝灭亡。

清光绪《延庆州志》清代延庆州和独石口厅千家店地

### 白莲教徒藏匿沙梁子

千家店是现在延庆整个行政区域内唯一一个驻防八旗兵的地方，而且还是满洲八旗。清代的延庆州（不包括千家店）有很多旗庄地，居住着大量汉军旗人，延庆州的旗民人命官司要归独石口厅管理，延庆州的州官与千家店驻防八旗最高长官同级。种种迹象表明，千家店驻防八旗是延庆整个历史上一件十分重要的事情。那么，清代初期，千家店仍然人烟稀少，零星有驻牧的蒙古人，为什么要在这里驻防满洲八旗兵呢？这还要从清代

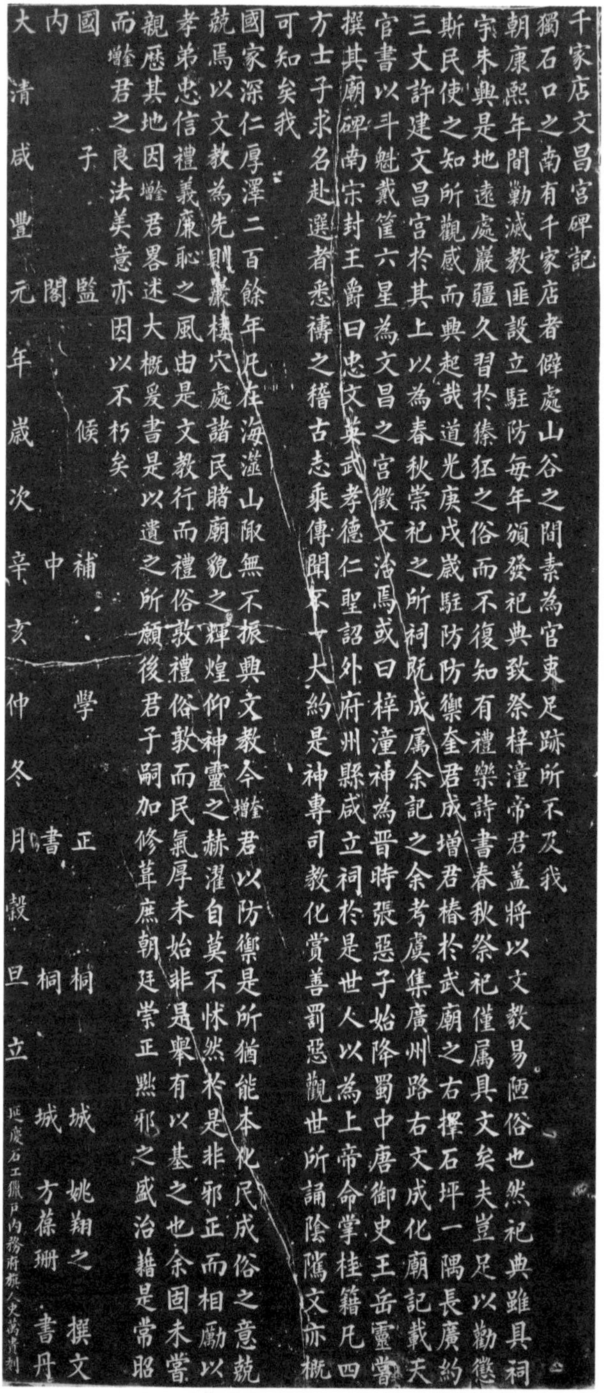

獨石口之南有千家店者僻處山谷之間素為官吏足跡所不及我
朝康熙年間勦滅教匪設立駐防每年頒發祀典致祭梓潼帝君蓋

千家店文昌宮碑記

獨石口之南有千家店者僻處山谷之間素為官吏足跡所不及我
朝康熙年間勦滅教匪設立駐防每年頒發祀典致祭梓潼帝君蓋將以文教易陋俗也然祀典雖具祠
宇未興是地遠處嚴疆久習於獷狂之俗而不復知有禮樂詩書春秋祭祀僅屬具文矣夫豈以勸懲
斯民使之知所觀感而典起裁道光庚戌歲駐防防禦奎君成增君椿於武廟之右擇石坪一隅長廣約
三丈許建文昌宮於其上以為春秋崇祀之所祠既成屬余考虞集廣州路右文興化廟記載天
官書以斗魁戴筐六星為文昌之宮徽文治為或曰梓潼神為晉時張惡子始降蜀中唐御史王岳靈嘗
撰其廟碑南宋封王爵曰忠文英武孝德仁聖詔外府州縣咸立祠於是世人以為上帝命掌桂籍凡四
方士子求名赴選者惡禱之稽古志乘傳開示大約是神專司教化賞罰惡觀世所誦陰隲文亦概
可知矣我
國家深仁厚澤二百餘年矣在海瀅山陬無不振興文教今奎君以防禦是所猶能本化民成俗之意兢
就焉以文教為先則巖棲穴處諸民瞻廟貌之輝煌仰神靈之赫濯自莫不怵然於是非邪正而相勵以
孝弟忠信禮義廉恥之風由是文教行而禮俗敦而民氣厚未始非舉有以基之也余固未嘗以
親歷其地因奎君是以遺之所願後君子嗣加修葺庶朝廷崇正熙邪之盛治藉是常昭
而奎君之良法美意亦因以不朽矣

監　子

候補　　學　　正　桐城姚翔之撰文
內閣中書　桐城方葆珊書丹
大清咸豐元年歲次辛亥仲冬月穀旦立

延慶石工獵戶內務府旗人史萬貴刊

《千家店文昌宮碑記》正面拓片及局部

早期的"反清复明"活动说起。

　　清朝入关后，南明以及郑成功势力仍然强大，清朝派兵南下逐一消灭前明势力。但清朝毕竟来自关外，民间仍有很强的反清势力。他们多在乡间秘密结社传教，宣传反清思想，其中最有名的是白莲教、天地会。千家店在明代属于长城以外，实际上不属于明朝的直接管辖范围，有少量蒙古人驻牧，他们名义上依附明朝，实际不听明朝使唤。明末清初，连年战争，千家店几乎荒无人烟，加上千家店满目是山、平地极少，也鲜有汉人迁入种地定居。这样一个荒无人烟的地方，又远离延庆、丰宁、怀柔、独石口等城镇，鞭长莫及。正如《千家店文昌宫碑记》所记："独石口之南有千家店者，僻处山谷之间，素为官吏足迹所不及。"也就是千家店是一个没有官吏衙署，真正天高皇帝远的地方。这种地方最容易藏匿逃匪。果不其然，康熙年间，有一小股白莲教徒流窜到千家店，认为千家店地广人稀、到处是山，而且还是离周围城镇较远的"三不管"地区，比较便于隐藏、传教，就在千家店安顿下来。

## 八旗兵生擒白莲教徒

　　康熙皇帝十分重视教匪的叛乱，到处派密探查找教匪，延庆州旗人州官领命后以重金悬赏教匪线索，有到千家店采矿的矿工说沙梁子最近来了一股外乡人，看穿着打扮好像是教徒。延庆知州立即派密探前往千家店沙梁子探查，确定了是被清军打败逃窜到千家店山里的白莲教教匪，立即将

清代《白莲教之乱图》局部

此事上报宣化府。康熙帝得知此事后，嘉奖延庆知州，并就近派独石口八旗兵前往千家店剿匪。

据关海涛和龙海池讲述，他们的祖上就是从独石口去千家店剿匪的八旗兵。他们说，当时教匪聚集在沙梁子天桥子村西山根一个叫大河西的地方，领命后，关氏、龙氏等八户满洲八旗兵跨上战马、持刀背弓从独石口迅速南下千家店沙梁子，不到一天的工夫，就赶到了沙梁子。为了不让教匪察觉，关姓旗兵让大家隐藏到教匪居住地周围，把他们团团包围，准备夜里再进攻，给敌人一个出其不意。教匪们对埋伏在周围的八旗兵毫无察觉，以为在"天高皇帝远"的大山里不会有人发现他们，夜黑后就呼呼睡大觉了，都没有派人放哨。看到教匪熟睡后，在关姓和龙姓八旗兵的带领下，八旗兵一拥而上，冲入屋内，将教匪全部生擒捆绑，其中有两个教匪头目伺机负隅顽抗，被八旗兵就地正法。教匪对从天而降的八旗兵完全处于"蒙圈"状态，根本没想到八旗兵会追到这"鸟不拉屎"的大山里，低估了康熙帝平定教匪的决心。虽山高水远，但普天之下哪里不是大清的疆土呢？得知生擒千家店教匪后，独石口官员让平定教匪的八旗兵立即将教匪押解京城。关姓等八旗兵不敢怠慢，立即走四海、黄花镇近路赶往京城，为防止其他教匪劫人，延庆州派出几十名甲兵护送。康熙帝得知平定千家店教匪后十分高兴，决定让关姓、龙姓等八旗兵世代镇守千家店，世受俸禄。千家店到处是山，当时还没有"跑马圈地"，康熙帝就把"川区"平坦的地方赐给了领头打仗的关氏和龙氏。这样一来，关氏和龙氏就定居在千家店了。

千家店的群山

## 清廷设立千家店八旗驻防

剿灭千家店教匪后，有大臣提议，千家店自明代以来一直是蒙古人驻牧的地方，如今，蒙古察哈尔部叛乱后刚被移驻在千家店北部的张家口、独石口一带，仍然很不稳定。千家店北通故元上都，南经四海口、黄花镇直抵京师，军事地位重要，如若察哈尔再叛南犯京师，后果不堪设想。而且，千家店人烟稀少、山峦密布，极易适合藏匿匪徒，如果有教匪再藏匿千家店，还要派远在二百里外的独石口八旗兵剿匪，实在是劳民伤财。千家店距离周围的延庆、赤城、丰宁、怀柔等城镇都比较远，如若有事，远水解不了近渴。可在千家店布置少量满洲八旗兵，一来可以盯防蒙古察哈尔部，防止其向南渗透，二来可方便剿灭盗匪。康熙帝对此提议十分赞同，决定在千家店设立满洲八旗驻防。《千家店文昌宫碑记》记："我朝康熙年间剿灭教匪，设立驻防。"是康熙年间在千家店设立八旗驻防的历史依据。康熙五十年（1711年），朝廷正式在千家店设立满洲八旗驻防，隶属独石口防守尉，自独石口调

千家店在边墙之外设章京一员驻防诚北门锁钥也
校一员甲四十副驻防
军器盔甲四十三顶副腰刀四十
三口弓四十七张箭八百六十枝
延庆州志卷五经政

光绪《延庆州志》对千家店八旗驻防的记载

一名防御（满语章京），四十名旗兵。防御是清朝驻防八旗的基层军官，位在佐领之下，骁骑校之上，正五品，与延庆州知州官职平级。千家店的地位一下子升到了空前绝后的高度。那么，满洲八旗驻防算是千家店最早的建置吗？恐怕不然。花盆村有一始建清代的关帝庙及戏楼，戏楼的脊檩下皮写有"康熙三年孟秋月□□"等字，证明最晚到康熙初年，千家店已

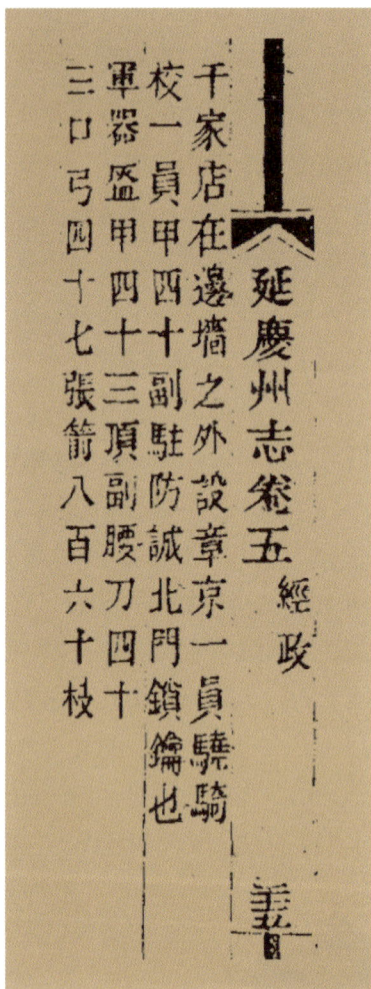

经有人定居，很可能在此时已有建置。

## 关氏满族守卫千家店

清代八旗兵照片

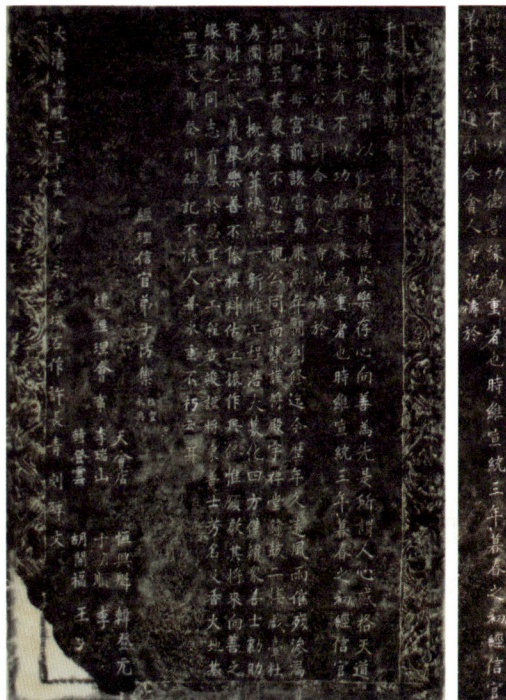

千家店因关氏、龙氏等八旗兵剿匪而设立满洲八旗驻防，是清代今延庆行政范围内唯一设立八旗驻防的地方，政治地位与延庆州相同，这都要归功于关氏、龙氏等八旗兵的剿匪，可以说，关氏、龙氏等对千家店的正式开发、发展做出了不可磨灭的贡献。关氏、龙氏后来一直在千家店繁衍生息。据关海涛讲述，他的太爷关景运是清朝末年在千家店当官的"老爷"。因为他的爷爷关琪璋当时年龄太小，所以关景运去世后，族孙关常瑞继承了官职，是清朝千家店最后一位当官的老爷。

现存刻于清宣统三年（1911 年）的《重修千家店朝阳寺碑记》记有"信官弟子景公运"召集众人捐款重修千家店朝阳寺的事迹。证明一直到清朝即将灭亡前，关景运一直都任千家店驻防八旗官员。与关海涛的讲述基本吻合。

那么，关景运到底任什么官职呢？据《口北三厅志》所记，清代千家店驻防满洲八旗兵的官员有两名防御和一名骁骑校。《重修千家店朝阳寺碑记》除记关景运外，还记有隆兴和永丰两名防御，可以确定，关景运当时任"骁骑校"。骁骑校是八旗组织中基层编制单位的副长官，位在佐领之下，也是骁骑营的下级武官，满语称"分得拨什库"，协助佐领管理所属户口、田宅、兵籍，以及骁骑营操练、守卫等事务，正六品官。官职不算太高，但在千家店地区也算"三把手"了。查阅资料，清代千家店骁骑校应该都是关氏世袭。乾隆元年（1736年）千家店驻防八旗"添设骁骑一员"，千家店驻防满洲八旗骁骑校正式设于此时。

目前为止，只明确查到一名千家店关姓八旗骁骑校，现放于四海镇政府的乾隆十年（1745年）《恩准四海口外民人出入碑》记："驻防千家店正黄旗骁骑校一员……关成保。"这个关成保与关景运都姓关，关成保是正黄旗，据关海涛的父亲关瑞明讲述，他的父亲关琪璋是满洲正黄旗，那么，关琪璋的父亲关景运也应该是满洲正黄旗。关成保虽与关景运生活年代相差一百多年，但他们都姓关，而且都是正黄旗，他们极有可能是早年带领八旗兵剿灭千家店教匪的"关氏"后代。很可能在康熙年间关氏因在千家店剿灭教匪战事中立功，所以世袭官职。关成保应该就是关景运的祖先。关姓旗人在千家店满洲八旗驻防中世袭骁骑校一职，正六品。

乾隆《口北三厅志》对千家店八旗驻防的记载

## 独石口厅理事同知关宁

查阅史料，设于雍正十二年（1734年）的独石口厅第一任理事同知（最高长官）叫关宁，满洲正白旗人。而千家店驻防八旗均为满洲兵，关

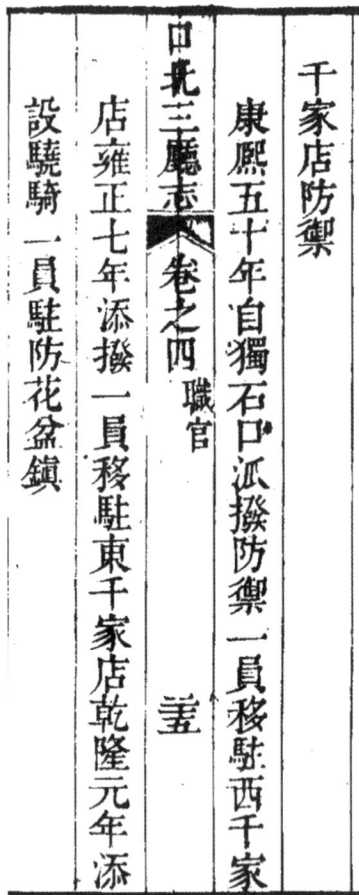

成保、关景运是满洲正黄旗人，那么，他们会是一个家族的吗？关宁履历可不简单，他早年任隶属于张家口厅的独石口管站员外郎，雍正十年（1732年）兼管多伦诺尔厅，负责管理察哈尔左翼正蓝、正白、镶白、镶黄四旗及内札萨克、外喀尔喀一百三十余旗蒙古居民人命、盗窃等案，以及缉拿匪徒，审理汉人官司等事。除多伦诺尔厅职责外，关宁还要负责独石口驿站，以及独石口厅管理的延庆、怀来、龙关、赤城旗民人命官司的案件。雍正十二年（1734年）清廷正式设立独石口厅，雍正十三年（1735年），关宁担任独石口理事同知（最高长官），是第一任独石口理事同知。同年，他卸任多伦诺尔理事同知，但作为独石口理事同知仍然兼管多伦诺尔的人命官司。乾隆六年（1741年），关宁升任户部郎中，离任独石口厅理事同知。可以说，自雍正十年（1732年）至乾隆六年（1741年），关宁一人身兼独石口、多伦诺尔两厅，权力是非常大的，算是清廷塞外高官了。

另外，《口北三厅志》记关宁在乾隆六年（1741年）升为户部郎中，但《恩准四海口外民人出入碑》却记："持授独石口理事府，兼管延、怀、赤、龙等处旗民事务，员外郎加四级纪录五次关讳宁。"碑上刻写碑记写于乾隆七年（1742年），有可能有误。但至少可以证明关宁曾任独石口厅理事同知无误。

那么，关宁和驻防千家店的关氏祖上都来自独石口，姓氏相同，很可能是一个家族的。关姓实际上是满人后改的汉人姓，满人老姓叫瓜尔佳氏，可以说，现在千家店姓关的八旗后裔满族老姓是瓜尔佳。瓜尔佳氏历史名人很多，比如瓜尔佳·鳌拜、瓜尔佳·荣禄等。当代满族关姓名人基本为瓜尔佳氏，比如关之琳、关牧村、关晓彤等。关姓（瓜尔佳氏）满族人的香火还是很旺的。

## 第二节 八旗驻防千家店 兼管南部珍珠泉

独石口满洲八旗兵剿灭千家店白莲教匪后，在康熙五十年（1711年）正式在千家店设立满洲八旗驻防，那么，千家店八旗驻防归属哪里？驻扎在千家店哪里？共有多少人？设置过什么官职？千家店人在清朝属于哪个旗呢？

## 隶属独石口防守尉

千家店在清代大部分时间隶属直隶省口北道独石口厅，短暂隶属过延庆州。刻于咸丰元年（1851年）的《千家店文昌宫碑记》碑阴记有"管理独石口千家店防守尉……祥崐"。《清末内蒙古垦务档案汇编》记："管理独石口千家店防守尉萨泰……光绪三十年……。"防守尉是清朝驻防八旗中的专城将领，设于直隶（今河北）及盛京（今辽宁沈阳）地区的一些城镇、关口，额定十八人，正四品。辖兵五十名至数百名不等，总掌本城镇旗籍和防守事务，下设佐领、防御、骁骑校等官，分别由驻防将军、都统、副都统等兼辖。那么，既然是"管理独石口千家店防守尉"，证明独石口和千家店归属一个防守尉管理。《口北三厅志》也记"驻防独石口兼管千家店防守"。先有独石口八旗驻防，后有千家店八旗驻防，千家店八旗是由独石口调入的，所以，这个防守尉肯定是驻扎在独石口兼管千家店。也就是说，千家店满洲八旗隶属独石口正四品的防守尉。独石口防守尉隶属驻扎于张家口的从一品察哈尔都统。

独石口厅下辖丁庄湾、黑河川、东卯镇、千家店四处地方，千家店是其中之一。《口北三厅志》记"千家店驻防满洲官兵"，证明有清一代千家店驻防的八旗均为满洲兵。

*《千家店文昌宫碑记》背面拓片及局部*

## 千家店驻防的满洲八旗军官

那么，千家店满洲八旗的最高长官是谁呢？雍正《畿辅通志》记千家

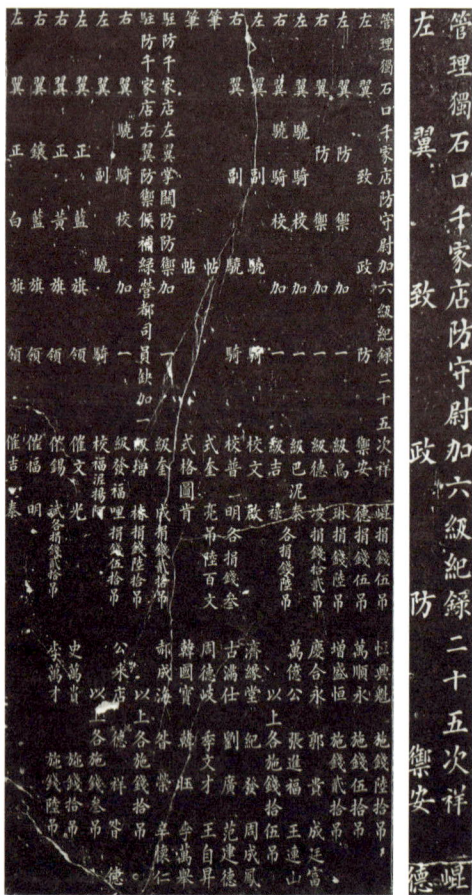

《重修千家店朝阳寺碑记》 正面局部拓片

經理信官弟子防禦

隆豐

永興

《千家店文昌宫碑记》 背面局部拓片

駐防千家店左翼掌關防防禦加

駐防千家店右翼防禦候補綠營都司員缺加一級增

一八

級奎 戌捐錢貳拾吊

椿捐錢陸拾吊

獨石口防禦順治九年設鑲紅正白二員康熙二十二
年添設二員康熙五十年移駐千家店一
員雍正七年裁
一員現設二員

乾隆《赤城县志》对独石口防御的记载

店"防御一员，康熙五十年设"。成书于乾隆十三年（1748年）的《赤城县志》也记："独石口防御。……康熙五十年移驻千家店一员，雍正七年裁一员，现设二员。"成书于乾隆二十三年（1758年）的《口北三厅志》记千家店防御"康熙五十年自独石口派拨防御一员，……雍正七年添拨一员，……乾隆元年添设骁骑一员"。证明康熙五十年（1711年）千家店设置一名八旗防御，雍正七年（1729年）又增加一名防御，乾隆元年（1736年）添加一名骁骑校。至少到乾隆年间，千家店八旗驻防共有两名防御，一名骁骑校。刻于咸丰元年（1851年）的《千家店文昌宫碑记》碑阴记有"驻防千家店左翼掌关防防御……奎成，驻防千家店右翼防御……增椿"。证明到咸丰年间，千家店仍然是两名防御。刻于宣统三年（1911年）的《重修千家店朝阳寺碑记》记有"防御隆丰、永兴"，证明自雍正七年（1729年）直到清朝灭亡，千家店一直都是两名防御官，未再改变。乾隆十年（1745年）的《恩准四海口外民人出入碑》提到了"驻防千家店正黄旗骁骑校一员……关成保"。《重修千家店朝阳寺碑记》提到了关景运，前文说到关氏在千家店一直担任骁骑校。证明自乾隆元年（1736年）至清朝灭亡，千家店八旗一直设有一名骁骑校。千家店八旗在清代近二百年时间内都是设有两名防御和一名骁骑校。

防御是清朝驻防八旗的基层军官，位在佐领之下，骁骑校之上，正五品。凡驻防之处丁少而不足治以佐领者，皆置防御管理，掌所辖驻防户籍，以时颁其教戒。正五品的防御官和正五品的延庆州知州官职同级，也就是说，千家店的八旗防御官到了延庆，延庆知州要亲自接见。八旗防御官无论在千家店历史还是现在，都是最大的官儿了，清代是千家店政治地位最高的时候。骁骑校是正六品官，在当时的延庆州也算第二大官儿了。

驻防在千家店的八旗防御官满语叫"章京"。成书于乾隆四年（1739年）的《八旗通志》记设立千家店八旗驻防的时候从独石口"拨章京一员"，后"添设章京一员"。此处章京就是指"防御官"。"章京"是满语音译，意为"官名"。此处有个小插曲，成书于嘉庆年间的《钦定八旗通志》记千家店八旗的第一名防御是从延庆州调拨。史书里从未记载过延庆州驻防过八旗兵，《钦定八旗通志》记载应该有误。

那么，千家店八旗防御和骁骑校的办公场所在哪儿呢？《八旗通志》

记千家店刚设立第一名防御时，"计给章京衙署一所，八间"，也就是一个大院子，八间平房，一个人住这么大地方，看来待遇不是一般的好。再增加一名防御官后，又盖了一所衙署，共十六间房，越盖面积越大。看样子，千家店八旗驻防两名防御官的两所衙署在不同的地方。

乾隆《延庆州志》千家店地图

《重修千家店朝阳寺碑记》背面记朝阳寺香火地"西至西衙门官地道边"，证明千家店八旗有东、西两个衙门。《口北三厅志》记"防御一员移驻西千家店，雍正七年添拨一员移驻东千家店，乾隆元年添设骁骑一员，驻防花盆镇"。由此可知，千家店八旗第一名防御官衙署在西千家店，俗称"西衙门"，第二名防御官衙署在东千家店，俗称"东衙门"，骁骑校驻花盆，应无衙门，房间数应该不会太多。《千家店文昌宫碑记》记有"驻防千家店左翼掌关防防御……奎成，驻防千家店右翼防御……增椿"。左为东，左翼应为东千家店；右为西，右翼应为西千家店。东千家店防御掌关防印，地位高于西千家店防御。但是西千家店是千家店八旗设置的第一名防御。东千家店、西千家店方位就在现在千家店的东店和西店。

值得一提的是，千家店八旗第二名防御官衙署的十六间房是延庆州负责建造的，看来延庆早就把千家店当成自家兄弟了。

《重修千家店朝阳寺碑记》背面拓片及局部

查阅资料，千家店八旗防御官基本都是满洲八旗人。《口北三厅志》记载了五名满洲八旗防御官和一名骁骑校，分别是：阿代（满洲镶蓝旗人）、杨柏（满洲镶蓝旗人）、索柱（满洲镶蓝旗人）、勒世太（满洲镶红旗人）、富长（满洲镶黄旗人）、乌兰泰（满洲镶蓝旗人、骁骑校）。均是等级最高的满洲八旗人，可见当时千家店八旗驻防的地位是非常高的。勒世太后来还当上了独石口防守尉，证明千家店是一个晋升官职的好地方。

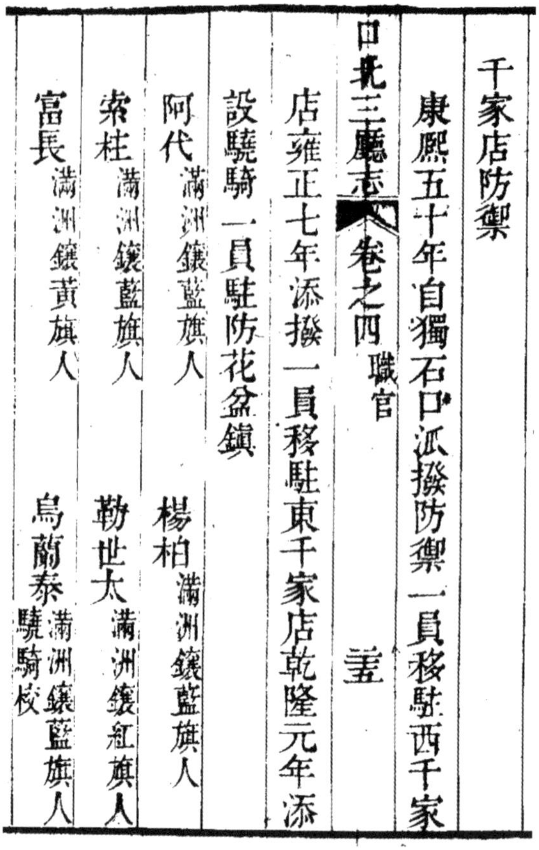

千家店防禦
康熙五十年自獨石口派撥防禦一員移駐西千家
口北三廳志 卷之四 職官 圭
店雍正七年添撥一員移駐東千家店乾隆元年添
設驍騎一員駐防花盆鎮
阿代 滿洲鑲藍旗人　楊柏 滿洲鑲藍旗人
索柱 滿洲鑲藍旗人　勒世太 滿洲鑲紅旗人
富長 滿洲鑲黃旗人　烏蘭泰 滿洲鑲藍旗人 驍騎校

乾隆《口北三厅志》所记千家店八旗官员

千家店八旗官员信息表

| 姓　名 | 官　职 | 旗　籍 |
|---|---|---|
| 阿代 | 防御 | 满洲镶蓝旗 |
| 杨柏 | 防御 | 满洲镶蓝旗 |
| 索柱（索住） | 防御 | 满洲镶蓝旗 |
| 勒世太 | 防御 | 满洲镶红旗 |
| 富长（富昌） | 防御 | 满洲镶黄旗 |
| 奎成 | 防御 | 满洲 |
| 增椿 | 防御 | 满洲 |
| 隆丰 | 防御 | 满洲 |
| 永兴 | 防御 | 满洲 |
| 乌兰泰 | 骁骑校 | 满洲镶蓝旗 |
| 关成保 | 骁骑校 | 满洲正黄旗 |
| 关景运 | 骁骑校 | 满洲正黄旗 |

　　《千家店文昌宫碑记》记有防御官奎成和增椿。《重修千家店朝阳寺碑记》记有防御官隆丰和永兴。《恩准四海口外民人出入碑》记有骁骑校关成保。目前共能查到千家店八旗有九名防御官和三名骁骑校，虽有四人查不到旗籍，应均为满洲八旗。清廷在千家店未起用蒙古和汉军八旗为官，证明朝廷十分重视千家店地区。那么，清廷为什么会重视千家店这个远离城镇的山区呢？千家店驻防八旗可以扼控四海冶路，防范敌人经四海冶路接近京师，清廷在四海设关卡，严控兵匪进出。千家店满洲八旗布置于察哈尔部驻牧之南缘，时刻盯防察哈尔八旗，防止其再次反叛。而且还可以抓捕盗匪、教匪，防止藏匿。这也是清廷较为重视并在千家店设立满洲八旗的原因吧，千家店八旗在京师周边的八旗驻防中是有一定地位的。

　　此外，立于乾隆十年（1745年）的《恩准四海口外民人出入碑记》记有"驻防千家店镶兰旗防御章京一员……索住……驻防千家店镶黄旗防御章京一员……富昌"。成书乾隆二十三年（1758年）的《口北三厅志》记有索柱（满洲镶蓝旗人）、富长（满洲镶黄旗人），这两个资料都成于乾隆早期，人名、旗籍基本一致，防御官"索住"就是"索柱"，"富昌"就是"富长"。

　　千家店满洲八旗防御官和骁骑校的工资也不低，《口北三厅志》记防御官每年给饷银八十两，骁骑校每年给饷银六十两。这在当时绝对是高收入人群了。不仅如此，千家店满洲八旗驻防的军官们办红白喜事上边还要发钱。《钦定户部则例》记载了给千家店八旗军官们的赏钱条例，这些赏钱由每年裁扣绿营兵剩下的公粮充赏，绿营算是给八旗打工了。"一骁骑校红事赏银四两，白事赏银八两。领催前锋马甲红事各赏银三两，白事各赏银六两。匠役红事赏银二两，白事赏银四两。孀嫠孤子红事各赏银三

千家店驻防满洲官兵

防御二员

歳支俸饷银每员八十两

骁骑校一员　驻防花盆镇

歳支俸饷银六十两

马甲兵四十名　内西千家店马甲丁名甲十五名花盆镇马甲十名东千家店马甲十名白塔兒马甲五名

以上歳支官俸兵饷马乾等银一千二百四十两月俸饷银於直隶藩库支领

米八百八十石　月米於延庆州就近支领

乾隆《口北三厅志》记千家店八旗官员俸禄

两，白事赏银六两"。领催是八旗军低于骁骑校的下级军官，满州八旗每佐领下设六人，由马甲选充。前锋马甲也可以得到赏赐，看来八旗整体还是以军功论赏，无论出身，这还算是很公平的。值得注意的是，八旗军官的遗孀和独子办红白事的时候也有赏银，和前锋马甲给的一样多，这算是恩泽家人后代了。证明清朝八旗军官的待遇确实是很好，算是那个年代的军属抚慰金了。

早年间，在千家店曾挖出来很多窖藏的铜钱，也许这就是没来得及发出的工资吧，也可能是哪个八旗军官的"私房钱"。

## 千家店驻防的满洲八旗士兵

千家店不仅驻防的八旗军官是满洲八旗，而且一般士兵也是满洲八旗。《八旗通志》记康熙五十年（1711年）设立千家店八旗驻防的时候，除军官以外，有四名拨什库、三十六名甲兵，甲兵就是一般八旗兵。拨什库是满语，汉语称领催，管理佐领内的文书、钱粮等事务，相当于文书，地位可能比甲兵高点，但待遇都差不多，也可算作兵丁。《钦定八旗通志》直接记千家店八旗有"兵丁四十名"。《口北三厅志》记载了千家店八旗驻防的分布，西千家店有马甲十名，东千家店十五名，花盆镇十名，白塔儿五名。也就是四十名马甲是分散驻扎在千家店的。东、西千家店分别驻有一名防御，西千家店是第一个防御驻地，但马甲却比东千家店少了五人，这应该是东千家店防御掌关防大印的原因，东千家店防御地位更高，所以甲兵更多。花盆镇是骁骑校驻地，有十名马甲，也不算少。值得注意的是，白塔儿还驻有五名八旗兵，证明白塔儿在清代仍然是一个比较重要的地方，这和明代是一脉相承的。现在的千家店、花盆、石槽及原白塔南沟村北侧白塔这几个地方，一直是明清时期千家店地区比较重要的几个地方。

千家店满洲八旗兵平时在哪儿训练呢？《钦定八旗通志》记千家店八旗兵平时训练的教场在西千家店村南，也就是今西店村南。现在已经看不到任何遗迹了，只能在风中回想八旗勇士当年的金戈铁马了。光绪《延庆州志》详细记载了千家店八旗兵的兵器，有盔甲四十三顶副，腰刀四十三口，弓四十七张，箭八百六十支。千家店甲兵共四十名，多出的三副盔甲和腰刀应该是防御和骁骑校的，证明这些兵器也包括军官的。从兵器装备来看，千家店满洲八旗仍坚持"弓马骑射"，未配置大炮等火器。这也从侧面说明清代中后期千家店是较为稳定的，少有战事。

驻防千家店满洲八旗甲兵的工资和口粮在当时是什么水平？《口北三厅志》记每年给千家店八旗兵官俸、兵饷、马粮等银一千二百四十两，米八百八十石，等于十万零五千六百斤，这个工资和口粮明显是高于蒙古、汉军八旗和绿营军的，证明满洲八旗兵的待遇还是很高的。在千家店这么山清水秀的地方，不愁吃穿，不愁没钱花，八旗子弟们想不胖都难吧。

甲兵的兵饷由主管独石口厅的直隶省口北道发放，口粮由延庆州发放。看来，千家店的八旗兵还是吃延庆州的口粮的。

那么，千家店四十名满洲八旗兵的住宿条件怎么样？《八旗通志》记每名甲兵有两间营房，和两名防御官衙署的十六间和八间房相比，不算多，但居住条件也算可以了。光绪年间，察哈尔都统还曾提议修理千家店受雨坍塌的八旗营房。

值得注意的是，延庆州除给千家店满洲八旗衙署盖房外，还负责供应口粮，也算是千家店八旗的供养人了，从这点上来看，千家店现在隶属延庆也是有历史缘由的。

军器盛甲四十三顶副腰刀四十三口弓四十七张箭八百六十枝

光绪《延庆州志》对千家店八旗兵器的记载

## 千家店满洲八旗驻防的管辖范围

千家店满洲八旗驻防的管辖范围超过了现在的千家店镇，《口北三厅志》记载了分管千家店、延庆州巡检管辖的四十七个村窑。在今延庆界内的有"小川、下马路沟、大石窑、熊洞沟、八道河、六道河、白河口、九岭梁、石槽、石槽梁、黄石寨、上花楼、下花楼、珍珠泉、庙儿梁、杏叶沟、山神庙、前仓米道、后仓米道、东南天门、红石湾、西千家店、东千家店、白塔儿、多罗湾、奶子山、菜木沟、滴水壶、四潭沟、平台子、首领沟、转山子、花盆镇、牤牛沟、忽拉岭、哈拉魁、黄土梁"。以上名称与现在名称基本一致，

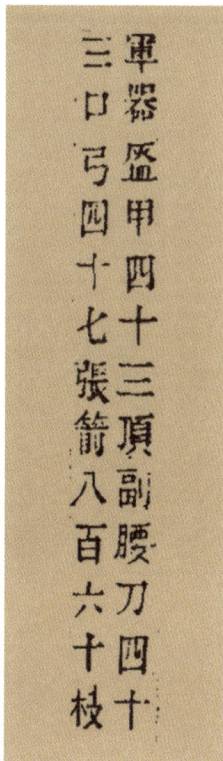

乾隆《口北三厅志》记分管千家店延庆州巡检管辖村庄

分管千家店延庆州巡检管下白河口起东至摩天岭热河界又自千家店起南至珍珠泉黄花路界共四十七村窑岔窑沟坊

上马路沟　下马路沟　六道河

黄土梁

红石湾　奶子山　西千家店　杏菜木沟

庙儿梁　石槽梁　前仓米道　后仓米道

首领沟　白塔儿　转山子　花盆镇　嵚牛　四潭

水磨湾　平安沟梁

东千家店　东南天门　山神庙　珍珠泉　石槽　小川熊洞

口北三厅志　卷十二　村窑户口

以上村窑俱系左翼镶黄旗境内旗户　民户

《重修千家店朝阳寺碑记》背面拓片所记山神庙

一段坐落西店村西界至村西山神庙南至道北至

少部分略有不同。

　　下马路沟即今千家店镇下马鹿沟。六道河即今千家店六道沟。白河口应该是今千家店河口村。九岭梁即今刘斌堡乡九里梁（旧址）。石槽梁，明代已有此地名，叫石槽峪沟，即今千家店镇石槽村所在的山沟，石槽梁就是石槽附近的山梁。黄石寨即今刘斌堡乡黄石碴（旧址）。庙儿梁，明代已有此地名，《宣大山西三镇图说·三卷·九边圣迹图》记周四沟堡的时候写有庙儿梁，即今珍珠泉乡庙梁村。山神庙在今千家店镇西店西侧，《重修千家店朝阳寺碑记》记西店西山有山神庙。前仓米道即今珍珠泉乡仓米道村。后仓米道即今千家店镇田仓米道村。东南天门即珍珠泉乡南天门村。西千家店，明代已有此地名，称千家庄，方位在今千家店镇西店村。东千家店名称也来自明代千家庄，即今千家店镇东店村。白塔儿，明代已有此地名，在原千家店白塔南沟村北。多罗湾即今千家店镇上德龙湾和下德龙湾村。奶子山即今千家店镇上奶山和下奶山村。首领沟即今千家店镇

白河湾奶子山

收粮沟村。一个地名，有发音相同、书写不同的汉语名称，都有可能是其他语言的音译。因为是"表音"，所以会有不同的写法。忽拉岭，今名已失，方位可能在现在的千家店北侧。哈拉魁，有可能是千家店黑山。以上包括忽拉岭、哈拉魁在内的地名很多都是蒙古语、满语。

《口北三厅志》所记的村窑中，下马路沟、大石窑、熊洞沟、六道河、白河口、石槽、石槽梁、山神庙、后仓米道、红石湾、西千家店、东千家店、白塔儿、多罗湾、奶子山、菜木沟、滴水壶、四潭沟、平台子、首领沟、转山子、花盆镇、牤牛沟、黄土梁、哈拉魁属今千家店镇。小川、下花楼、珍珠泉、庙儿梁、杏叶沟、前仓米道、东南天门属珍珠泉乡。九岭梁、黄石砦属刘斌堡乡。八道河属香营乡。上花楼属四海镇。由此可见，千家店八旗驻防管辖范围超出了现在的千家店镇，还涉及珍珠泉、刘斌堡、香营、四海，除珍珠泉外，其余地方在清代属延庆州，但千家店八旗驻防也负责巡检。

1917年刻成的《重修千家店朝阳寺碑记》碑阴刻记了千家店的村落，有"马鹿沟、熊洞沟、大石窑、水头、红旗甸、车道沟、北沟、大梁、半沟、

*《重修千家店朝阳寺碑记》背面拓片所记村庄*

六道河、河口、石槽沟、红石湾、排字岭、囤子沟、千家店、河西、茨儿顶、牤牛沟、石湖上、（大、小）户岭、古家窑、辛家栅、多罗湾、乔菠沟、乃字山、马蹄沟、千尉顶、蔡木沟、（大、小）古坟沟、后沟"。和前面《口北三厅志》所记村窑以及现在地名基本相同，仅有个别不同。

　　大梁即现在的梁根村。半沟即现在的半沟村。六道河即现在的六道沟村。茨儿顶现在的茨顶村，可能是蒙古语。根据《重修千家店朝阳寺碑记》前后所记村庄地理方位判断，石湖上应该是现在千家店的石湖村，旁边还有石湖沟、西石湖沟，证明村庄名称由石湖上改成了石湖，来自满语。珍珠泉现在倒是有名为石湖上、石湖下的村庄，但是方位太远，应该不是《重修千家店朝阳寺碑记》所记的石湖。今德龙湾仍叫多罗湾，看来德龙湾的名字应该是民国以后更改的。乔菠沟即现在的桥堡沟、乔半沟村附近。乃字山即《口北三厅志》所说奶子山，可能是觉得不太好听所以改成了乃字山，现在把"子""字"这样的发音去掉，直接叫上奶山、下奶山。千尉顶很可能是现在的椴木梁或柏木井。千尉也可写为芊蔚，指花叶的茂密。

　　《重修千家店朝阳寺碑记》碑阳落款为1911年，但是碑阴落款1917年，碑阴可能是清朝灭亡后重刻的。但是村名应该还是清末的村名。

　　从《口北三厅志》和《重修千家店朝阳寺碑记》所记清代千家店村庄可以看出，现在千家店的村庄基本沿袭清代，有的已经消失，比如白塔儿、忽拉岭、哈拉魁，在清代末期已经消失。有的分出两个村庄，如上、下德龙湾，上、下奶山。有的是将蒙古语地名改写，如多罗湾改为德龙湾。首

奶山湖

花盆村关帝庙内的刻花石盆

领沟改为了收粮沟，可能觉得"首领"这个名称和时代有些矛盾所以更改了。有的根据汉语发音的相似进行了更改，千尉顶改成柏木井。有的根据姓氏更改，如后仓米道村姓田的最多，就改成了田仓米道村。

目前，千家店的村名大部分只能追溯到清代，并且有很多是蒙古语，这是符合千家店的历史的。千家店在明代属蒙古东土默特人驻牧的地方，地名应该很多是蒙古语。但是根据《九边圣迹图》所记，也有汉语，比如千家庄、石槽峪沟，这些可能是明朝对这些地名的汉语称呼，毕竟千家店曾是明朝属夷兀良哈人长期驻牧的地方。还有一些地名可能是蒙汉双语合一的，比如白塔儿、红石湾。这些地名都一直流传至今。这是在现存史料中可以查到的，还有很多因史料遗失或不载我们不知道的。明代蒙古人在千家店生活，肯定留下了很多蒙古语地名。进入清代后，这些蒙古语地名就被当时的汉族等民族根据发音继承下来了，比如首领沟。现在千家店的地名追溯起来可能都会和蒙古语有关，可以说，千家店现在的村名最早来源于明代蒙古语，根据史料记载，直接来源于清代蒙古语地名。

现在千家店地区大部分村名只能查到清代，清代村名是千家店现在地名的直接来源。那么，清代千家店的山、河名称和现在一样吗？前面介绍千家店村庄中的忽拉岭、哈拉魁都是以山命名的村庄，忽拉岭是野马岭的意思，哈拉魁是黑山的意思，暂不能与现在村庄对应。《口北三厅志》记载了独石口厅管辖的山川，经过比证，找出了现在千家店范围内的山、河。如黄土岭，现在叫黄土梁。还记了花盆岭，得名于掘土而得的刻花石盆，今花盆村得名于此。此花盆现在存放在花盆村关帝庙。《口北三厅志》还记载了石青洞。

滴水壶

乌龙峡谷

河流方面，《口北三厅志》记载了白河、滴水湖、龙潭，前两个与现在地名相同。千家店有黑龙潭、龙潭子东沟两个村庄带有"龙潭"这一名称，它们很可能就在龙潭附近。《口北三厅志》记龙潭双崖对束、四潭叠注、惊浪雷奔、飞湍激射，黑河三川汇流于此，过菜树甸与白河合归大水峪入边。黑河右岸的黑龙潭村南不足一公里有乌龙峡谷，乌龙峡谷内有黑河，两岸是直立峭壁，有头潭、二潭、三潭、四潭景点，南为南流黑河和东流白河交汇处，与《口北三厅志》所记"龙潭"完

四潭沟村的乌龙峡谷景区地图

乌龙峡谷段黑河（左侧为南，右侧为北）

全相同，菜树甸即今珍珠泉乡菜树西沟、菜树底下村附近。今乌龙峡谷就是清代的龙潭，乌龙峡谷的头潭、二潭、三潭、四潭组成了龙潭。黑龙潭村和乌龙峡谷附近的三潭沟、四潭沟村全都得名"龙潭"。至于为什么叫龙潭，一是源于龙王信仰，二可能是因为乌龙峡谷段黑河横着看很像一条蜿蜒的巨龙。

前面说分管千家店、延庆州巡检还管着现在珍珠泉乡的村庄。而清代珍珠泉又没有八旗驻防，很可能归属千家店八旗驻防管辖。要说明白这个问题，还要探讨一下清代千家店旗人、旗庄、皇庄地。

## 第三节　镶黄旗庄皇庄地　汉族入旗当庄头

### 千家店镶黄旗人和旗庄地

千家店在八旗兵未进驻前，川区很可能就是旗人的土地，简称旗庄地。《钦定八旗通志》记康熙三十二年（1693年），赤城县拨给正白、镶红两旗下披甲地共四顷，在样田堡和镇安堡。按照清朝惯例，八旗进驻千家店后，肯定要拨地给八旗兵。康熙五十年（1711年），延庆州拨地给千家店八旗兵三顷，后来又还给了延庆州。八旗兵刚进驻千家店时共占地二十四顷，计二百四十亩，这些算是八旗兵的私有田产。

除八旗兵的土地外，千家店还有很多归旗人所有的"旗庄地"。《钦定八旗通志》记千家店土地都是"镶黄旗各佐领家人庄头地"。那么，佐领是什么官儿？佐领是满语"牛录"的汉语音译，是清代八旗组织基本单位名称。清朝早期称牛录章京，入关后，改为汉语佐领，正四品。掌管所属户口、田宅、兵籍、诉讼等。初时一佐领统辖三百人，后改定为二百人。也就是说，佐领的官职（正四品）高于千家店满洲八旗防御官（正五品），和独石口厅理事同知同级。独石口厅管理察哈尔左翼正白、镶白、镶黄、正蓝四旗，"镶黄旗各佐领"应该是指察哈尔镶黄旗的各佐领，也就是清代千家店耕地属于察哈尔左翼镶黄旗。但千家店的旗庄地还不直接归佐领管，而是"佐领家人庄头地"，也就是佐领的媳妇、孩子、亲戚的土地。那么，佐领或佐领的家人会在千家店居住吗？分管千家店、延庆州巡检记其所管的村窑属于察哈尔左翼镶黄旗境内，三十二旗户，六百四十四民户，共有一千二百八十三人。也就是到乾隆初期，千家店共有一千二百八十三人。按一户五人算，千家店在清代乾隆初期有一百六十名旗人，剩下的一千一百个民人仅仅只是在察哈尔左翼镶黄旗土地种地打工的佃户。这一百六十余名旗人很可能是佐领家人派到千家店看管汉人种地的"庄头"（管头），应该是察哈尔左翼镶黄旗人，也就是蒙古人。佐领家人可能会定期到千家店查看土地耕种情况，但应该不会在千家店长居。加上四十三名千家店满洲八旗官兵和家属，清代千家店共有旗人三百七十五名左右，

千家店河南村花海

千家店向日葵田地

也算是很多了。根据学者赵令志《清前期八旗土地制度研究》所记，清代千家店共有三千四百亩旗庄地，几乎占了现在千家店川区土地的全部。

## 珍珠泉镶黄旗人和皇庄地

分管千家店、延庆州巡检记有珍珠泉村庄，而且珍珠泉没有八旗驻防，很可能归属千家店八旗驻防管辖。千家店是察哈尔左翼镶黄旗的"旗庄地"，东南侧的珍珠泉更厉害，在清代是"皇庄地"。乾隆《延庆州志》载："皇庄地，在永宁东珍珠泉。"顾名思义，皇庄地是指皇室内廷管理的土地，与八旗所有的旗庄地还是不同，地位更高。但皇庄地也不是皇帝直接管理，而是指归内务府、皇族、八旗军武官管理的田庄。清代的皇庄主要分布于京畿、盛京地区，设庄头管理壮丁进行生产，所获交广储等库，是皇室开支的主要来源。如果是汉人佃户种地还要交租金，皇帝有时将部分租入用于国事，如救灾、军费等。珍珠泉的皇庄地很可能归属汉军八旗武官，《恩准四海口外民人出入碑》后面记有"珍珠泉镶黄旗……于明宝；珍珠泉镶黄旗……于大焕"。这证明珍珠泉有很多镶黄旗人，根据姓名看应该是镶黄旗汉人。那么，千家店有察哈尔左翼镶黄旗地，珍珠泉的土地很可能也属镶黄旗，由珍珠泉镶黄旗汉人负责具体管理和耕种。这些汉人很可能是"旗下投充者"后代，就是清军入关后很多汉人把土地交给了旗人，换取自己加入旗籍。也正是因为珍珠泉有皇庄地和旗人，所以它才归属独石口厅，而不是延庆州。珍珠泉和千家店一样在明代都是兀良哈人、东土默特人驻牧的地方，这两个地方在清代同属独石口厅，也体现出了历史文化发展的延续性。珍珠泉的皇庄地具体位置暂不知晓，很可能就是现在菜木沟河流经的川区。

《口北三厅志》记载了珍珠泉水："珍珠泉。四海冶口东十里，源出平地，方广可半亩许，深六尺余，澄澈见底，清冷异常。其泉口沸，盘旋自下而上，如珍珠万斛喷散，水面源源不绝，池侧有小渠分流四注，左右田数百亩皆借以灌溉焉。"有可能珍珠泉附近的土地是珍稀的泉水灌溉，水土质量都非常好，所以才被纳入到了皇庄地。

既然千家店和珍珠泉都是察哈尔左翼镶黄旗地，应该统一归属千家店八旗驻防管理。《口北三厅志》记独石口山川："仓米道岭。独石口东南

珍珠泉

珍珠泉村

三百二十里。"也就是现在珍珠泉仓米道附近的山属于独石口厅。《口北三厅志》还记独石口厅南三百七十里至珍珠泉与延庆州交界。这些都证明珍珠泉在清代和千家店一样，隶属独石口厅，而不是延庆州。分管千家店、延庆州巡检还管着现在珍珠泉乡的村庄。珍珠泉在千家店南侧，更加远离独石口，而且没有八旗驻防，但是紧邻珍珠泉的千家店有八旗驻防，千家店算是独石口兼管，独石口不可能绕过千家店再兼管珍珠泉了。这些都表明，清代珍珠泉地区是归属千家店八旗驻防管辖的。

前面说到，今千家店有田仓米道村，珍珠泉有仓米道村，显然，两个村名源自仓米道，那么，仓米道是运粮的通道吗？笔者在田仓米道老村实地调查，发现村内的山沟崎岖细窄，根本无法作为运粮的通道，所以，仓米道不是道路的意思。田仓米道村民说他们的祖坟有五六个坟头，据此推测，田仓米道村应该成村于清代中前期。查阅史料，清代设有粮储道和督粮道，与漕运无关、无督运之责的称粮储道，如福建、陕西、广东、云南、贵州等设有粮储道，归总督或巡抚节制。有督运漕粮之责的称督粮道，如苏松、江安及山东、河南、江西、浙江、湖北、湖南的督粮道，掌监察收粮及督押粮盘，归漕运总督管辖。有些粮道兼管驿传或盐法事务称粮盐道或粮驿道。有些粮道兼管地方。显然仓米道应该是粮储道，不是督粮道。这证明清代在今千家店田仓米道村和珍珠泉仓米道村附近设有"粮储道"，很可能是后来叫俗了，叫成了仓米道。粮储道官员一般为正四品，每年工资一百零五两白银，这比千家店的五品防御官官职都要大，粮储道是清代整个延庆地区官职最高的官员。仓米道村的储粮道很可能设于清代早期。

那么，今田仓米道村附近的粮储道是储备哪里的粮食呢？前面说到，珍珠泉有皇庄地，仓米道很显然是存储这个皇庄地和千家店部分优质粮食的粮储道。清廷在千家店南部大山里设粮储道，证明对这里很重视。珍珠泉的皇庄地所产粮食很可能直接运往京城或者附近高级衙署。仓米道是目前整个延庆地区发现的唯一一个粮储道。

明代曾设有督粮道，明代今千家店、珍珠泉地区都是蒙古人的驻牧地，不可能设督粮道，所以，田仓米道的粮储道肯定设于清代。

# 第四节　满蒙语言今犹在　地名尽是蒙满语

今千家店地区的村名、山名与延庆川区或者中原地区的名称有很大不同，比如延庆川区的闫庄、王庄等，一听就是汉族村庄，但千家店很少有这样名称的村庄。还有的村庄名用汉语解释不清。千家店老百姓把村名叫惯了，也就不觉得有什么不同了，都以为肯定是汉语，其实深究起来，可能大部分都不是汉语。这与千家店一直以来是蒙古、满族居住地有关。

元代，千家店是负责给元廷采矿、冶炼，并铸造铜器的地方，驻有很多管理铜矿的蒙古或色目官员。明代，千家店地区不属中央王朝直接管辖，一直是兀良哈人和后来形成的东土默特蒙古人驻牧的地方。清代，千家店是蒙古察哈尔左翼镶黄旗的地方，有旗户在千家店看管汉人佃户种地。还有满洲八旗驻防。元明清三代近七百年，千家店一直是北方蒙古、满族人驻牧、居住的地方。所以，现在千家店有蒙古语、满语地名也就不足为奇了。

## 《口北三厅志》中所记千家店蒙古语、满语村名

之前说到《口北三厅志》所记千家店村窑的多罗湾、奶子山、首领沟、忽拉岭、哈拉魁都是蒙古语。多罗是蒙古语的汉语音译，意为"七"，多罗湾就是七个湾的意思。多罗湾在民国初期改为汉语更能说得通的德龙湾，形成现在的上、下德龙湾两个村庄。《口北三厅志》记有奶子山，晚于它的《重修千家店朝阳寺碑记》记为乃字山，一个写为"奶"，一个写为"乃"，可能又是用汉字表蒙古语发音。奶或乃是蒙古语 narin 首音简译，意为"细的，窄的"，奶子山即细山、窄山的意思。现在上奶山、下奶山村

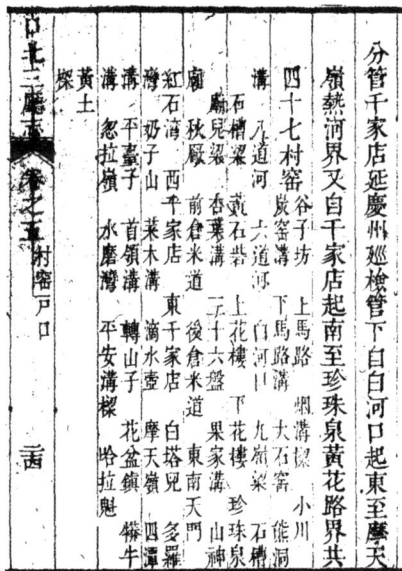

乾隆《口北三厅志》记分管千家店延庆州巡检管辖村庄

奶山湖露营

下德龙湾

千家店的山

名源于此。至于《重修千家店朝阳寺碑记》的乃字山显然是觉得奶子难听改写罢了。首领沟之"首领"在蒙古语中的同音词是孤立、尖顶的意思，可能是因沟谷两侧有尖顶山而得名。今收粮沟村得名于此。

《口北三厅志》记有忽拉岭，《九边圣迹图》在描绘周四沟堡的时候记有"虎喇岭"，一个发音有不同的汉字写法，应该就是用汉字来表示发音，本身并不是汉语。《卢龙塞略》记蒙古人"虎刺曰忽刺"。《元朝秘史》记有忽阑，旁译"野马"。丙种本《华夷译语》野马作"豁蓝"。《元朝秘史》还记有忽刺因、忽刺宜、忽刺的、忽刺惕。《至元译语》记有胡阑木里，《译语·蒙古译语》记有忽蓝木罕，《登坛必究》记有忽刺莫林，均与马有关。可以确定忽拉、忽刺、虎喇、虎刺、忽阑、豁蓝等词均为同一蒙古语发音的不同汉字写法，是"野马"的意思。那么，《口北三厅志》所记忽拉岭就是野马岭的意思。忽拉岭今名已失，方位可能在现在的千家店北侧。哈拉魁的哈拉是蒙古语，意为"黑色"，有可能是千家店黑山。除以上地名以外，《口北三厅志》所记庙儿梁、白塔儿在明代已经存在，且地处蒙古朝兔、安兔驻牧地，名字很可能也与蒙古语有关，可能在元代已有此地名。

《口北三厅志》千家店"村窑"记有下马路沟，晚于它的《重修千家店朝阳寺碑记》记为马鹿沟，可知其最早的名字是下马路沟，即原千家店下马鹿沟村。村庄用不同的汉字表示同一发音，基本应该是蒙古语或者满语了。如果是汉语的话，应该叫什么马路，或者叫什么沟就可以了，将马路与沟合在一起显然不是汉语表达的方式。马路或马鹿一音在蒙古语中是牲畜的意思，马路沟意为放养牲畜的沟。马路或马鹿一音在满语中是酒瓶、长颈瓶、榔头形的意思，意为山沟似长颈瓶，这与现实地理情况是符合的。下马鹿沟位于一个南北皆有极小隘口的山谷中，从空中看确实很像长颈瓶。所以，千家店清代的下马路沟或马鹿沟村是蒙古语和满语。《口北三厅志》在记下马路沟的时候还记了上马路，今下马鹿村北的河北赤城有上马鹿沟村，即上马路。

## 《重修千家店朝阳寺碑记》中所记千家店蒙古语、满语地名

《重修千家店朝阳寺碑记》记有大石窑，与现在千家店大石窑村名完全相同，《归绥道志》风土卷二十三《方言蒙语类译各厅杂译》记有丰镇厅（今

内蒙古乌兰察布）所译蒙语村名："达什窑，上二字西番语。"今称打石窑，在内蒙古乌兰察布市丰镇市。除此之外内蒙古呼和浩特也有两处叫大石窑的地方，应该都是蒙古语，很可能最初是从西域传到蒙古地区的语言，最后被蒙古人借用。查阅史料，乾隆二十四年（1759年），乾隆帝把厄鲁特（也叫卫拉特，明代叫瓦剌）蒙古的一部达什达瓦人从新疆迁到承德，后来有一部分到了察哈尔正黄旗，达什窑的名称应与此有关。千家店在清代正好是察哈尔人的地方，今大石窑村名极有可能源自并入到察哈尔的蒙古厄鲁特人，和达什窑、打石窑一样都是一个蒙古语发音的不同汉字写法。暂时没查到这个"大石窑"在蒙古语的具体意思。

除源自蒙古语外，还有一种说法是大石窑名源自大石窑村深山里的石洞。据大石窑村民讲述，大石窑村深山里面有很多石洞，其中有一个最大的石洞能同时容纳几十人，大石窑村民叫石洞为石窑，这个最大的石洞就是大石窑，今大石窑村名来源于此。此说法也可备一说，但大石窑村名更可能源自蒙古语。

《重修千家店朝阳寺碑记》记有一名为石湖上的村庄，就是现在的千家店石湖村，省略了"上"字。旁边有石湖沟、西石湖沟两个山沟。石湖是汉字表满语发音，满语意思是旷地、宽阔的山谷，还指夜猫子（猫头鹰）。石湖村的意思就是宽阔山谷的村庄，石湖沟就是宽阔的山沟，西石湖沟就是西侧的宽阔的山沟。今珍珠泉乡的石湖上村名应该也源自满语。石湖上是满汉双语合一的词，意思是宽阔山谷的上面。石湖上村西南还有一名为石湖下的村庄，也是满语，意为宽阔山谷的下面。

## 现在千家店的蒙古语、满语地名

除《口北三厅志》《重修千家店朝阳寺碑记》所记村庄外，现在千家店的一些村庄也是由蒙古语、满语演变过来的。例如西套沟村，西套一音在蒙古语中是牙、齿的意思，表示"多叉"。西套沟是蒙古语、汉语的合写，意思就是崎岖的山沟。耗眼梁村的"耗眼"一音在蒙古语中是两个、双重的意思，耗眼梁也是蒙古语、汉语的合写，意为两个梁的山。千家店有照山，还有照山洼村。照的发音在蒙古语中意为脊背、山梁、土梁，照山是蒙古语、汉语的合写，意为有梁的山。洼是汉语低地的意思，照山洼就是山边的洼地。

照山洼

　　除以上蒙古语、满语地名外,《口北三厅志》《重修千家店朝阳寺碑记》所记的菜木沟、转山子、牤牛沟、水头、排字岭、囤子沟、茨儿顶、大户岭、小户岭、乔菠沟都有可能是蒙古语或满语，暂时还没找到确切的证据。

# 第七章　兴教立庙

千家店在明代才出现有史可载的历史，但因为生活在千家店的蒙古人是驻牧式的生活方式，所以现在在千家店找不到什么明代遗存。进入清代，千家店彻底被纳入中原王朝，并设立驻防，驻扎满洲官兵，设有两名防御官。千家店的大部分土地归属旗人，吸引了大量汉人佃户为其种地。千家店人口开始逐渐增加。八旗防御官十分重视千家店的建设，发展教育、兴修寺庙，千家店地区在历史上第一次开始繁荣起来。很多建筑、碑刻一直遗留至今。千家店所有遗留至今的古建筑皆为清代所建。这些精美的建筑、壁画，还有刻写历史的碑刻，无不昭示着清代千家店的繁荣景象。

## 第一节　重文兴教建庙宇　旗人捐资留美名

有清一代，千家店基本一直归属专管旗人事务的独石口厅管理，千家店、珍珠泉直接归属千家店驻防八旗管辖。在千家店至少居住了三百余名旗人，这些旗人或担任八旗军官，或占有肥沃土地，可以说，他们在千家店的发展历史上，有着举足轻重的地位。这些旗人不仅有钱有土地，而且慷慨解囊，支持千家店修建庙宇，让千家店留下了大量八旗捐钱修建的寺庙宫观，留下了宝贵的历史文化遗产。

### 首倡并捐钱创建文昌宫

《文昌宫碑》记："独石口之南有千家店者，僻处山谷之间，素为官吏足迹所不及。我朝康熙年间剿灭教匪，设立驻防。每年颁发祀典致祭梓潼帝君，盖将以文教易陋俗也。"梓潼帝君是道教神仙，民间传说梓潼帝君是出生于西晋时期的张亚子，为躲避仇家，他迁到七曲山居住。他一生行善，死后被梓潼百姓尊奉为梓潼神，掌人间科举功名、禄位事。历代帝王都对他推崇有加。后来人们就为梓潼帝君建庙宇供奉，祈求文运兴盛、考取功名。供奉他的庙宇就被称为文昌宫，所以，梓潼帝君也被称为文昌帝君。元明以后，随着科举制度的规模化和制度化，文昌帝君的奉祀也逐渐普遍。文昌宫通常是学子们祈祷和膜拜的场所，以求学业和考试顺利。

存放于原千家店中学内的文昌宫碑

根据《文昌宫碑》所记，千家店有八旗驻防后，每年开始祭祀梓潼帝君，希望以"文教"改变陋俗，这应该是驻防八旗官员倡议的。《文昌宫碑》又记，为了改变千家店文化教育的落后，道光三十年（1850年），千家店八旗驻防防御官奎成、增椿在"武庙"旁边修建文昌宫，作为祭祀梓潼帝君的地方。梓潼帝君被称为天下读书人的保护神，文昌宫是天下学子祭祀梓潼帝君的神圣之地。在千家店创建文昌宫，极大促进了千家店文化教育的发展。目前所见，清代千家店地区只有这一座文昌宫，文昌宫就是清代千家店读书人的精神图腾。同时，修建文昌宫，对于改变当地陋习，养成良好的文明礼仪也是有帮助的。八旗防御官奎成、增椿为兴文重教，在千家店武庙旁创建文昌宫，体现了千家店八旗防御官高超的文化教育意识。

元代，因恢复科举，对梓潼帝君张亚子更为推崇。梓潼帝君张亚子升为文昌帝君和出生在延庆的元仁宗有关。根据《元史》所记，忽必烈至元二十二年（1285年），太史奏："文昌星明，文运将兴。"正在这时，元仁宗在延庆出生了。元仁宗当皇帝后，让当年太史的预言成真了。他学习汉法、以儒治国，恢复科举制，重开汉人晋升渠道，堪称元朝一代明君。

为继续宣扬自己以文治国的思想，元仁宗延祐三年（1316年），加封追赠张亚子为文昌帝君。从此，文昌帝君张亚子，便成为读书人的保护神，而文昌宫也自然就成为天下学子祭祀的神圣之地。说来也巧，目前所见，整个延庆地区只有千家店有一座文昌宫，堪称黑暗沙漠中文化的一盏明灯。

那么，修建文昌宫的钱是从哪儿来的呢？没错，是大家捐建的。奎成、增椿是千家店官职最高的官员了，他们俩倡议创建的文昌宫，其他在千家店为官的旗人肯定要捐钱，也算是给上级"捧场"了。不仅如此，独石口的八旗官员也捐了不少钱，算是对同事工作的支持。

《文昌宫碑》记"管理独石口千家店防守尉、加六级、纪录二十五次，祥崐捐钱五吊；左翼致政防御，安德捐钱五吊；左翼防御、加一级，乌林捐钱六吊；左翼骁骑校、加一级，巴泥泰，右翼骁骑校、加一级，吉禄各捐钱六吊；左翼副骁骑校文启、右翼副骁骑校普明、笔帖式奎亮、笔帖式格图肯各捐钱三吊六百文；驻防千家店左翼掌关防防御、加一级，奎成捐钱二十吊；驻防千家店右翼防御、候补绿营都司员缺、加一级，增椿捐钱六十吊；右翼骁骑校、加一级，发福哩捐钱五十吊；左翼副骁骑校福泥杨阿、左翼正蓝旗领催文光、右翼正黄旗领催锡斌、右翼镶蓝旗领催福明、左翼正白旗领催吉泰各捐钱二拾吊"。清代一吊钱相当于一两银子、一千文钱，就是一千枚铜钱。粗算下来，旗人为创建文昌宫捐了二百七十二吊四百文钱，相当于二百七十二两银子。旗人为创建千家店文昌宫碑出了大部分钱。恒兴魁、万顺永、增盛恒、庆合永、济缘堂等一些商号和当地乡绅名士也捐了一些钱。

可以说，没有八旗官员的资助，文昌宫肯定是建不起来的。文昌宫是千家店防御奎成、增椿倡导修建的，他们也捐了很多钱。增椿捐钱最多，有六十吊。另外，右翼骁骑校、加一级，发福哩捐钱五十吊，是第二多的，他很可能是奎成或增椿的朋友。

《文昌宫碑》的撰写者、国子监候补学正、桐城姚翔之在碑文最后对防御官奎成、增椿大加夸赞。其云："今奎、增君以防御是所，犹能本化民成俗之意，兢兢焉以文教为先，则岩栖穴处诸民，睹庙貌之辉煌，仰神灵之赫濯，莫不怃然。"意思是说奎成、增椿虽然是八旗武将防御官，但是却能想到用文化教育的方式改变人们的陋俗，就算那些居住在洞穴中的人，看到庄严辉煌的文昌宫，也会受到文化的洗礼了。姚翔之又说："于是非邪正，而相励以孝悌忠信礼义廉耻之风，由是文教行而礼俗敦，礼俗敦而民气厚，未始非是举有以基之也。"意思是说受过文化教育的人，懂得是非邪正、礼义廉耻，长此以往，文化教育之风就会在千家店发展下去，人们懂得礼仪了，民风就会变得淳朴，这是万物发展的基础。由此可见，千家店的八旗防御官是十分重视文化教育的，没有他们，就不会有文昌宫，他们为千家店的文化教育做出了重要贡献。

文昌宫建起后，马上成为千家店文人的精神图腾，大家纷纷去祭拜，希望能考取功名，光宗耀祖。在千家店八旗官员的倡导下，千家店人很快改变了陋习，仁义礼智信等儒家文化逐渐在千家店生根发芽，人们养成了文明有礼的生活方式，形成了社会新风尚。而且，人人都以学习为傲，把科举考试当作毕生的追求。在这种社会风气下，千家店马上出现了一群中举的文人，以"韩氏家族"最为出名。

较为可惜的是，今天我们已经看不到旗人修建的文昌宫了，但是千家店重文兴教的传统仍在。

## 捐钱重修花盆关帝庙

根据《重修关帝庙碑记》所记，嘉庆十四年（1809 年），在穆公的主持和住持园德的资助下，关帝庙进行了重修，但因财力有限，有的房屋没有修缮，过了几年后，有的房屋开始残破。住持园德想要拿出一生的积蓄修缮寺庙，但千家店旗人不忍心看其倾其所有，纷纷表示愿意捐钱修缮。碑刻记："本处旗民安忍其耗费一空，而遗他日有乏用之累。因之，各捐资财，稍助其丰，以为共勷之举。凡殿宇楼台，禅舍配房，皆遍为揭瓦，修补一新，而工程也告竣矣。斯时也，圣像与殿宇重新堂哉皇哉，乐楼与配禅齐整巍乎焕乎！"可以说，在千家店旗人的资助下，关帝庙再次焕然一新。碑刻对旗人的义举评价极高，其记："此则和尚与旗民义举，也应为神灵之所默鉴也。所以然者，旗人思叨龙光，庶民默承天眷，建庙供佛，期享祀之，不忒修祠设祭，求福禄之永久。则壮观瞻于一世，绵香烟于百年，岂非一方之盛世哉？兹因工程事毕，特书之于碑，以志不朽云。是为序。"可以说，没有旗人的帮助，住持园德是无法完成关帝庙的修缮的。

花盆在清代有一名骁骑校驻防，领十名八旗兵，花盆算是千家店八旗驻防的一个重要节点。在花盆重修关帝庙，这些八旗官兵肯定是要捐钱的，一方面可以收买人心，算作政绩的一部分，另一方面也可以名垂青史。《关帝庙碑》记："旗人施钱一千文以上者：骁骑校尉三千文、常胜保一千五百文、郝升额一千文、乌尔希布一千文、德玉一千文、衣勒图一千文；福胜保六百文；以下各五百文：哲英额、德敏、惠英、扎拉贵阿、额腾额、德广、舒敏、业布充额、倭成额、喜泰、玉贵、穗林布、观德、书隆阿、清安天、伯乡额、蟾玉、尚安布、蟾福、升额布、福林布。"当时的花盆骁骑校捐了三千个铜钱，是旗人里面最多的，这也和他的身份地位相符。其余捐钱的旗人应该都是千家店八旗中下层军官、士兵，以及看管佃户种地的旗人庄头。

根据《关帝庙碑》所记，当地汉人捐钱更多，最多的人捐了"十千二百文"，远超旗人。但这不影响旗人为重修关帝庙所做的贡献，证明千家店旗人对修缮寺庙一直比较重视。

## 修建朝阳寺

一直到清朝灭亡前，千家店驻防八旗都很重视寺庙的修建。《重修千家店朝阳寺碑记》记清朝灭亡的前一年，即宣统三年（1911年），"经信官弟子景公运，纠合会人等，祝祷于泰山圣母宫前"。此景公运，应该就是千家店八旗骁骑校关景运。碑文又记泰山圣母宫创建于清代康熙年间。泰山圣母宫也叫奶奶庙、娘娘庙，是供奉碧霞元君的，证明其最初是一座道观。很可能也是旗人倡导修建的。

《重修千家店朝阳寺碑记》记泰山圣母宫残破严重，关景运与其他人"将殿宇禅堂、钟鼓二楼、戏台、社房、围墙，一概修葺，焕然一新"。这个泰山圣母宫重修后就改名朝阳寺了。碑文记录的捐赠者有"经理信官弟子、防御隆丰、永兴"。防御官隆丰、永兴和骁骑校关景运都是八旗官员，证明直到清朝灭亡前夕，千家店驻防八旗官员仍然很重视寺庙建设。其他捐赠人是总经理会事，其中有天会店、恒兴魁、韩登元等，天会店、恒兴魁是商号。前面说的《千家店文昌宫碑记》捐赠人里也写了恒兴魁，恒兴魁很可能是北京商号，这证明清朝末年北京商号在千家店也有生意。

除文昌宫、关帝庙、朝阳寺外，现在千家店还有沙梁子龙王庙、石槽

千家店朝阳寺

佛爷庙等很多寺庙建筑，虽未发现记载旗人修建的史料，但它们很可能也是旗人倡导修建或捐资修建的，毕竟清代旗人都是在千家店当官的。

## 第二节　清代寺庙建筑美　传承文化与美德

根据碑刻所记，有清一代，千家店驻防八旗十分注重对千家店传统文化和美德的传播，修建了大量寺庙。因千家店山高皇帝远，远离战火，很多寺庙都保留至今，成为见证千家店清代历史的物证，也代表着清代寺庙的建筑之美。而且寺庙内还保留了很多碑刻、壁画，是研究千家店清代历史的重要资料。这些寺庙虽然后来经过修缮，但主体建筑仍以清代为主。

### 花盆关帝庙及戏楼建筑群

花盆关帝庙位于花盆村西。关帝庙东为民居，南为千沙公路，北为耕地，西侧靠山。该庙始建于清代，嘉庆十四年（1809年）重修。

2011年，花盆村戏台及关帝庙被公布为市级文物保护单位。关帝庙是供奉关公的庙宇。

一进院内还存有"重修关帝庙碑"一通，石刻花盆一件。重修关帝庙碑为圆首，青石质，通高1.57米，宽0.6米，厚0.18米，立于砖砌碑廊内，字迹模糊，很难分辨。花盆高0.24米，直径为0.45米，厚0.21米，浮雕莲瓣三层，沙砾岩石质，雕工较粗糙。这就是前文所说的金元时期花盆。
这证明花盆村拥有十分悠久的历史，是整个千家店地区历史最悠久的地方
之一。山门外左右各有旗杆座，立有旗杆。关帝庙供奉着关帝、龙王、五仙、
娘娘等众多神仙，是延庆东部山区多神信仰最具代表性的一处古建筑群。

　　庙为两进院落，坐北朝南，占地面积约 850 平方米。现有山门、正殿、
后殿、东西配殿、钟鼓楼等建筑。山门面阔一间，进深三檩，通面阔 2.9 米，
进深 4 米，建筑面积约 12 平方米。木板门上有门额一方，书"永庆升平"
四个大字，落款为"康德元年秋月立"。康德（1934—1945 年）是伪满洲
国皇帝溥仪的年号，证明匾额题字是伪满洲国时期所写，千家店在历史上
曾属于伪满洲国。钟、鼓楼位于山门两侧偏北，建筑形制相同，东侧为钟
楼，西侧为鼓楼，均面阔一间，进深四檩，通面阔 2.8 米，通进深 2.8 米，
建筑面积各约 8 平方米。筒板布瓦，硬山卷棚顶，水泥地面，有水泥材质
三级如意踏跺。

　　正殿坐北朝南，面阔三间，进深六檩，通面阔 10 米，通进深 7.6 米，
建筑高 3.0 米，建筑面积 76 平方米。殿内供奉神像三尊，关公居中，关平
和周仓分立左右。东西山墙被云纹分成方格，格中绘有三顾草庐、单刀赴
会、义释曹操、水淹七军等三国故事连环壁画。关帝庙壁画下部为龙王庙
题材的《龙王行雨图》和《雨毕回宫图》，笔触细腻，人物生动，栩栩如生，
关键部位有沥粉贴金。东配殿面阔五间，进深五檩，通面阔 15.8 米，通进
深 5.7 米，建筑高 2.6 米，建筑面积各 90.1 平方米。

花盆关帝庙

后殿坐北朝南，面阔三间，进深六檩，前出廊，通面阔8.5米，通进深5.8米，建筑高2.8米，建筑面积49平方米。殿内供奉神像三尊，三面山墙均绘有彩画，东西山墙为十殿阎罗及十八层地狱，也均用云纹分成方格，每格一幅。壁画色彩鲜艳，故事生动，形象逼真，极富感染力。后山墙也绘有云纹及背光。

花盆关帝庙是千家店地区复杂多神信仰的体现。关帝即关羽，是三国时期历史人物，忠勇双全，后来，关羽渐渐成为人们对"忠义"品德追求、信奉的精神符号。自唐代起，民间已经出现供奉关羽的庙宇，到了宋代末年，民间尽是供奉关羽的祠庙。到了明代，关羽正式进封"帝王级别"，万历四十二年（1614年），明神宗敕封关羽为"三界伏魔大帝神威远镇天尊关

圣帝君"。到了清代，对关帝的供奉被纳入到了国家祀典。经过了明清时期的广泛发展，对关羽忠义精神的信仰达到了鼎盛，民间遍地兴建关帝庙。关帝信仰融入了儒、佛、道三家信仰体系，民间信仰多俗称关圣帝君、关圣帝、关帝爷、帝君；道教尊为协天大帝、伏魔大帝、翊汉天尊；佛教奉其为伽蓝尊者、伽蓝菩萨；儒宗神教扶鸾信仰者多奉为五恩主之首，俗称恩主公。此外，花盆关帝庙还包括龙王、碧霞元君、五仙等自然崇拜等内容，是千家店地区特殊多神信仰的体现。千家店在明代属蒙古人驻地，花盆关帝庙应该建于清初。

花盆戏楼位于花盆村西部，与花盆关帝庙相对。戏楼最晚建于康熙三年（1664年），道光六年（1826年）重修。过去每逢庙会，戏楼都会有戏剧演出，曾是花盆地区的文化活动中心。戏楼为卷棚式敞厅，典型清式建筑风格，坐南朝北，面阔三间，进深六檩，通面阔 8.0 米，通进深 8.9 米，建筑高 2.9 米，建筑面积 71.2 平方米。在戏楼的脊檩下皮有文字，西侧为"康熙三年孟秋月□□"，东侧字迹不清。这是目前所见千家店地区最早的纪年。

原放于关帝庙内的铁磬

戏楼顾名思义就是看戏的地方，千家店八旗驻防骁骑校曾驻花盆，有十名马甲，花盆戏楼最开始很可能是给八旗军官、士兵看戏的场所，后来逐步演变成为民间庙会唱戏、演戏的地方。

新中国成立前，每年的农历四月二十八日都要在花盆关帝庙举行隆重的庙会，影响很大。1995 至 1996 年，文物部门和花盆乡共同筹集资金对关帝庙进行了部分维修。2008 年，由北京市文物局拨款，在延庆文委的主持下又进行了挑顶大修，目前保存状况较好。

值得一提的是，花盆关帝庙内还有一件铸有明代纪年的铁磬，纪年更早，但无法确定它的来源。据说这个铁磬一直放在关帝庙内，后来为防止失窃，放到了延庆文物管理所。铁磬四周铸有"万历三年……万历二十七年"等字，证明这是明代铸成的。但不一定是在千家店铸造的，有可能是在别的地方铸成，清代搬移到关帝庙的。

## 千家店朝阳寺

千家店朝阳寺位于千家店村西约五百米的山坡上，始建于清康熙年间，宣统三年（1911 年）重修，1998 年被公布为县级文物保护单位。该寺为一处三进院落的建筑群，属佛道合一的寺庙，创建至今的四百年间，每年的农历四月十八日和九月初九日这里都要举行庙会活动，其时，赶庙会的游客摩肩接踵，香火极盛。

朝阳寺庙会

朝阳寺庙会

千家店朝阳寺

朝阳寺占地面积为 1150 平方米，坐北朝南，呈长方形，为三进四合院形式，由中轴线自南向北依次排列，一进院为山门、钟鼓楼、东西厢房，二进院为东西配殿、过殿，过殿东侧有独立小院，三进院为东西配殿、正殿。

山门殿面阔三间，进深五檩，通面阔 5.8 米，通进深 3.5 米，建筑高 2.9 米，建筑面积 20.3 平方米。山门殿外檐挂有一卧匾，红底金字，上书"朝阳寺"三字。钟、鼓楼建筑形制相同，均面阔一间，进深一间，通面阔 2.4 米，通进深 2.4 米，建筑面积各 8 平方米。筒板布瓦，四角攒尖顶，水泥地面和台基，三级水泥如意踏跺。东、西厢房均面阔三间，进深五檩，通面阔 9.5 米，通进深 5.2 米，建筑高 2.5 米，建筑面积各 50 平方米。地平及建筑略低于二进院。

第二进院东西配殿均为阎王殿，过殿为娘娘殿，娘娘殿后有抱厦，为韦驮殿。过殿坐北朝南，面阔三间，进深六檩，前出廊，通面阔 10 米，通进深 7.2 米，建筑高 2.7 米，建筑面积 72 平方米。匾为红底金字，上书"娘娘殿"三字。殿内有送子娘娘等各类造像 17 尊。东西配殿均面阔三间，进深五檩，通面阔 7.3 米，通进深 5.5 米，建筑高 2.5 米，建筑面积各 41 平方米。匾为红底金字，均上书"阎王"二字。殿内有十殿阎罗、鬼王、判官等造像共计 18 尊。抱厦坐南朝北，面阔一间，进深一间。内有韦陀一尊，匾为红底金字，上书"韦陀"二字。过殿东侧单辟一小院，建有"白仙庙"。白仙庙坐北朝南，面阔三间，进深六檩，通面阔 7.3 米，通进深 5.9 米，建筑高 2.8 米，建筑面积 43 平方米。匾为红底金字，上书"白仙庙"三字。

第三进院西配殿为火神殿，面阔三间，进深五檩，通面阔 7.5 米，通进深 5.4 米，建筑高 2.6 米，建筑面积 41 平方米。匾为红底金字，上书"火神"二字。殿内有火神及童子造像共计五尊。东配殿为药王殿，建筑形制与西配殿相同，殿内有药王及童子造像共计五尊。

正殿为"佛殿"，坐北朝南，面阔三间，进深六檩，前出廊，通面阔 10 米，通进深 7.2 米，建筑高 2.6 米，建筑面积 72 平方米。匾为红底金字，上书"佛殿"二字。殿内有横三世佛及其胁侍造像共计九尊。

整个寺院共有单体建筑 12 处，计 34 间，建筑排列有序，左右基本对称。中院有古松一株。院内存放有清宣统三年（1911 年）"重修朝阳寺"石碑一通，碑已残，据碑文记载，该寺为清康熙年间创建。1993 年年初，乡政府又重新进行了修缮。整个寺院建筑风格近似于清式，但地方特色不明显，佛像彩绘为山西做法。现朝阳寺为开放单位，有专人看管，保存状况较好。

根据《重修千家店朝阳寺碑记》所记，在千家店驻防八旗骁骑校关景运的带领下，组织大家对朝阳寺进行了修缮，八旗防御隆丰、永兴都对修缮进行了资助。这些证明，直到清朝快要灭亡，千家店八旗仍是很注重千家店寺庙的修补、建设的。也证明一直到清朝灭亡，千家店仍在八旗的管控之下。

现存朝阳寺与其说是寺，不如说是一个佛道融合的产物，朝阳寺体现了明清以来佛道信仰融合的发展趋势。朝阳寺内有送子娘娘塑像，还有白仙庙、火神殿、药王殿，以及火神、药王及童子塑像，这些都是民间信仰，和前身泰山圣母宫有关。所以整体来看，朝阳寺和道教的关系更大。

## 沙梁子龙王庙

沙梁子龙王庙位于沙梁子黑龙潭自然村东南约百米。龙王庙前的黑河在此处汇为深潭后顺流南下，名为"黑龙潭"（乌龙峡谷），是千家店一处有名的风景名胜。龙王庙始建于清初，1919 年重修，1993 年被公布为县级文物保护单位。现存建筑为两进院落，但围墙范围较广，整个院落占地约 4500 平方米。中轴线由南向北依次为山门、钟鼓楼、东西厢房、东西配殿和正殿。

山门坐北朝南，面阔一间，进深三檩，通面阔 3.3 米，通进深 3.4 米，建筑高 2.6 米，建筑面积 11.2 平方米。山门两侧有侧门。钟、鼓楼建筑形制相同，均面阔一间，进深一间，通面阔 2.4 米，通进深 2.4 米，建筑面积各 5.8 平方米。东厢房面阔三间，进深五檩，通面阔 8.1 米，通进深 4.5 米，建筑高 2.5 米，建筑面积 37 平方米。

二进院东配殿为五仙殿，面阔三间，进深六檩，前出廊，通面阔 6.8 米，通进深 4.6 米，建筑高 2.7 米，建筑面积 32 平方米。匾为红底金字，上书"五仙殿"三字。西配殿为药王殿，形制与东配殿相同。

正殿为龙王宝殿，坐北朝南，面阔三间，进深六檩，前出廊，通面阔 9.8 米，通进深 6.1 米，建筑高 2.8 米，建筑面积 60 平方米。匾为红底金字书，上书"龙王宝殿"四字。

龙王庙为清式建筑风格，原建在高约 1.6 米的平台上。1983 年，正殿西北角倒塌，同年重修。此后经过多次维修，2008 年又进行了大修，并扩大到现在的规模。院内现在还有新建的戏楼、六角亭各一处，保存现状较好。

龙王是古代神话传说中在水里统领水族的王，掌管兴云布雨。传说龙能行云布雨、消灾降福，象征祥瑞。明清以来，民间各地广泛兴建龙王庙。沙梁子龙王庙在黑龙潭村，黑龙潭得名于村庄西侧黑河之深潭，《口北三厅志》记其为"龙潭"。可想而知，黑龙潭附近应该经常有水患，所以才在这个地方建龙王庙，希望龙王能保佑河水不泛滥。

千家店历史上应该也有过洪水泛滥的时候，兴建过一些龙王庙，祈求洪水退去，不要破坏庄稼。红旗甸现在仍有一座龙王庙，红旗甸村旁就是红旗甸河。前面说的《重修千家店朝阳寺碑记》碑阴就记载了一处龙王庙，现已不存。

## 石槽佛爷庙

石槽佛爷庙位于石槽村西北山谷内，四周林木茂盛，人迹罕至，为普查登记文物。佛爷庙坐北朝南，面阔一间，进深五檩，通面阔 3.9 米，通进深 4.5 米，建筑高 1.9 米，建筑面积 17.6 平方米，为 20 世纪 80 年代重建。

庙内存放三座石香炉，雕有吉祥图案，雕工粗糙，为原庙遗物。

庙东侧约一百米的崖壁上有墨书经文，但因年代久远，整体很难辨识。初步判断，部分墨书可能是《诗经》，很可能是当时居住在寺庙中的人"练笔"写的，书写年代应该是清代。

佛爷一般来讲就是释迦牟尼，也就是如来佛祖，所以，石槽佛爷庙应该是供奉释迦牟尼的。石槽在古代就开采铜矿、冶炼，明代就是蒙古东土默特人驻牧的一

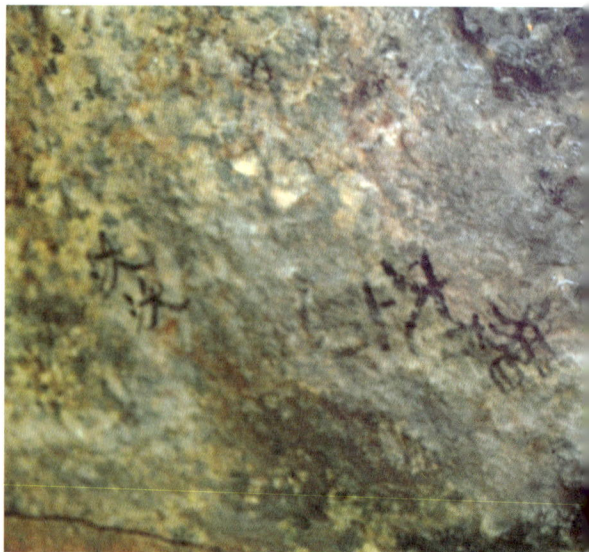

*崖壁墨书（局部）*

个据点，历史悠久。这个佛爷庙的始建时间应该不会太晚。佛爷庙周围有宽沟纹砖，属辽金时期。初步查看建筑基础石条，年代应不会太晚，这座庙宇很可能最晚在辽代已经修建，金代仍有建筑。清代在前人基础上重建了佛爷庙。

## 石槽胡仙庙

石槽胡仙庙位于石槽村西北山谷内，紧邻石槽佛爷庙，始建年代不详，普查登记文物。该庙坐北朝南，面阔一间，进深五檩，通面阔 3.5 米，通进深 4.4 米，建筑高 1.5 米，建筑面积 15.4 平方米。庙内存放一座石香炉，雕有吉祥图案，雕工粗糙，为原庙遗物。庙为 20 世纪 80 年代重建。

那么，胡仙是什么呢？在中国神话传说中，胡仙被称作一位具有神仙力量的仙女。传说中，胡仙会为人们带来好运、平安和幸福，因此深受人们的尊敬和爱戴。在科技不发达的古代，人们常将胡仙作为一种神灵崇拜，并将其视为辟邪卫道的守护神。在一些地方的民间信仰中，胡仙还被视为能够战胜各种鬼怪，保护民众平安的重要神仙。

据说，胡仙会保佑人们免受疾病的困扰，让人们身体健康、长寿。此外，胡仙还被认为是爱情、婚姻和家庭幸福的守护神，能够给人们带来幸福和美好的爱情。同时，胡仙也是各类经商人士的守护神。传说中，胡仙也会给商人带来好运和财富，保佑他们的事业兴旺发达。在中国传统文化中，胡仙是一种非常神秘、几乎神圣般的存在。人们常常为自己的事业、家庭、健康、婚姻或是财运等方面祈求胡仙的保佑和庇护。对于胡仙的信仰，并不限于某一地区或是某些人群，而是在整个中国甚至一些海外华人中都非常流行。人们常常会前往胡仙庙进行祈求，希望胡仙可以保佑自己获得成功或是免受困扰。

还有一种说法，认为胡仙就是狐狸，是一种原始的自然崇拜。过去在山野中狐狸是比较常见的一种野兽，它一般都是夜晚出来活动，而白天都是躲在洞穴里面睡大觉。再加上狐狸这种动物生性狡猾、聪明，它的记忆力很强，听觉和嗅觉都很发达，同时它不像其他的犬科动物以追捕的方式获取食物，更多的是想尽各种办法以计谋来获取猎物。而且精明的狐狸还会假装受伤，或者是装死来引诱其他的动物和人。在遇到危险的时候还有一套"装死"的本领，从而骗过猎人。古代的人们要经常上山砍柴什么的，可以说，每天都要面对野生动物，而狐狸恰好可以用聪明智慧躲开凶猛的野兽，人们也想像狐狸一样，就渐渐形成了对狐狸的崇拜。因为狐狸总是神出鬼没，长此以往，人们就把狐狸和神兽、神灵联系起来，开始供奉起了狐狸，称为胡（狐）仙，建起了胡仙庙。

总的来说，胡仙是一种非常受人尊敬和爱戴的神仙，在中国的神话、传说中扮演着非常重要的角色。人们常常都会抱着虔诚的心灵拜祭祈求，希望这位神仙可以给予自己和家人幸福和保佑。自清代以来，民间各地胡（狐）仙庙林立。石槽附近举目是山，古人曾在石槽山中开采铜矿，在山沟中冶炼，而且人们也会上山砍柴、打猎，经常会遇到凶猛的野兽。可以说，不被野兽攻击，是当时人们生产生活的最大愿望。石槽胡仙庙内的石刻和佛爷庙石刻相同，应该都是清代所刻。

## 红旗甸龙王庙

红旗甸龙王庙位于红旗甸村东南角，位于山坡地上，四周林木茂盛。庙坐北朝南，面阔一间，进深六檩，通面阔3.9米。通进深5.5米，建筑高1.5米，建筑面积21.5平方米。20世纪80年代由村民重修，大木架及墙体均为原构件，但殿内彩画为新绘，保存现状一般。

红旗甸龙王庙也是清代始建，因为明代千家店属蒙古东土默特人控制，不会修建这些庙宇。红旗甸龙王庙就位于红旗甸河旁，显然是为了祈求龙

红旗甸龙王庙

王保佑红旗甸河水不要泛滥而修建。

## 千家店清代庙宇列表

| 名　　　称 | 地　点 | 始建年代 |
|---|---|---|
| 佛爷庙 | 石槽村 | 辽金 |
| 戏楼 | 花盆村 | 清康熙三年（1664 年） |
| 朝阳寺（原为泰山圣母宫） | 千家店村 | 清康熙年间 |
| 泰山庙 | 千家店村 | 清代 |
| 山神庙 | 千家店村 | 清代 |
| 武庙 | 千家店村 | 清代 |
| 文昌宫 | 千家店村 | 清道光三十年（1850 年） |
| 龙王庙 | 千家店村 | 清代 |
| 龙王庙 | 红旗甸村 | 清代 |
| 龙王庙 | 黑龙潭村 | 清代 |
| 山神庙 | 花盆村 | 清代 |
| 关帝庙 | 花盆村 | 清代 |
| 胡仙庙 | 石槽村 | 不详 |
| 大悲庙（寺） | 不详 | 清代 |

除以上遗留至今的清代寺庙外，清代史料还记载了很多千家店的庙宇，可惜已经消失。《口北三厅志》记泰山庙在西千家店西北山上，也就是今西店村北山上在清代建有泰山庙。大悲庙在千家店。《重修千家店朝阳寺碑记》碑阴记龙王庙香火地时记："头一段：东至官地，以直至白河，西至河沟，南至河沟，北至大悲寺香火地为界。"此大悲寺应该就是《口北三厅志》所云大悲庙。《口北三厅志》又记山神庙在花盆。《口北三厅志》在记载村庄的时候提到了山神庙，证明清代在山神庙附近还形成了村庄。《重修千家店朝阳寺碑记》记西店村西山有山神庙。以上寺庙今已不存。另外，《口北三厅志》记无碍寺在滴水崖口外东南，今废。此庙现已不存，此无碍寺也被记为吾爱庙，是东土默特人活动的核心地区，应该不在今千家店界内，很可能在白河堡水库北侧地区。听村民讲述，原白塔南沟村北曾建有一座寺庙，现已不存，有可能是清代所建。

千家店现在遗存了很多清代寺庙，在史料中还查到了很多已经消失的清代寺庙，证明清代千家店是一个寺庙修建较为繁盛的地方，庙宇林立。这也从侧面反映了千家店地区在清代社会是较为稳定的。民间文化与信仰得到了长期的传承与发展。

## 第三节　韩家大院留遗迹　人才辈出美名扬

和延庆州不一样，千家店属专管旗人事务的独石口厅管理，而旗人和汉民教育方式不同，清廷是十分重视旗人教育的，这间接推动了千家店教育的发展。加上旗人官员的大力支持，清代千家店逐渐形成了"重文兴教"的传统。

韩氏家族几代人学习古文、考取功名，最后才造就了千家店晚清时期屈指可数的大家族——韩氏家族。这都要归功于清代千家店地区的教育的发展。有清一朝，旗人和汉民学堂是有很大不同的。清廷为旗人设立旗学、官学、私塾三种学习方式，有严格的入学资格限制。清廷在各个驻防的地方建立了地方性的八旗官学。八旗官学、旗人书院、八旗义学、旗人私塾构成了清代旗人完整的教育体系。旗人上学有严格的考试和奖惩制度，这可以保证旗人可以得到良好的教育。和汉人一样，旗人也要参加科举考试，并且还要会弓马骑射，所有考中举人的八旗子弟，必须通过骑射。所以，清代的旗人要想向上发展，必须文武全能。正是因为朝廷重视旗人的教育，所以清代千家店的教育质量很高，出现了私塾和学校，涌现出了一批科举中第的文化人，"韩氏家族"就是其中的佼佼者。像所有古代中举的人一样，韩氏族人中举后不忘为家族人造福，修建了"韩家大院"，家族墓地修建得也很有"排场"，这些都是千家店不多见的。

### 韩家大院石刻

韩家大院石刻位于前山村北韩振家门口，石刻基本在韩振家门口两侧，有石旗杆座、上马石、门鼓等十一件。其中石旗杆座两件，立于韩家大门两侧，下部为两块长方形青色花岗岩夹杆条石，顶部各有一方形青石须弥座，四周雕刻莲花图案，通高 1.32 米，长 0.66 米，宽 0.64 米。有四件上

马石，大小不一，放于旗杆前方，石台阶最下层由上下两块形制相同的须弥座组成。大上马石两件，露出地表部分高 0.59 米，长 0.63 米，宽 0.61 米；小上马石两件，露出地表部分高 0.3 米，长 0.65 米，宽 0.34 米。大门口两侧还有两只抱鼓石，上有精美刻花，露出地表部分高 0.38 米，长 0.61 米，厚 0.24 米。拴马桩三件，位于大门两侧平台上，方形，顶部有雕花和方形石孔，露出地表部分 1.1 米至 1.6 米。

贴近查看，这些石刻制作十分考究、精美，刀法老练，刻画极为精细、繁缛，具有典型的清代晚期制作风格。这些精美的清代石刻在千家店地区是绝无仅有的。过去这里住着韩振一家，这个大宅子是不是韩振祖上的宅子呢？据前山村老人讲述，这里曾经有一座韩家的大宅子，韩家过去是书香门第，大户人家，清末时还出过秀才，算是晚清千家店地区最有钱的人家了，北京城内、延庆县城，都有他家的店铺。据韩家后人讲述，老宅是

伪满洲国"归围子"时拆毁的，后又经历年拆迁，现已所剩无几，仅有现存的十一级垂带踏跺，还能隐约让人感受到原有建筑的辉煌。

## 韩家坟碑刻

中国古代大户人家一直都有修建坟茔的传统，既然韩家是千家店晚清时期最有钱的大户人家，肯定也会修建坟地。

1997 年，文物工作者在前山村西发现了一处大型晚清坟地，根据墓碑上的刻字，确定是韩家祖坟。坟地占地约 200 平方米。坟地现在存有五通墓碑，皆插在石基座上。墓碑皆为上部半圆下部长方形的形制，和现代墓碑外形基本一样。皆青石质，通高 1.3 米、宽 0.6 米、厚 0.15 米左右。其中一通墓碑首额为楷体阴刻"灵爽"二字，下面有一莲花纹横条带与碑正文相隔。首题"奉祀"，正中刻写"皇清故显考讳韩耀之墓"，落款"大清同治元年孟秋榖旦"，榖旦就是晴朗美好的日子。墓碑四周皆刻有纹饰。另一通墓碑也是首额"灵爽"二字，首题"奉祀"，正中刻写"皇清例赠登仕郎号耿光韩公之墓"，落笔为"大清光绪捌年三月榖旦"，纹饰、形制与前一通墓碑基本相同。灵爽本义是指精气、自然界的云气，也指神灵、神明、中心、内心等。在墓碑上指逝者的灵魂。韩耀墓是同治元年（1862 年）所立，证明在同治元年以前，韩氏

韩家坟韩耀墓碑

家族就在千家店生活了。

　　光绪八年（1882 年）立的韩耿光墓碑记其曾是"登仕郎"。清朝登仕郎是一种特殊的官职，通常被授予有功名的文人，是一种荣誉官职。在清朝的官制中，登仕郎属于九品官员，虽然是最小的官职，但是其地位非常重要。登仕郎通常被授予通过科举考试的举人，是一种表彰其学识和才能的官职。虽然登仕郎的权力和职责并不大，但是其象征意义却非常重要。登仕郎象征着皇帝对文人的尊重和重视，同时也代表了文人在社会中的地位和声望。作为九品官员，登仕郎的职责和权力并不大，主要负责一些文书工作和地方行政管理。但是，由于其象征意义非常重要，登仕郎在封建社会中的地位和声望非常高。尤其是在明清时期，许多文人都把获得登仕郎的荣誉视为人生的最高荣誉。所以，登仕郎不是一个实际的官职，而是朝廷给通过科举的文人们的一个称号。一个人被授予了登仕郎，就代表着有很高的学识，也是一种身份地位的象征。那么，韩耿光被"例赠登仕郎"，证明他极有可能是通过了科举考试的举人。在当时的千家店应该是一位了不起的人物。这也和前山村现在流传韩家祖上出过秀才可以对上了。

韩家坟韩耿光墓碑局部

　　除韩耿光外，韩家坟的墓碑上还记光绪八年（1882 年）韩国义也成了登仕郎。但是不同的是，韩耿光墓碑刻的是"皇清例赠登仕郎"，而韩国义是"皇清待赠"，一字之差，却千差万别。"例赠"的意思是循例赠予官爵，指朝廷推恩把官爵授给官员已去世的父祖辈。"待赠"是等待朝廷的追赠或追认。"待赠"一词常用于描述对某人死后进行的追加或追认的封赏或官职，表达了对于逝去人员的一种荣誉认可，但这种追赠往往是基于生前功绩或其后代的功绩。也就是说，韩耿光算是正式的登仕郎，而韩

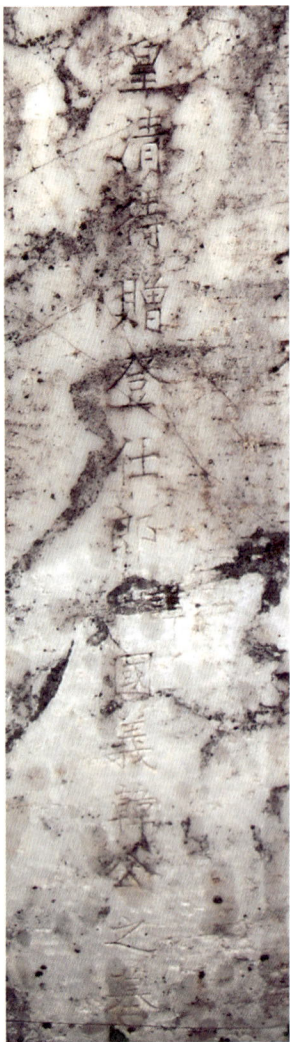

韩家坟韩国义墓碑局部

国义是"准"登仕郎，还要等待最后的确认。相同的是，二人在成为登仕郎的时候都已经驾鹤西游了，生前没有福分享受此殊荣。韩耿光的儿子很可能在当时做官，所以朝廷才会追认其父为登仕郎。韩国义本人很可能生前有功或者其后代有功绩，所以朝廷才会考虑追认其为登仕郎。但无论怎样，韩耿光和韩国义生前肯定是学识较高的人，有可能是举人，因为登仕郎基本是授予举人的。

韩家虽然人才辈出，但目前在史料中还未查到韩耿光、韩耀。但在碑刻中发现过其他韩氏族人。清代千家店属八旗管辖，韩氏家族为了在当地发展得更好，肯定也要和八旗"走动"。宣统三年（1911年）《重修千家店朝阳寺碑记》在末尾刻录了捐钱重修朝阳寺的人："经理信官弟子：防御隆丰、永兴。总经理会事：天会店、李瑞山、韩登云、恒兴魁、于明顺、胡开福、韩登元、李德山、王义。"这里面的韩登云、韩登元很可能就是韩氏族人。证明到了清代末期，千家店韩氏家族仍然是当地大户，很有"经济实力"。

根据对千家店老百姓的采访，结合墓碑，可知韩氏家族是清代千家店的大家族，出现过秀才，家族中的人获赠"登仕郎"这一文人的至高荣誉，这些都体现出了清代千家店教育的快速发展。发展壮大的韩氏家族不忘"建房修坟"，为我们留下了弥足珍贵的清代文化遗产。

# 附 录

## 1. 千家店古今地名对照表（包括迁移村）

| 现名 | 明代名 | 清代名 | 来源 |
|---|---|---|---|
| 白塔南沟村 | 白塔儿 | 白塔儿 | 蒙古语 |
| 上德龙湾村 | 不详 | 多罗湾 | 蒙古语 |
| 下德龙湾村 | 不详 | 多罗湾 | 蒙古语 |
| 上奶山村 | 不详 | 奶子山／乃字山 | 蒙古语 |
| 下奶山村 | 不详 | 奶子山／乃字山 | 蒙古语 |
| 收粮沟村 | 不详 | 首领沟 | 蒙古语 |
| 大石窑村 | 不详 | 大石窑 | 蒙古语 |
| 下马鹿沟村 | 不详 | 下马路沟／马鹿沟 | 蒙古语／满语 |
| 西套沟村 | 不详 | 不详 | 蒙古语 |
| 耗眼梁村 | 不详 | 不详 | 蒙古语 |
| 照山洼村 | 不详 | 不详 | 蒙古语 |
| 石湖村／石湖沟／西石湖沟 | 不详 | 不详 | 满语 |
| 花盆村 | 不详 | 花盆镇／花盆岭 | 汉语 |
| 田仓米道村 | 不详 | 前仓米道 | 汉语 |
| 车道沟村 | 不详 | 车道沟 | 汉语 |
| 黑龙潭村 | 不详 | 龙潭 | 汉语 |
| 三潭沟村 | 不详 | 龙潭 | 汉语 |
| 四潭沟村 | 不详 | 四潭沟／龙潭 | 汉语 |
| 滴水壶景区 | 不详 | 滴水壶／滴水湖 | 汉语 |
| 龙潭子东沟 | 不详 | 龙潭 | 汉语 |
| 关帝庙 | 不详 | 关帝庙 | 汉语 |

| 现名 | 明代名 | 清代名 | 来源 |
|---|---|---|---|
| 朝阳寺 | 不详 | 泰山圣母宫 / 朝阳寺 | 汉语 |
| 文昌宫 | 不详 | 文昌宫 | 汉语 |
| 千家店 | 千家庄 | 千家店 | 不详 |
| 西店村 | 不详 | 西千家店 | 不详 |
| 东店村 | 不详 | 东千家店 | 不详 |
| 石槽村 | 石槽峪沟 | 石槽 / 石槽梁 / 石槽沟 / 石青洞 | 不详 |
| 红石湾村 | 红石湾 | 红石湾 | 不详 |
| 熊洞沟村 | 不详 | 熊洞沟 | 不详 |
| 水头村 | 不详 | 水头 | 不详 |
| 红旗甸村 | 不详 | 红旗甸 | 不详 |
| 北沟村 | 不详 | 北沟 | 不详 |
| 梁根村 | 不详 | 大梁 | 不详 |
| 八道河村 | 不详 | 八道河 | 不详 |
| 半沟村 | 不详 | 半沟 | 不详 |
| 六道沟村 | 不详 | 六道河 | 不详 |
| 河口村 | 不详 | 白河口 / 河口 | 不详 |
| 长寿岭村 | 不详 | 排字岭 | 不详 |
| 囤子沟村 | 不详 | 囤子沟 | 不详 |
| 河西村 | 不详 | 河西 | 不详 |
| 茨顶村 | 不详 | 茨儿顶 | 不详 |
| 牤牛沟村 | 不详 | 牤牛沟 | 不详 |
| 大户岭村 | 不详 | 大户岭 | 不详 |
| 小户岭村 | 不详 | 小户岭 | 不详 |
| 古家窑村 | 不详 | 古家窑 | 不详 |
| 辛栅子村 | 不详 | 辛家栅 | 不详 |
| 桥堡沟村 | 不详 | 乔菠沟 | 不详 |
| 乔半沟村 | 不详 | 乔菠沟 | 不详 |
| 菜木沟村 | 不详 | 菜木沟 / 蔡木沟 | 不详 |
| 平台子村 | 不详 | 平台子 | 不详 |

| 现名 | 明代名 | 清代名 | 来源 |
|---|---|---|---|
| 大古坟沟村 | 不详 | 大古坟沟 | 不详 |
| 小古坟沟村 | 不详 | 小古坟沟 | 不详 |
| 后沟村／后沟 | 不详 | 后沟 | 不详 |
| 马蹄沟村／马蹄沟 | 不详 | 马蹄沟 | 不详 |
| 黑河 | 黑河 | 黑河 | 不详 |
| 白河 | 白河 | 白河／白河口 | 不详 |
| 转山子 | 不详 | 转山子 | 不详 |
| 黄土梁 | 不详 | 黄土梁／黄土岭 | 不详 |

## 2. 千家店古代历史文化遗存列表

| 类别 | 编号 | 名称 | 年代 | 级别 | 方位 | 备注 |
|---|---|---|---|---|---|---|
| 古遗址 | 1 | 菜木沟旧石器遗址 | 旧新石器 | 区级 | 菜木沟村 | 已发掘 |
| | 2 | 沙梁子旧石器遗址 | 旧石器 | 不详 | 沙梁子村 | |
| | 3 | 古家窑新石器遗址 | 新石器 | 区级 | 古家窑村 | |
| | 4 | 红旗甸遗址 | 辽金 | 登记项 | 红旗甸村 | |
| | 5 | 李太白坡遗址 | 辽金 | 登记项 | 六道河村 | |
| | 6 | 大石窑金元时期聚落遗址 | 金元 | 未定 | 大石窑村下辖原下马鹿沟村 | 已试掘 |
| | 7 | 白塔遗址 | 元代 | 登记项 | 原白塔南沟村北 | 原址建新塔 |
| | 8 | 河南村铸铜遗址 | 元代 | 登记项 | 河南村 | |
| | 9 | 石槽矿洞遗址 | 不详 | 未定 | 石槽村 | |
| | 10 | 石槽冶炼遗址 | 不详 | 未定 | 石槽村 | |
| | 11 | 鹿叫村瓦窑遗址 | 明代 | 登记项 | 鹿叫村 | |
| 古墓葬 | 1 | 石槽村陶缸、盔甲、铁罐、铜镜、铜钱、布鲁、铁斧、铁锥、帽钉、秤砣、铁圈、铁环等 | 明代 | 未定 | 石槽村 | 村民上交 |
| | 2 | 韩氏家族墓地 | 清代 | 不详 | 前山村 | |
| 古建筑 | 1 | 花盆关帝庙及戏楼建筑群 | 清代 | 市级 | 花盆村 | |
| | 2 | 千家店朝阳寺 | 清代 | 区级 | 千家店村下辖西店村 | |
| | 3 | 沙梁子龙王庙 | 清代 | 区级 | 沙梁子村 | |
| | 4 | 石槽佛爷庙 | 清代 | 登记项 | 石槽村 | |
| | 5 | 石槽胡仙庙 | 清代 | 登记项 | 石槽村 | |
| | 6 | 红旗甸龙王庙 | 清代 | 登记项 | 红旗甸村 | |

| 类别 | 编号 | 名称 | 年代 | 级别 | 方位 | 备注 |
|---|---|---|---|---|---|---|
| 石雕石刻 | 1 | 石槽藏文六字真言石刻 | 元代 | 登记项 | 石槽村 | |
| | 2 | 千家店文昌宫碑 | 清代 | 区级 | 千家店村原千家店中学内 | |
| | 3 | 重修千家店朝阳寺碑 | 清代 | 不详 | 千家店村 | |
| | 4 | 重修关帝庙碑 | 清代 | 市级 | 花盆村关帝庙内 | |
| | 5 | 前山村石雕石刻 | 清代 | 登记项 | 前山村 | |
| | 6 | 前山村韩家坟墓碑 | 清代 | 不详 | 前山村 | 共5通 |
| 窖藏 | 1 | 花盆钱币窖藏 | 辽代 | 不详 | 花盆村 | 出土铜钱100公斤 |
| | 2 | 铁犁铧、六鏊锅窖藏 | 金代 | 不详 | 不详 | |
| | 3 | 千家店清代铜钱 | 清代 | 未定 | 千家店村 | |
| 出土点 | 1 | 河北村1件石器 | 石器 | 未定 | 河北村 | 地表采集 |
| | 2 | 下湾村石制品 | 石器 | 未定 | 下湾村 | 地表采集 |
| | 3 | 河南村石刀、陶片 | 新石器 | 未定 | 河南村 | |
| | 4 | 花盆村石锄、石斧 | 新石器 | 未定 | 花盆村 | 村民捡拾上交 |
| | 5 | 六道河铜戈、铜带钩 | 战国 | 未定 | 六道河村 | 各1件 |
| | 6 | 千家店公社"匽"字刀币 | 战国 | 未定 | 千家店镇中心 | 1.5公斤 |
| | 7 | 前山文物出土点 | 战国—汉 | 未定 | 前山村 | 32.5公斤"匽"字刀币 |
| | 8 | 双系铁盆 | 汉代 | 未定 | 千家店 | 地点不详 |
| | 9 | 六道河村佛造像 | 辽金 | 未定 | 六道河村 | |
| | 10 | 佛爷庙宽沟纹砖 | 辽金 | 未定 | 石槽村 | 地表散落 |
| | 11 | 红旗甸金卫绍王大安二年石狮 | 金代 | 未定 | 红旗甸村 | 刻有大安二年（1210年） |
| | 12 | 花盆村花盆 | 金元 | 未定 | 花盆村关帝庙 | |
| | 13 | 河口村铜锅 | 元代（暂定） | 未定 | 河口村 | 村民上交 |
| | 14 | 花盆关帝庙铁磬 | 明代 | 未定 | 花盆村关帝庙 | 铸有"万历" |

# 3.明朝档案对"永宁之变"的记载

**明档第 005 本　四〇五　宣府巡抚李养冲为狡虏拥众谋犯永宁等事题本　崇祯元年九月二十七日　268**

兵部呈于兵科抄出，钦差巡抚、宣府等处地方赞理军务、兵部右侍郎兼都察院右佥都御史，臣李养冲谨题为狡虏拥众谋犯，官军奋勇堵回，谨据实上闻以慰圣怀事。案照崇祯元年九月初五日子时，据怀隆兵备道、山东按察司副使项梦原塘报为飞报夷情事，本年九月初四日午时，据永宁参将杜维栋差夜不收张有亮口报，本日丑时，有达贼千余进边扑香营儿堡，平坦地方劄营，杜参将亦于彼处劄营。本道预知先声，分布主客官兵，严饬该路将备并力齐心相机进止。仍奉本部院谕帖，如虏势重大，坚壁固守，以击惰归，必期胜算在我，毋堕狡谋。又发怀来孙参将、原任参将王应祥、戚世登带领道丁星夜前赴应援，本道亦移延庆州驻劄，督率各官机敌对，待有别情另请再发镇兵。缘由前来行间。初六日，随据本道复报为夷情事，本月初五日辰时，据永宁参将杜维栋报称，初三日三更时分，从北烽至一面聚兵防御至半夜，据靖胡堡长哨曹江等口报，有马步夷人不知数目各穿盔甲，从本边平梁二楼马路南楼拆墙进境。本职统领官兵出郭劄营，至寅时南山王参将领兵亦到合营。又据塘马口报，贼夷与怀来孙参将兵马在闫家庄对敌，职等（残）至香营儿山下安营截贼归路，不料东官路山沟续有贼众约二千余骑，正北坡上又有贼夷一千余，千余黄家口劄营，贼夷共六七千余，四股齐攻，职用枪炮冲打数阵，自卯至午，贼拥危急。随有下北路张参将同靖胡堡守备郭秉忠各领兵马亦至，并孙参将复来合营，与贼扑砍，又有本道原发怀来原任王参将、戚参将带领道丁驰至，贼方退出，其获功员役阵失军马各营查明径报。等因。到臣，随经塘报讫。本月初十日，据下北路管参将事游击张懋功禀报，探知敖目聚兵要在一二日内犯抢滴水崖、靖胡堡一带。卑职预将援火两营马兵前赴滴水崖住防，续蒙总镇发到尖兵一千名，卑职带领八百余名移驻适中宁远堡防御间。本月初四日，忽闻东南炮响，卑职即调滴水崖住防官兵与原领马兵八百余名，同靖胡堡守备郭秉忠合兵一处，于午时分骤至永宁迤北地名关禄山。迎遇达贼不知其数，对敌自午至申，用枪打死穿蟒甲夷首一名，刀砍炮打箭射死贼夷无数。相隔大沟不能割级，贼从原进边口出境外。并查各官军抢获马、牛、骡头，枪炮、盔甲、弓箭数目。缘由到臣，初又塘报讫。本月初十日，又据管永宁参将事游击杜维栋禀报，贼酋敖目原谋犯延庆州等处，幸先收敛严防无所虏掠，止将属夷牛羊赶去数十，亦无伤损人口。职等官兵奋勇截贼，炮打箭射刀砍，死伤甚多。今查本营内丁刘天杰等、靖胡堡军丁王七等斩获头脑夷首一颗，本营坐营张明进下家丁刘自安、赵应官等斩获首级一颗，卑职下内丁王一奇、郭香保等夺获达马一匹，张明进下家丁郭亮夺获达马一匹，李伯青夺获达马一匹，李伯奇夺获达马一匹，靖胡堡守备郭秉忠下内丁郑元等夺获达马一匹；阵亡卑职下内丁张虎等二十一名、本营军丁黄选等一十八名；重伤卑职下内丁史有年等一十三名、本营军丁王真等二十八名；轻伤卑职下内丁王朝等五名、本营军丁张安等一十一名；阵失崔贵等马五十五匹。缘由到臣，随报两军对垒各有胜负，恐有隐匿，仰怀隆道据实查报去后，仍又塘报讫。今据整饬怀隆兵备道、山东按察司副使项梦原呈，案照本年九月初四日，据永宁参将杜维栋具报，敖、庆等酋入犯平梁二等楼，欲抢延庆州川一带情形。除节经塘报讫，其各将官兵奋勇截杀、安营冲阵及虏情出入声势，各另径自塘报各部院镇道外，本道于本月初八日驰马亲诣战场。永宁城北仅十二三里便是香营堡，而堡后二三里许就是平梁二楼马道南楼坦墁山坡，至彼停马，傍有各将官领兵站立，永宁县领乡民士庶拥围。本道细讯贼来道路，当有闫家堡生员阎尔完、民余阎国党、李邦仁、屈有申、陈思文、刘彦秋等各堡居民俱在。面同举报各庄屯数十年来无经此事，先年虽阎家堡曾会经大举三次，未见此番异常暴勇。贼有五六百，竟扑攻堡数阵，居民遵照知县史平素整备石块，奋勇乱打，击伤夷人拖去，彼酋委实凶猛，幸遇怀来孙将官领兵到堡对敌，贼方退北。趂在地名参将湾大战，砍死数十夷，生等乡民人等亲眼共见贼败丢弃攻城钩梯，归入大营去讫，救获附近二三堡生命无失。又讯香营堡居民人等各役称，本堡自去年五月内被虏抢掠，各民移投城内居住，如今止在堡，旋来收割田禾。昨日达子入犯有声，我们奉文催促入城，并无一失，只见将官统兵与贼对敌，生死眼前，苦不可言，幸杜、王二将平日练习营阵，即刻摆列坚壁与贼冲打，击死许多夷人。彼势委众，各山高处俱有贼兵压梁，谁敢轻出割级，当被贼令步夷将死夷拉扯运送边外。少时又见贼四围拥来，声势最恶，忽有北路张将官、怀来孙将官、靖胡郭守备等领兵骤至策应，又有戚、王二将统道丁策马飞援途尘大起，贼方惧退，徐徐出口。傍有张知县面云，各乡民禀报俱是实情，并不假词。等情。各供报到道为照。敖、庆等酋连年虽称狡诈，屡犯鼠窃，不过挟赏，自插酋西来逼彼，潜藏白马关等处边外驻牧，纠结东奴，西合白言部夷，借势狂逞。于七月内聚兵二三千突犯靖胡，被我官军割夷级，夺夷器、马匹，怀恨不散。今又借兵数千拥众拆墙入犯，委属大举，欲抢延庆州，其势不小。幸我官军拒敌，杜维栋、王乾元安营坚壁，彼冲数阵不开，反被用枪炮击死多夷。孙庆、张懋功，守备郭秉忠领兵骤至策应，王应祥、戚世登领丁策马飞援，大挫贼锋，惰归出口，并无抢掠，村屯人畜诸物俱无疏失，止有战阵冲锋被伤军兵相应优恤，诸将血战微劳，候文优叙。查得参将杜维栋、任丁、任守道同南山参将下内丁刘天杰、靖胡堡军丁王七等斩获头脑夷级一颗，左营张明进下家丁刘自安、赵应官等斩获首级一颗。又该将内丁王一奇、郭香保夺获达马一匹，军丁郭亮夺获达马一匹，李伯青夺获达马一匹，李伯奇夺获达马一匹，靖胡堡守备郭秉忠下内丁郑元等夺获达马一匹，已另解验讫。又下北路龙门所参将张懋功具报，总镇下尖兵千总封尚贤抢获大炮一位，又千总汤德新下内丁周学宇等抢获三眼枪一杆、大炮一位，百总贾天真抢获三眼枪一杆，家丁常科抢获铁甲一领，白国栋抢获三眼枪一杆，杨官抢获铁盔一顶，放炮炸损大炮一位。又该将内丁千总张相砍死牛一只，抢获甲一领，任丁、梁玉、阎朝、张贤、温天受、段上文抢获虎喇马一匹，庞志云、刘三等抢获赤马一匹，王受牛、州摆言、王世禄抢获黄扇马一匹，魏夏、果安抢获牛一只，尉甫臣抢获铁甲一领，坐营陈上表同百总李栋、张奉、韩荣抢获马一匹，百总席才、阮自强抢获大炮一位，李宦抢获夷弓一张、箭四枝，俱该将随营带去报验外，及查彼贼由官路山沟将属夷牛羊赶去数十，并无伤损人口。又杜将官先报阵亡内丁张虎等二十一名，内该将报称本月初十等日从夷地回营辛雄等一十二名，实亡张虎等九名军丁。黄选等一十八名，内随辛雄等回营军一名，实亡军一十七名外。重伤内丁史有年等二十三名，营军王真等二十八名，轻伤内丁王朝等五名，营军张安等一十一名，阵失崔贵等马五十五匹。至于陆续回还辛雄等供称：役等被虏去边外地名三岔河，夷众聚兵造饭，亲见敖目将炮打箭死夷人约一百二三十名，每尸身上用水一点起度，多夷放声大哭。又见虏去本营军丁张□安等数十名分散各酋领养，闻听敖目多系借来别酋部落精兵大约上万，凡系临边经由要路见今俱有埋伏，提防内兵邀截。等情。又南山参将非所辖地方，闻警助兵，并力拒剿，被伤阵亡军丁靳孝等一十四名，找寻无踪不知存亡军任海等十一名，重伤军郑伏等二十一名，轻伤军聂龙等三十二名，虏去夷地回营军丁武子伏等三名，阵失马骡二十二匹头。又北路龙门所参将报失骡三头，轻伤营军一名杨海。以上获功伤兵皆两军对垒，各有伤损，虽伤军马数十名，我兵亦用枪炮打死贼夷一百三四十骑，轻重之伤不计其数。此役也，若非各路将领奋勇当先，官军并力剿杀，则彼借兵大举入犯，何以不围州县、不抢城堡、不虏乡村人畜，半日之间遂肯敛众出境，顿至口外？此其功亦不小矣。此皆各上台平日再三申饬，而各将用命所致也。本道念各官军冲锋血战，官已量酬，又将重伤军丁死者有家属量给优恤，只身行永宁县置木掩埋，本道亲诣祭奠，其轻重之伤者量行犒赏。至于孙参将下内丁千总孙世英被虏掠去，当有该将夺回，止伤战马一匹，轻伤降夷杭艾，功更当首录。今将查过缘由，呈详候示，更乞俯鉴。阵前用命血战之苦官照前禀分以高下，优恤奖赏，军以存亡，再加优恤，庶鼓舞激励后，此军兵益加策励矣。等因。呈详到臣。时值旧督臣张晓谢事，新督臣尚未入境，臣谨会同巡按直隶、监察御史叶成章议照，敖目、七庆与已故弟毛乞炭鼎足而立，各拥强兵，列帐山后林丛中，险不能进，攻不能入，而时窥内地，每岁蹂躏于永宁之东，号称劲敌。而敖、庆二酋又因毛乞炭已殒，恐损声名，借各家夷兵，每欲入犯以立威。我兵又因插酋扰边，分防西路，此酋遂乘隙而肆其陆梁，对垒大战，天地为昏，随即堵回，毫无所掠。据各将塘报，伤彼夷丁一百有余，即未暇割级而声灵已振，我军损伤风闻八百，而据各将所报止在一百上下，今尚多方询访。旧日将士懦怯，此番奋勇血战，是以难保其皆全耳。除阵亡军丁查动官银量行抚恤外，此一役也，南山参将王乾元、永宁参将杜维栋虽奋力以鏖兵，未收功于全胜，况先战有斩馘之绩，即当婴城固守，乃违臣与道臣之戒谕，奢于得功，急步穷追，顿兵山岩之下，火炮发尽而虏骑乘之，致士卒多有杀伤。虽其火炮击死夷人数足相当，保全城堡功不可泯，而急迫偾事终亦有不能为彼原者，姑令其戴罪立功可耳。怀来管游击事参将孙庆投袂而前，既能解难，又复全军，当以功论。下北路管参将事游击张懋功威生叱咤，同仇谊切于缨冠，封茂鲸鲵，奏凯勋昭于羽檄，应为纪录。而封尚贤、汤德新西讨东征，席不暇煖，荷戈抽矢，劳有足□，除臣自行奖赏外，亦应纪录，以需优陟。其他千把总等官因人成事，无容叙及。臣虽离永宁三百余里，鞭长不及马腹，然疆场事有得失，亦应分过，除席藁待罪外，谨将折冲各官胪其得失，据实以闻。伏乞敕下兵部再加查议并行巡按御史覆核□请施行，庶边臣有所劝惩，而边政益修矣。缘系云云，为此具本，专差镇抚陈洪范亲赍，谨题请旨。崇祯元年九月二十七日，奉圣旨：据奏，虏犯永宁，官军奋勇堵回，洞折狡谋，第隔沟刀砍并阵亡军丁有无隐匿，已着巡官御史核实具奏。杜维栋等著巡关按（缺）并查明另议。该部知道。

### 第005本 四〇八 宣府巡抚李养冲为永宁交战事奏本 崇祯元年九月二十九日 285

兵部呈于兵科抄出，钦差巡抚、宣府等处地方赞理军务、兵部右侍郎兼都察院右佥都御史，李养冲谨奏为钦绎圣谕，据实直奏事。本月初三日敖、庆二酋乘插讲赏，兵多在西防守，遂于本日之夜拆墙而犯永宁。幸有镇臣侯世禄训练尖兵一千发往东北二路伺隙拒堵，乃永宁参将杜维栋骑兵不及百名，多以步兵防守，而怀隆道副使项梦原调南山参将王乾元领兵三百应援，又发道丁及怀来参将孙庆分兵往援。一闻炮响，两将鏖战，已斩获二级，且炮打死夷人甚多，尽被拉去。虏遂东移，我军赶至山下，以炮攻打，炮尽而虏骑遂下。杀伤军士未知多少，据风闻有言八百者，有言五百者，有言三百者，纷纷不一，是以未敢定数于塘报内，即言两将对敌互有胜负。除一面行怀隆道查核有无隐匿另报外，则未尝自为隐匿，即此可为的据矣。近闻邸报见工部右侍郎王洽谒陵回至昌平，主事小报言永宁损兵八百，圣旨：敖酋犯抢，永宁抚臣李养冲奏报不言杀兵八百，是否隐匿？道臣闭门静摄，职守何在？著巡关御史王会图一并查核，作速具奏。钦此。窃惟敖、庆兄弟三人止兵三千，不意毛酋殒后纠结诸夷合兵六七千人，大非昔比矣。

往时积弊听夷抢掠不敢一骑拒截，臣早已申饬，凡夷人入犯不许逗留观望，如贼势重大，止许闭门固守，乘机击其惰归，此万全之策也。是以此番之战，各将拼死遏氛，虽有损伤，保全城堡，护卫人民，功颇不小。然交战损军亦兵家常事，惟是轻率赶贼，王乾元、杜维栋不能无罪耳，已有疏参。维时张懋功引兵八百，又自北路驰来，隔沟冲击，所云击死者炮也，又有所云砍伤者长刀长枪也，但未能割级而功实有之。自有此战，虏始退却，去陵寝相隔几百里，原无震惊，功过相当，自是实录。数日以来，因数未确，与怀隆道往返移书，再三吹求，而道臣坚执前数，别又无可据者，是以报至滑迟耳，按臣叶成章见在镇城可问也。道臣项梦原闻警之时，亲至延庆，则所谓杜门者或非指此道臣，未可知也。一睹严旨，不觉魂飞，夫为臣子而敢有隐匿，即名为欺，罪莫大焉。臣佩服孔子勿欺之训有年矣，而敢自蹈其愆乎？惟皇上详察而矜恕焉，则一腔之热血，期洒之此塞矣。除查核功罪另疏具题外，伏乞敕下兵部一并查覆施行。臣下情无任战栗待命之至。为此具本谨具奏闻。崇祯元年九月二十九日，奉圣旨：总俟巡关御史查明处分。该部知道。

**明档第 005 本　四一〇　直隶巡按叶成章为严查确核永宁战役事题本（尾缺）　崇祯元年十月初七日　293**

兵部呈于兵科抄出，巡按直隶、监察御史，臣叶成章谨题为敖酋大举入寇，官军协力堵拒，谨查参疏失将弁，以肃边纪事。崇祯元年九月初四日，敖、庆贼酋入犯永宁靖胡堡等处地方，臣因此地切近陵寝，一面塘报具疏题知，一面牌行各道督同将备会兵剿逐，并查有无疏失情罪，确报去后。至九月十四日，据怀隆兵备道副使项梦原呈，蒙臣宪牌行道速勘，前虏果有若干，原于某月日从某官信地入边，至靖胡一带地方几日方出，杀伤人口若干，抢去人畜若干。某营官军何时应援，曾否对敌，各阵伤亡军丁马匹若干，该道仍查勘的确，一一据实开列，并参疏失官员，立刻呈详，以凭具奏，毋得回护，致令隐匿，速之。蒙此，查得本年九月初四日，蒙永宁参将杜维栋具报，敖、庆等酋入犯平梁二等楼，欲抢延庆州川一带情形。除节经塘报讫，其各将官兵奋勇截杀安营冲阵及虏情出入声势，各另径自塘报各部院镇道外，本道接见各将塘报细详。此番大举惟恐隐情，本道的于本月初八日驰马亲诣战场，在永宁城北仅十二三里便是香营堡，而堡后二三里许就是平梁二楼马道南楼坦墁山坡，至彼停马。傍有各将官领兵站立，永宁县乡民士庶拥围。本道细讯贼来道路，当有参将杜维栋面同口称，贼在本月初一二日就有声势，具报讫。本职一面将兵马练齐，闻警堵剿。不期贼夷果于初三日三更时分在平梁二楼拥众拆墙，戍守哨军举炮传烽，职听知烽响，山林深厚，夜黑不知从某入犯。即传号令聚兵间，随□靖胡堡墩哨军曹江、王虎、张仲金举放烽炮毕，超径道来到城下，在职前口报，有马步夷人不知数目，各穿数盔甲，在彼拆墙进境，□山往西行走。职统领坐营张明进，千把总李应龙、周嘉宠、杜大金，原任守备刘祖荫，千户杨茂春等官兵，并传镇兵红旗李国雄，旗牌李锦，中路千总张时俊，把总孙世新等督率所统防范。官军出郭扎营，但夜半不知贼兵多寡，亦不便行兵。至初四日寅时，有南山参将王乾元闻烽，领坐营王国栋、千总张斌□，有马内丁并□哨步火器手来合营，协力同心，共图剿杀。天明卯时，哨瞭贼夷聚三四千余，在黄家口扎营，又见各山头俱有贼兵调分哨队沟岔埋伏。忽听从西炮响呐喊，探系贼与怀来游击孙庆在阎家堡地方对敌。职与王参将移营前侦到香营堡安营，被贼著诱兵连冲三四，各官军箭射炮打击死贼夷数多，不敢开营割级。又孙游击面言，本职于初三日未时，知靖胡守备郭秉忠报警临边，续奉本道著职领兵，申刻出城，行至大兵马营，天晚不便行兵，传令各将稍歇喂马。初四日丑时起，至卯忽听东北咆响，督兵驰马飞援，到旧县迎遇哨马达子与职哨马亲丁对敌。县北数里阎家堡有贼五六百骑，齐声呐喊攻围，职领坐营刘源，把总苏朝武，内丁千把总张世英、党秉德、韩尚会、刘普亮、张夏等奋勇当先，扑斫恶战，贼徐徐退北。又见离堡二三里有步夷不知其数，我兵追急，将攻城钩梯丢弃，该堡阎生员等眼见收证，职保全二堡生灵，并无伤损。至白庙见贼拥众齐来扑斫一处，射砍死达贼甚多，被贼将内丁千总张世英掠去，职等勇赶夺回，止伤职战马一匹。堡中乡民众目所视，彼不及我即收兵退回归入大营，竟扑攻围杜、王二将营阵对敌。又二将云职等安营冲打，不意从官路山沟突出贼兵二千余骑，正北坡上又显出夷兵千余，并黄家口扎营兵，约共六七千，分哨四股齐攻，我兵奋勇用枪炮冲敌放打，击死贼夷甚多。从卯至午，贼兵渐渐拥聚，我兵寡不敌众，势在危急。忽有下北路龙门参将张懋功带领总镇蓝旗高金，千总封尚贤、汤德新，坐营陈上表，把总王汝汉、杭承恩、郭国彦、李正芳、王顺等领兵从滴水崖闻烽骤马驰援。又靖胡堡守备郭秉忠、把总封应魁、防范镇兵把总王之成等带领兵马从黑峪口亦至，并孙游击所统官兵合营骤至，与贼扑斫，而贼恃众，不忍伤彼夷，多仍还虎视。又有本道发来原任参将王应祥、戚世登领道丁千总马如龙、陈其蕴，又本道差督阵执旗官艾廷桂、张尚儒统丁从西南拥来，灰尘大起。贼见应兵又至，稍有惧势，且战且退，亦从平梁二等楼出边，将打死夷人拖拉去讫。本道同巡抚复讯阎家堡、旧县、白庙儿乡民人等夷情若何，当有闫家堡生员阎尔完，民余阎国党、李邦仁、屈有申、陈思文、刘彦秋等各堡居民俱在。面同举报各庄屯数十年来无经此事，先年虽阎家堡曾会经大举三次，未见此番异常暴勇。贼有五六百，竟扑攻堡数阵，居民遵照知县史平素整备石块，奋勇乱打，击伤夷人拖去。彼酋委实凶猛，幸遇怀来孙将官领兵到堡对敌，贼方退北。趁在地名参将湾大战，砍死数十夷。生等乡民人等亲眼共见贼败丢弃攻城钩梯，归入大营去讫，救获附近二三堡生命无失。又讯香营堡居民人等各役称，本堡自去年五月内被虏抢掠，各民移投城内居住，如今止在堡，旋来收割田禾。昨日达子入犯有声，我们奉文催促入城，并无一失，只见将官统兵与贼对敌，生死眼前，苦不可言。幸杜、王二将平日练习营阵，即刻摆列坚壁与贼冲打，击死许多夷人。彼势委众，各山高处俱有贼兵压梁，谁敢轻出割级，当被贼令步夷将死夷拉扯运送边外。少时又见贼四围拥来，声势最恶，忽有北路张将官、怀来孙将官、靖胡郭守备等领兵骤至策应，又有戚、王二将统道丁策马飞援途尘大起，贼方惧退徐徐出口。傍有张知县面云，各乡民禀报俱是实情，并不假词。等情。各供报到道。除行该路将备探得彼酋聚兵在天各力沟未散，置造钩杆欲要犯抢城堡，今各官遵照三部院节行申饬，本道累檄严行，及奉总镇发兵拒剿，各官加意整顿，将士相识，号令严明，战具执把，人器相宜，倍加提备外为照。敕、庆等酋连年虽称犵诈，屡犯鼠窃，不过挟赏，自插酋西来逼彼，潜藏白马关等处边外驻牧，纠结东奴，西合白言部夷，借势狂逞，于七月内聚兵二三千突犯靖胡，被我官军割夷级，夺夷器、马匹，怀恨不散。今又借兵数千拥众拆墙入犯，委属大举，欲抢延庆州，其势不小，幸我官军拒敌。杜维栋、王乾元安营坚壁，彼冲数阵不开，反被用枪炮击死多夷。孙庆、张懋功、守备郭秉忠领兵骤至策应，王应祥、戚世登领丁策马飞援，大挫贼锋，惰归出口，并无抢掠，村屯人畜诸物俱无疏失，止有战阵冲锋被伤军兵相应优恤，诸将血战微劳，候文优叙。查得参将杜维栋、任丁、任守道，同南山参将下内丁刘天杰、靖胡堡军丁王七等斩获头脑夷级一颗，左营张明进下家丁刘自安、赵应官等斩获首级一颗，又该将内丁王一奇、郭香保夺获达马一匹，军丁郭亮夺获达马一匹，李伯青夺获达马一匹，李伯奇夺获达马一匹，靖胡堡守备郭秉忠下内丁郑元等夺获达马一匹，已另解验讫。又下北路龙门所参将张懋功具报，总镇下尖兵千总封尚贤抢获大炮一位，又千总汤德新下内丁周学宇等抢获三眼枪一杆、大炮一位，百总贾天真抢获三眼枪一杆，家丁常科抢获铁甲一领，白国栋抢获三眼枪一杆，杨官抢获铁盔一顶，放炮炸损大炮一位。又该将内丁千总张相砍死牛一只，抢获甲一领，任丁、梁玉、阎朝、张贤、温天受、段上文抢获虎喇马一匹，庞志云、刘三等抢获赤马一匹，王受牛、州摆言、王世禄抢获黄扇马一匹，魏夏、果安抢获牛一只，尉甫臣抢获铁甲一领，坐营陈上表同百总李栋、张奉、韩荣抢获马一匹，百总席才、阮自强抢获大炮一位，李宦抢获夷弓一张、箭四枝，俱该将随营带去报验外，及查彼贼由官路山沟将属夷牛羊赶去数十，并无伤损人口。又杜将官先报阵亡内丁张虎等二十一名，内该将报称本月初十等日从夷地回营辛雄等一十二名，实亡张虎等九名军丁。黄选等一十八名内随，辛雄等回营军一名，实亡军一十七名外。重伤内丁史有年等一十三名，营军王真等二十八名，轻伤内丁王朝等五名，营军张安等一十一名，阵失崔贵等马五十五匹。至于陆续回还辛雄等供称：役等被掳去边外地名三岔河，夷众聚兵造饭，亲见敖目将炮打箭死夷人约一百二三十名，每尸身上用水一点起度，多夷放声大哭。又见掳去本营军丁张□安等数十名分散各酋领养，闻听敖目多系借来别酋部落精兵大约上万，凡系临边经由要路见今俱有埋伏提防内兵邀截。等情。又南山参将非所辖地方闻警助兵，并力拒剿，被伤阵亡军丁靳孝等十四名，爪寻无踪不知存亡军任海等十一名，重伤军郑伏等二十一名，轻伤军聂龙等三十二名，掳去夷地回营军武子伏等三名，阵失马骡二十二匹头。又北路龙门参将报失骡三头，轻伤营军一名杨海。以上获功伤兵皆两军对垒各有伤损，虽伤军马数十，我兵亦用枪炮打死贼夷一百三四十骑，轻重之伤不计其数。此役也，若非各路将领奋勇当先，官军并力剿杀，则彼借兵大举入犯，何以不围州县、不抢城堡、不掳乡村人畜，半日之间皆敛众出境，顿至口外，此其功劳亦不小矣。此皆奉文日再三申饬，而各将用命所致也。本道念各官军冲锋血战，官已量酬，又将阵伤军丁死者有家属量给优恤，只身者行永宁县置木掩埋，本道亲诣祭奠，其轻重之伤者量行犒赏。至于孙游击下内丁千总张世英被掳掠去，当有该将夺回，止伤战马一匹，轻伤降夷杭艾，功更当首录，军以存亡，再加优恤，庶鼓舞激励后，此军兵益加策励矣。等情。到臣。详批，贼夷至六七千在黄家口与我军对敌竟日，岂无掳掠？又岂止伤军仅仅数十？至该路参将杜维栋前报阵亡军丁二十一名，今称从夷地回营辛雄等一十二名，既掳去旋放归，贼亦有良心者耶？南山参将王乾元所报爪寻无踪军丁任海等一十一名，明系阵亡，为此饰说耳，将谁欺乎？事关疆场军机，该道严查确核，分别功罪，据实参呈，其伤亡军丁作何优恤，阵失马匹作何买补，间有未尽事宜亦须详议明妥，限三日内速详立候具奏施行。去后，臣又阅得各路将所报对敌情形互异，内永宁参将杜维栋与赴援南山参将王乾元兵马风闻伤亡甚多，又未获有多级，掳掠人畜隐匿不开，其阵亡者岂止开数已哉？至于怀来参将孙庆初报白庙儿与贼对敌，止言射死本将马一匹，斫重内司千总张世英，夷丁杭艾等落马，并未言及轻伤与斫死射斫重伤军丁马匹，其再报则参差不同。各边武弁惯工欺蔽，塘报无一足凭，败衄残破之状既如彼而血战堵回之报又如此。夫以六七千强掳四路入犯，岂堡堡无杀掠，村屯无损伤？恐贼众无此廉手也。为此牌行本道速勘，前掳果有若干，原于某月日从某官信地入边，至靖胡一带地方几日方出，杀伤人口若干，抢去人畜若干。某营官军何时应援，曾否对敌，各阵伤亡军丁马匹若干，该道仍查勘的确，一一据实开列，并参疏失官员，立刻付与去役赍来，以凭具奏，毋再回护，致令隐匿。况该路逼切陵寝，关系最重，若有差池，能掩护都门耳目耶？速之。去后，续据该道呈报，该□道遵奉宪檄森严，盖以近来各边欺蔽，掩罪为功，在在有之，而本道不敢也。初四日大战，本道亦闻有流言，次日即匹马星驰亲诣至战场，各官尚未肯报伤损也。本道严责坐营千总必欲名名实报，盖亦谓陵寝逼近，且都门耳目不远，所以实报。若云报有参差，则阎家堡及白庙儿旁城堡非贰地也，首为贼攻，孙庆以寡敌众，龙门张参将救之甚得其力，所以不敢攻围，不敢抢掠，而自退去。杜、王两将因援孙，路遇退虏并四面伏虏，是以虏势益重，杜兵以寡遇众，亦赖有王将救援，血战之顷，岂能无伤？然不至大衄，而虏亦被创，杀伤亦略相当。况初四日寅时入犯，卯辰时大战，午时即出口矣。各路军兵云集并力，虏又何时能攻城围堡也？孙庆止伤坐马，斫重张世英、杭艾。至于各将实实血战堵回，堡堡果无杀掠，村屯果无损伤，人民头畜果毫无抢掠，此皆万耳万目所共见，岂敢故为回护隐匿以累明鉴也。都门耳目不可掩，第不掩罪为功耳，亦岂能掩功以为罪耶？盖承平日久，说一战字即讹传甚多，即本道初闻亦大可骇听，所以匹马亲阅乃始历历核之甚真。倘一字相蒙，是本道之欺而代将独任其罪，又何敢出此也。等情。具报前来。该臣阅得邸报，见工部右侍郎王洽疏言敖酋犯抢永宁，损兵八百，而杜、王二将所报阵亡如此悬殊，深为骇愕，不但有碍于该道，而持斧地方者专责谓何？拟合行勘。为此牌行本道，查照节今内事理，速查参将杜维栋、王乾元等在阵对敌阵亡官军的有若干，该部道务要实实查勘，实实详报，立候回奏，毋凭各弁畏罪隐匿，倘后来勘破或纠出，大不便也。文到速具详文，付与去役赍来，以凭具疏施行。续于本年九月二十三日，据该道呈称，查得敖目等酋于本年九月初四日入犯平梁二等楼，与我官军拒敌。阵亡永宁参将杜维栋下内丁张虎等九名，营军黄选等一十七名，重伤内丁史有年等一十三名，营军王真等二十八名，轻伤内丁王朝等五名，营军张安等一十一名，阵失崔贵等马五十五匹，又从夷地带伤回营军辛雄等一十三名。南山参将王乾元下阵亡军丁靳孝等一十四名，爪寻无踪军任海等一十一名，重伤军郑伏等二十一名，轻伤军聂龙等三十二名，掳去夷地回营军武子伏等三名，阵失马骡二十二匹头。又北路龙门所参将张懋功下轻伤军一名杨海，阵失骒三头。又怀来游击孙庆下阵失马一匹，轻伤降夷一名杭艾，重伤内丁千总张世英，该将夺回。以上共阵亡并爪寻无踪军五十一名，重伤军六十二名，轻伤军并降夷五十名，带伤从夷地回营军一十六名，带伤内丁千总一员，共阵亡并轻重伤官军一百八十员名，伤失马、骒八十一匹头，俱属实报，死者存尸，生者验伤，岂敢轻听隐匿。其各乡村人民一物毫无掠失。今蒙行查据实回报，缘由到臣。看得用兵之道，杀贼为上，全师次之。今观永宁参将杜维栋、南山参将王乾元则有未尽者。是月初三夜，敖、庆拥众七千入犯永宁，先因侦探得情，数日前道臣项梦原已豫为之备，是以怀来游击孙庆、北路参将张懋功俱已分防布置，而王乾元亦与在调援之中者也。当（下残）夷拆墙而入，随时传烽，随时合兵，堵拒不竟日而退，两军对敌厮杀（下残）无损而城堡一无所犯，人畜一无所掠，则当日情形已瞭（下残）宜核确数，臣故严行该道项梦原驳查文移来（下残）。

## 第005本　四一六　直隶巡按监察御史王会图为查勘永宁失事及议处官将等事题本　崇祯元年十月二十三日　365

兵部呈于兵科抄出，钦差巡按直隶监察御史，臣王会图谨题为重地关系匪轻，逆酋杀戮甚残，谨遵查核之旨，敬陈秘访之详，以祈圣鉴，以正军法事。先该工部右侍郎王洽题为地震祖陵事，奉圣旨：敖酋犯抢永宁，抚臣李养冲奏报不言杀兵八百，是否隐匿，着巡关御史王会图一并查核，作速具奏。钦此。又该兵部题为夷情事，奉圣旨：永宁阵亡军丁有无隐匿，巡关御史王会图核实具奏。钦此。又该宣府巡抚李养冲题为钦奉圣谕事，奉圣旨：总候巡关御史查明处分。该部知道。钦此。又该兵部题为地震祖陵事，奉圣旨：永宁失事轻重，还候巡关御史及宣大总督查核一并处分。钦此。又该臣题为军机未易周知等事，奉圣旨：永宁逼近陵京，前因王洽疏奏虑有隐匿，着巡关御史王会图查核，乃奉旨多日尚在推诿，祖宗朝边情每遣科臣勘核，正谓身在事外，不致欺隐，奉旨行事有何顾避？还遵旨作速查奏。钦此钦遵。臣屡奉明纶，仰见皇上忧先陵寝，虑先封疆。要之，陵寝震惊，封疆毴脆，虽由于武备之懈弛，实胚于军情之隐匿。若不严为勘而痛为惩，何以慰列圣在天之灵，明一王保邦之法也？臣初奉查核之旨，即欲揽辔就道，妄谓职守难容侵越，故具疏控辞。时臣政奔走于瀛津间，瀛津距京数百余里，阅报具题往返动经旬日，是耽延推诿，臣固有万万不敢者，荷蒙皇上不加谴责，谕臣以祖宗朝往例，奉旨行事，有何顾避。臣叨此殊恩，即捐糜无以鸣报，敢不一秉虚公，速为查核，仰负皇上委任之至意耶？因念是役也，不第将吏之功罪攸关，且封圻之利害所系，欲循套移文，恐纸上之虚称非军前之实据也，欲行牌乘传，恐问察之未周致情形之有漏也。况臣屡奉明旨,失事诸臣谁不知之？此时必上下相蒙,串成一套,臣数四踌躇,计惟有葛地微行,触处潜访,庶可以破其伪而烛其真。臣于是改易巾服,更不以面目示人,拂一眼罩,舍舆络马首而西。行至昌平道中,见有所属衙门遣人侦臣者,臣知而不由昌平,从间道直走居庸。遥见臣前疏所题傍关倾圮水口修砌甫完,仰视正关楼宇起建一新二檐尚未铺瓦。于时侵晚,负灰运土者犹络绎于道,偶与臣之马头相撞,臣因问云：此时何不停工？答云：闻知关院去永宁顺路,又来踏勘,故此上紧。臣私语云：若非严旨申饬,安得不日告成,使沿边若此,虽有黠虏何患为？比臣出关竟无一人盘诘,则疏玩之从来久矣。是夕宿关外阴凉崖朱三家,此地臣曾巡历,恐三认识,以病目羞明为辞,令将灯光撤去,与之对语。先以他事为引,徐及永宁之事。伊云：我兵劫营才定,达贼呐喊,马兵先逃,步兵随溃,达贼围裹杀死兵士许多。问其数目并将领则不知也。次早昧晦登程,黎明至十间房界,有挑贩梨事三四人言去永宁贸卖,臣按辔与之偕行,问及香营之事。俱云：达贼九月初三日夜间入犯,正值我等在永宁城内,一闻传烽炮响,齐上北城把守垛口。本营杜参将因天色昏黑不便出城,至四更时分因闻贼已过了阎家堡,随统兵马及宣府防兵出城迎敌,天将明时有南山王参将亦领兵马前来赴援,从城外竟往香营,与杜参将合兵,劫营已定。达贼亦结阵相持,我兵炮矢齐发,亦有射打得贼著者,贼因呐喊为冲击之状,宣兵打马先跑,冲动杜、王二营兵马站脚不住,因而奔溃。达贼乘势追杀,内有马兵跑得快者尚得走脱,其余并步兵被贼裹在阵中杀死不计其数。杜、王二将带领残兵奔至城下,喊称饥饿,遂开门进城吃饭,恰才丢碗,忽闻怀来营、龙门所、靖胡堡救兵俱到,二将复开城门驰与三处合营。宣兵见二将出城,从后跟随,及怀来等救兵从黑峪口来,宣兵望见以为达贼又来追杀,复拨马逃讫。臣问杀死若干,答曰：有说八九百者,又有说七八百者,那时止顾性命,何暇细问？臣此时已得其概矣。及过岔道,又遇延庆州一人,问之,亦答如前,且云：宣兵若不先跑,达贼亦不敢追杀,二将亦不致折兵。若非救兵俱到,永宁恐亦难保。臣又问以杀死数目,则云：连轻伤并重伤及杀死者说起也有一千以外。臣云：若上司来查如何？答云：亦没有法,欲查兵数则死兵已补活兵,欲验腰牌则旧牌已换新牌,欲令告状则家家恐吓,处处阻拦,欲看尸身则有主的各人领去,无主的到处藏埋。杀了这许多人，上司哪里晓得？臣听讫，其人西去，臣即望北而行。及日中，臣于泥河观音庵倩僧买饭，过午，僧名无边，时方建一新房，臣以永宁之事讯及，应曰：全吃了宣府兵马的亏，马兵先跑的走脱，拿著在后的马兵并步兵当灾。旁有木工赵鲁班者，称说：除却杀过的兵，余有哀求免杀者，贼令背负所得盔甲器械等项，拔刀张弓押解，其后及到夷地三岔河边，悉将盔甲器械放下，喊令脱衣，我兵将衣脱尽，裸体欲回，贼复挥刀砍杀。又挑土张胡子云：连兵的头发也割了去。臣问割发何为？答曰：夷地无线，割去做线为缝联，及妇打鬇之用。臣欲问杀死兵数，适有永宁哨探二兵进庵问臣曾闻关院信否，臣云：闻知尚未发牌，可往居庸打听。二兵辄去，臣恐复有侦探者，遂离庵，过老君唐，至孔化营，本营去城三里，时日已西沉，臣下马欲于本处觅宿。旁有数人云此处不甚稳便，当往城内去歇。臣云：身边无物，无虞也。遂投本营龙王庙，有僧海会延臣入庙，臣出青蚨令买草料饭食。僧往本庙对门施主魏思庆家去买，庆好义人也，念臣逆旅，以脱粟饷臣，臣受之，与之共几而食。首以龙门所探亲为题，因及香营之事，备云九月初三日三更时分，本营听得县北炮响，知道有警，即将家小搬至城下，适值东门放出哨军，就便进城，将家小送至岳母处安顿，随众上城。听得达贼已到香营，杜参将领兵马于四更时分同宣府兵马出城。天才明时有南山参将连夜领兵东援，与杜参将合营迎敌，有宣府练兵营千总张时俊并游兵营把总孙世新各领马兵约有一千，列阵于东南二面，杜王二将列阵于西北二面。劄营方定，张时俊兵并孙世新兵见贼将欲冲击，即拨马奔溃，贼因乘势遂分两路抄来。杜、王二将兵士欲随宣兵奔溃，被贼追裹在内，自知不免，各将盔甲卸下，铳炮等项丢下，以图轻身走脱，被贼迎杀，杀讫，剥去衣服，割去头发。二将带领败残兵马奔至城下，此时肚中饥甚，开门入城吃饭，后闻怀隆道遣怀来孙游击领兵来援，又闻龙门所张参将、靖胡堡郭守备亦领兵来援，二将复上马出城，与怀来等兵合营，宣兵从后跟随，离城四五里劄住，竟不上前。及远望见怀来等救兵将贼堵截出口，摆队回营，宣兵遥见尘土起处，疑是贼兵得胜，追赶我兵，复拨马逃至城下。城上军□民齐用砖石打下，不容进城，遂往南山躲避。南山军民望见宣兵认作贼兵，四散奔窜，久之知是宣兵，方各归城。臣问军士共杀多少？伊云：王参将当兵败入城时顿足叹曰，我带了步兵五百余名，不知剩有多少。及宣兵逃往南山，南山军民将宣兵错当贼兵哨马来报，王参将领兵急回南山，此时跟去不上百人，随行马亦不见三十余匹。杜参将兵有宣兵混着，不知原是多少，但闻也杀了三百有零，马俱抢去。至宣兵今已撤去，不知杀却相干，想亦有数。臣问云：本县县主知否？答云：瞒不过他，若问宣兵杀死数目，此兵俱系客兵，县中自有日放行粮簿子，一查便知。臣心私喜，谓前于朱三等仅得其概，今于魏思庆俱得其详，且得其窍矣。别因忆此处不甚稳便之语，心常揣恐，和衣倚榻，竟夜未曾交睫。次早，臣仍匹马自南门入城，遥见鼓楼东有一公署，臣即驰马直入。当更巾服，坐署良久，尚无人知，及唤巡捕各官，守署者疾趋传出，阖县军民咸为骇异。少顷，县官张佩玉急忙来谒，臣见仓皇失措，且见其人直实无伪，以为机有可迎，遂掩门留茶。因言：九月初三日之事重厪圣哀，屡奉明旨，故单骑至此，该县试言其详。佩玉回禀：已蒙备悉查确，何敢复言？臣见有顾忌意，遂作色曰：似此事情大家瞒哄朝廷，封疆可堪轻掷？今已体访明白，该县可据实直陈，但有一字与所访不合，即以欺隐奏闻。佩玉长跽请曰：此番失事，折兵数多是实，但言出于口，祸中于身，傥蒙不泄，即以数报。臣即回云：果不欺隐，当以百口保之。佩玉辞出，臣约以午堂为期。至期，佩玉进见，臣仍延于茶房内，屏去门役，佩玉于袖中密出一揭。内开宣府游兵营把总孙世新名下阵亡军四十名，宣府练兵营千总张时俊名下阵亡军五十六名，永宁、南山二参将并两坐营名下约有七百名。臣谬云：此数未真。佩玉指天说誓，且云傥有漏报，甘当欺隐之罪。臣云：永、南二将亡兵七百，何不分开？佩玉云：南山亡兵约有四百，永宁亡兵约有三百。臣又见揭内约有七百名数字，笔迹稍异，诘之。答曰：此系亲笔，恐假手于人，必传闻于外。臣额之，臣以所开合之所访者，争差不远，遂袖其揭，随往香营等处踏勘杀场，见遍地埋有死尸，即指一二处掘土视之。俱髡首，亦身有一头劈为两半者，有两臂砍去一边者，有肌已腐而筋犹动、首已断而目不瞑者。臣心鼻交酸，毛骨俱痛，余不忍视，促令合土掩之。臣因自香营堡周遭流觅，正北缙云山，高数里许。山以西黑峪口，乃龙门所援兵来路；山以东平梁口即达贼出路。西北阎家庄，正西花园屯，怀来援兵来路；西南柳沟城，东南即昌镇之灰岭口，陵寝祖山紧接其南。览毕，仍欲登山以阅边墙，时天已暝，恐有伏贼，众咸扣马，臣因返辔。环视香营四围俱是土垣，其中庐舍数间荒凉殊甚，每值秋成，中亦稍有积贮，乃守备未见一设，是御寇者适以召寇也。览毕，臣随回署。次日，永宁参将杜维栋、南山参将王乾元进见，臣诘问失事情形，俱与臣所访闻相合，独阵亡实数尚不从实供吐。在维栋惟以内丁射死七庆、夺获庆马娓娓言之不置，而王乾元则以永宁原非信地，闻警即来救援，呶呶辩之无已。而怀隆道臣项梦原诣臣，又以初报之数原据二将呈报为解。臣复审两营中军王国栋、张明进并管队郭居才等，亦各支吾，知臣将至，先期挖开兵数手本，朱标补兵红票，冀臣准信，为二将脱罪之计，其狡黠更如此。夫以臣微行之博访，质之县官之秘揭，杀人之数几于八百，夫固有昭昭于万耳万目者。及臣诘问，犹然欺隐，藉令臣明明叱？而行，则百计装成圈套，虽欲求一真情讨一实话，能乎？此臣之奉命而得于查勘者。若此，该臣看得贼兵以数千入犯，乃阵亡以数十上闻，即微冬官之疏，而圣鉴业洞睹如火，即无微臣之往而民口已难防如川。未查之先，寸云谓可掩日；既核之后，尺雾岂能障天？张时俊、孙世新等望敌消魂，致永、南二营因逃亦逃，实切神人之共愤。杜维栋、王乾元丧师匿报，致抚道二臣一误再误，重厪明圣之深衷。臣叨膺两关之乏，原属事外之身；钦承屡旨之颁，即系身内之事。蹈险履危，性命有所不计；热肠冷脸，情面何敢阿徇？不得于将，不得于道，益滋隐匿之疑；既询之民，复询之县，幸获查勘之实。臣之不为二将欺，并不为抚道续者，幸矣！若张时俊、孙世新等之一溃再奔，几令杜、王二将全军尽覆，虽寸斩以徇，不足蔽辜，固矣。第以懦怯千军轻畀幺麽二弁，则平日所为精选择而勤训练者谓何？彼专阃之镇臣将何说以解乎？臣谨会同宣大督臣王象乾合词具题回奏，伏乞皇上炯然电瞩，毅然乾断，庶将吏知所儆惕，而军机不致隐匿矣。臣不胜悚息待命之至。缘系云云，谨题请旨。崇祯元年十月二十三日，奉圣旨：永宁失事，王会图查勘甚明。一应文武将吏处分，及阵亡查恤事宜，该部作速看议具奏。

# 4. 相关研究文章

## 大石窑遗址性质及与周边辽金遗址的对比研究

杨程斌　范炜

本文试图分析延庆千家店地区附近辽金遗址方位，根据历史文献及考古探沟出土物，研究大石窑遗址的性质。

### 一、遗址介绍

（一）张家口赤城地区

井儿沟村西坟湾遗址位于赤城县东卯镇井儿沟（行政村）西沟（自然村）东 50 米，当地人称"西坟湾"。遗址北靠西沟北梁，南临西沟（季节性小河沟），东至小沟，西至西沟村东大棚。遗址为靠山临河小台地，北高南低，地势较平坦，整体呈东西向长条形分布，东西长 160 米，南北宽 75 米，面积约 12 万平方米。遗址地表种植玉米等农作物，遗址北部有一条低压线东西向穿过。遗址地表散落较多布纹瓦片、陶片、瓷片等，台地断面可见文化层，文化层开口于地表下，距地表 10 厘米—15 厘米，厚 0.5 米，土质较为松软，土色为黑灰色，包含有瓦片等。可辨器型有碗、盆等。根据采集遗物初步推断该遗址年代为辽金。

道德沟东二道河子遗址位于赤城县东卯镇道德沟（行政村）二道河子（自然村）南 1300 米处，沟西侧台地上。该遗址呈阶梯状，西靠山根，东临小河，隔小河东偏南与东沟（自然村）相望，北距东二道河子 1300 米，南距六十亩地（自然村）约 500 米，呈南北向条带状分布，南北长约 200 米，东西向宽 40 米，面积约 8000 平方米。该遗址没有明显的文化层，地表散落较多的瓦片，较少白釉瓷片。可辨器型有碗等。据调查，村民曾在此地挖掘自来水管道时出土有铁锅等遗物。根据采集遗物初步推断该遗址年代为辽金时期。

西二道河子遗址位于赤城县东卯镇莘子沟（行政村）西二道河子（自然村）南约 300 米的瓦窑沟，当地人称之为"南湾"。该遗址呈南北向条带状分布，为临黑河的台地，地势由西向东逐渐倾斜，东南靠近山根，东部至三级台地边缘，东部 150 米处为黑河河道，北距西二道河子村庄约 300 米，东北约 150 米处为该村龙王庙。该遗址南北向长约 200 米，东西宽约 40 米，面积约 8000 平方米。该遗址没有明显的文化层，在地表及台地断崖边散落较多瓦片。据调查，在遗址上曾出土石磨、方砖等遗物，方砖的规格为：长 24.5 厘米、宽 23.5 厘米、厚 5 厘米。该遗址种植玉米等农作物。根据地表散落瓦片等初步推断该遗址年代为辽金时期。

西卯村北后大地遗址位于赤城县东卯镇西卯村北阶梯状台地上，当地人称之为"后大地"。该遗址呈阶梯状台地，南部紧邻村庄，西部及北部紧靠山根，东至三级台地东部边缘，东距黑河约 200 米，南北长约 100 米，东西宽约 50 米，面积约为 5000 平米。该遗址地表暴露有瓦片，遗址北部有一条东西向冲沟，冲沟及东部台地断面上可见文化层。文化层开口于耕土下，开口距地表约 20 厘米，厚 0.5 米—1 米。文化层土质较为坚硬，土色为黄褐色土，包含物有较多石块、瓦片及石子、沙粒等，部分断面可见烧土块、灰坑遗迹，多为条带状浅坑，土质松软，土色为灰黑色土。土中遗物多为灰色布纹瓦片，根据采集遗物初步推断该遗址年代为辽金时期。

东卯南瓦窑十二亩地遗址位于赤城县东卯镇东卯（行政村）南瓦窑（自然村）西南约 750 米的临河台地上，当地人称之为"十二亩地"。南邻黑河支流南沟，背靠西卯梁沟后山，面对南老虎沟。该遗址为临河的台地，呈扇面状，由北向南倾斜。东西长约 200 米，南北宽约 60 米。遗址中间有一条东北—西南向由东卯至万全寺的公路，在公路北侧台地断面及临河断面上暴露有文化层，文化层开口于耕土层下，距地表约 20 厘米，厚度为 0.5 米—1.5 米，土质松软，土色为黑灰色土，包含物有：较多石块、沙粒，较多瓦片，较少瓷片等。断面上暴露有多处灰坑，灰坑多呈浅坑状，土质松软，土色多为黑灰色，灰坑内包含有较多的瓦片，较少白釉瓷片、酱釉瓷片等。遗址表面暴露有较多瓦片。可辨器型陶器为盆、瓷器为碗等。根据采集遗物初步推断遗址年代为辽金。

头道营子三尖地遗址位于赤城县东卯镇头道营子（行政村）三尖地（自然村）西 10 米，黑河北岸台地上。遗址呈不规则的三角形，背靠北部山根，东部至村，西部至山碴子根，南邻黑河。遗址上有一条东西向大道穿过，遗址地表暴露有较多的筒瓦、板瓦。在路边断面上可见文化层，文化层开口距地表约 20 厘米，厚 0.5 米—1.5 米，土质较为坚硬，土色呈灰褐色，包含有石块、石子、瓦片、少量瓷片等，暴露有少量灰坑遗迹，土质较为松软，土色为灰黑色土，包含物同于文化层。可辨器型有筒瓦、板瓦、碗等。根据采集遗物初步推断该遗址年代为辽金时期。

### （二）延庆千家店地区

大石窑遗址位于千家店镇大石窑（行政村）下马鹿沟（自然村）东台地。遗址位于南北均有关隘的山谷之中，西部有公路穿过，最西面为古代河道。探沟中出土有铁锅、铁剑、陶片、瓷片、瓦片、砖块、钱币、红烧土、炉壁、石器等遗物，发现房基、灶址等遗迹。是一处金元时期聚落遗址。

红旗甸遗址位于千家店镇河西村。遗址长约 200 米，宽约 100 米，面积约 2 万平方米。出土过陶瓷缸、铜钟、宋代铜钱、牛骨等。原为辽金贸易场所，现遗址上已建民居。

李太白坡遗址位于千家店镇六道河村西北 1 公里处，白河北岸。遗址长约 1000 米，宽约 200 米，面积约 20 万平方米。20 世纪 70 年代初，曾出土铁鏊锅、陶瓷缸、磨盘等文物，属辽金时期。传说有叫李太白的人在此居住，因此得名李太白坡，后被洪水冲毁。

### 二、遗址方位及出土物分析

李太白坡遗址直线距离红旗甸遗址 2.4 公里。红旗甸遗址直线距离大石窑遗址 6.8 公里。大石窑遗址直线距离三尖地遗址 13.9 公里。三尖地遗址直线距离东卯南瓦窑十二亩地遗址 10 公里。东卯南瓦窑十二亩地遗址直线距离西卯村北后大地遗址 2.4 公里。西卯村北后大地遗址直线距离西二道河子南湾遗址 2.6 公里。西二道河子南湾遗址直线距离道德沟东二道河子遗址 3 公里。道德沟东二道河子遗址直线距离井儿沟西坟湾

遗址方位示意图

遗址 13.4 公里。

其中东卯南瓦窑十二亩地遗址、西卯村北后大地遗址、西二道河子南湾遗址、道德沟东二道河子遗址之间距离均为 3 公里左右，四个遗址几乎等距排列。

通过距离分析可知，以上遗址分布有规律性，遗址分布地点就是辽金元时期的重要交通道路。西卯村北后大地、东卯南瓦窑十二亩地、头道营子三尖地等位于河北赤城的遗址与位于延庆千家店的大石窑遗址出土物较为相似，都出土了石块、石子、沙粒、瓦片及少量瓷片，证明以上四处遗址联系较为紧密，应为辽金元时期军屯、驿站遗址。

### 三、遗址性质分析

（一）历史分析

蒙古和金朝野狐岭、会河堡战役后，今延庆地区第一次遭受蒙古军队入侵。

"1211 年（金大安三年，蒙古太祖六年）十一月，成吉思汗率中、左二军下弘州（今河北阳原）、妫川（今河北怀来东南）、缙山（今延庆）、青、沧（今河北青县、沧州）、丰润、抚宁、滦平等地大肆掠掳，经临潢而归。屯于金朝北。"

"1212 年（金崇庆元年，蒙古太祖七年）十月，罢宣德行省。恃居庸之险，升缙山县为镇州，领永安一镇（今延庆岔道），以术虎高琪为镇州防御使，权元帅右都监，所部纠军赏赉有差。在居庸关冶铁锢关门，布铁蒺藜百余里，守以精锐。"

"1213 年（金贞祐元年，蒙古太祖八年）旧历七月，蒙古军第三次攻金。成吉思汗率主力与金军战于怀来（今河北怀来东）、缙山（今延庆），大败金帅完颜纲、术虎高琪所部十余万人，乘胜直抵居庸关北口。"

"1214 年（金贞祐二年，蒙古太祖九年）旧历五月，金宣宗畏惧蒙古军再攻中都，下令迁都南京（今河南开封）。六月，护从金宣宗的糺军因受歧视，在良乡（今北京房山东北）一带哗变，推举斫答为帅降蒙。成吉思汗乘金迁都、人心浮动之机，命部将三摸合拔都、石抹明安等率军，在汉族将领王裁引导下从古北口入长城，会合糺军围攻中都。"

"1215 年（金贞祐三年，蒙古太祖十年）五月，金中都主帅完颜承晖服毒自杀，副帅抹捻尽忠潜逃，余众以城降。蒙古军占领中都。"

以上史实证明，蒙古军第一次攻金（1211年），已经攻克缙山（今延庆），下马鹿沟在缙山东北方向，应为缙山县一处重要军屯，当时可能已被蒙古军攻克，并摧毁，大石窑遗址探沟曾发现众多残碎瓦片堆积及火烧痕迹。1212年升缙山县为镇州，布以重兵北防蒙古，下马鹿沟军屯可能在此时重建。蒙古军第三次攻金（1213年），交战于缙山，1214年蒙古军攻入古北口，证明1211年第一次攻金之后，蒙古军并没有实际占领下马鹿沟这处关隘，史料佐证，这几次战争是以复仇、掳掠为目的的。1215年，蒙古军攻克金中都，证明至少到1215年，蒙古军才实际占领下马鹿沟这处关隘。

根据史料，1212年之前，下马鹿沟军屯应为金代一般卫戍地，1212年之后，升级为一处重要军屯卫戍地，北防蒙古，最晚到1215年该地为蒙古军队彻底占领。

（二）考古分析

在大石窑旧村南侧台地曾出土金代大安二年（1210年）石狮，残毁严重。1211年（大安三年），成吉思汗率军亲征金国，并围攻金中都（今北京城区），1212年（崇庆元年），成吉思汗再次率军亲征，这是金朝肇始以来第一次面临城毁人亡的国家危机。推测，石狮为成吉思汗率军进攻金朝时凿毁。在下马鹿沟村东侧台地上缘还发现了两件大理石建筑构件，证明此处遗址不仅有军屯，还有宫殿建筑。

大石窑遗址探沟中出土有铁锅、铁剑、陶片、瓷片、瓦片、砖块、钱币、红烧土、炉壁、铁器、石器等遗物，发现房基、灶址等遗迹。瓦片出土甚多，形成堆积。从出土口沿、器底分析，器型以缸、罐等大型饮食、炊煮器为主，瓷器出土甚少，未发现铜器、玉器、金器等贵族生活器具。从探沟遗物、遗迹判断，该处遗址规格较低。

四、结论

大石窑遗址位于南北均有关隘的山谷之中，地势险要，易守难攻，又处于京畿重地，连接金源内地，应是金代的一个重要军屯、驿站。遗址位于山谷东侧高地，西侧低地古为驿道，再向西为河流，现已干涸。听村民讲述，早年间，河水充沛，水流湍急。金兵建营寨于东部高处台地，居高临下，扼守水路要冲，为一处天然堡垒，守卫中都，防北兵南侵，此地为金代设立的一处防止蒙古兵南侵的重要军屯卫戍地。大石窑遗址出土的元代遗物表明，继金代之后，元代继续在此地修有军事、生活设施。

金国创有猛安谋克制，延庆地区一直为辽国所有，金灭辽后，大量猛安谋克南迁，推测下马鹿沟为一处重要的谋克屯兵之地，西卯村北后大地、东卯南瓦窑十二亩地、头道营子三尖地遗址也有可能是谋克屯兵之地。金代早期，军队仍以猛安谋克为主，由女真人构成。大石窑军屯遗址当时驻扎的是女真兵。

金代驿路发达，自中都（今北京城区）有通往上京、东京、西京、南京等四通八达的道路。大石窑遗址西侧为一条重要山道，南经四海、黄花镇可通北京，北可通正蓝旗（元上都）、张家口、大同，是一条重要道路。所以，大石窑遗址在金元时期应为一处兼有驿站作用的军屯。

（作者杨程斌为历史学博士、中国国家博物馆副研究馆员；范炜为国高集团资深编辑）

## 回忆 2016 年北京延庆金元时期古文化遗址盗掘大案

杨程斌

2016 年 5 月 23 日，我被借调到北京延庆区文化委员会（现合并重组为文化和旅游局）文物科工作，主要协助考古发掘工作。还没到岗前，就听说盗墓分子盗掘了一处遗址，文物科的工作人员一直都在忙此事，这也是我来到"文委"接触的第一个工作，有幸参加了部分案件破获及遗址试掘工作。

当年 5 月 18 日上午 7 时，延庆区千家店镇大石窑村村民在耕地内发现了二十多处盗洞，地表遗留有铁器残片和瓷片、瓦片等。村民将此事上报千家店镇政府，千家店镇文体中心主任闫文涛意识到此事重大，立即上报给延庆区文委。时任文委主任的张迁得知此事后当即做出部署，要求文物科科长范学新马上带领工作人员驱车前往七十公里外的大石窑村了解情况。根据现场勘查及遗留文物情况，范学新初步认定该区域为古文化遗址，立即向公安局报案，并向北京市文物局进行了汇报，同时要求千家店镇政府对现场采取临时保护措施。

大石窑村是个偏僻的山村，距河北省赤城县不到两公里，村民不过几百人，群山环绕，方圆十几里不见其他村庄，这为遗址的保护增加了难度，多亏有几个大石窑村村民夜晚自愿看守盗掘现场。

19日凌晨，胆大妄为的盗墓分子再次来到大石窑村案发现场，企图趁着黑夜浑水摸鱼，到白天踩点的几个地方继续盗掘文物。盗墓分子自觉天衣无缝的盗掘行为被负责蹲守的两个大石窑村民看得一清二楚，他们到隐蔽处悄悄地给派出所打了报警电话。在大石窑村书记的引领下，派出所民警迅速赶到案发现场，当即抓获了一名犯罪分子和一辆货车。

19日上午，鉴于此次盗掘事件的严重性与危害性，延庆文委召开紧急会议，商讨应急方案，并于当日邀请市文物局执法队、市文物研究所、延庆公安分局刑侦大队等有关单位工作人员到现场勘查。市文物研究所考古专家认为是一处"元代古文化遗址"，随后连夜召开了联席商讨会，在延庆文委、市文物局努力下，延庆公安分局刑侦大队同意立案。

为配合公检法部门给犯罪分子量刑定罪，在延庆文委的提议下，市文物研究所抽调精干力量，紧急组织考古队驻扎现场，进行考古试掘工作。因为只有确定了遗址的年代、范围，才能最终确定遗址的价值，这是公安、检察院、法院侦破、起诉、判案的依据。

5月24日至27日，对现场进行了为期四天的勘探、试掘工作。除考古技工外，延庆文委文物科科长范学新等工作人员每天白天都坚守在现场，进行采集标本、拍照、摄像等工作。因我是考古专业毕业，领导要求我住在遗址现场，临时负责考古工作，及时把信息传递回文委。经过几天紧张的工作，试掘了多条探沟，发现了建筑基础，出土了大量生活器具及建筑构件，包括墙基、灶、灰坑等遗迹以及铁器、瓷片、陶片、陶纺轮、钱币、砖块、板瓦等遗物。出土文物证明此地确实为一处古文化遗址，根据《文物保护法》的规定，盗掘遗址属于犯罪行为。

5月27日，考古试掘工作结束当天，延庆文委邀请了齐心、靳枫毅等考古专家到现场考察，并组织了专家论证会。根据出土文物情况，专家们一致认为："该处为金元时期聚落遗址，是具有重要的历史价值和文物价值的古文化遗址。"并形成《专家鉴定意见书》，公检法部门将据此为犯罪分子定罪。

在进行考古试掘工作前后，延庆公安分局成立专案组，对余下的三名犯罪分子进行了紧锣密鼓的抓捕行动。他们辗转河北张家口、廊坊、北京多地，行程三千六百余公里，历时十七天，终于破获了盗掘古文化遗址的犯罪团伙，四名案犯全部落网。至此，在延庆文委等单位的协助下，"5·18"金元时期古文化遗址盗掘大案成功告破。

该案是文物部门、公安和地方政府协同打击文物违法犯罪的成功案例。在延庆文委的积极努力下，北京市文物局决定对盗掘案查办中做出突出贡献的单位和个人予以表彰。

2016 年 11 月 28 日，盗掘案表彰会在延庆召开。市文物局奖励各单位及村民人民币八万元。

此次案件的破获证明，基层政府和人民群众在保护文物方面具有不可替代的作用。没有延庆区文委在中间的上传下达、积极协调，案件的破获就不会那么顺利；没有人民群众的无私无畏、大义凛然，案件根本就不可能侦破。党员干部在文物工作中，只有"发动群众、依靠群众"，才能让我国的文物事业永葆青春。不觉间，新中国已走过七十年的光景，七十年，可以让一个国家发生翻天覆地的变化，但无论如何变化，党和国家"一切为了群众，一切依靠群众"的群众路线没有变，也永远不会变。

（作者杨程斌为历史学博士、中国国家博物馆副研究馆员。原文于 2019 年 8 月 13 日发表在《中国文物报》，文章登载在国家文物局文物事业 70 年网站"佳作选登"中）

## 北京地区元代两都官道藏文"六字真言"摩崖石刻研究

杨程斌

据元代曾扈从顺帝北巡的周伯琦记载，大都至上都之间主要有四条官道，从西向东依次为西路、驿路、辇路（缙山道）、古北口路。

## 一、缙山道

### （一）八达岭摩崖石刻

八达岭摩崖石刻位于延庆区八达岭镇八达岭关城西山崖上（在原八达岭特区办事处院内，最东侧一座办公楼的东南角对面），开光高80厘米、宽85厘米。藏文，大字为密宗佛教的六字真言，下面小字尚未鉴定。刻字上方及底部有纹饰图案，但模糊不清。原公布名称为"藏文摩崖石刻"。

### （二）五桂头、弹琴峡摩崖石刻

五桂头、弹琴峡摩崖石刻位于延庆区八达岭高速公路弹琴峡隧道东侧的"五贵头、弹琴峡"石刻旁，石刻左侧的摩崖石碑上有清同治三年（1864年）刻写的《重修关帝庙创建魁星阁碑记》。摩崖石碑左下侧及下侧有四块开光的元代摩崖刻字，其中二则为梵文，一则为蒙文，一则为藏文，内容均为佛教咒语，梵文的二则已漫漶不清，蒙文、藏文尚可辨认，藏文为六字真言。

八达岭藏文摩崖石刻

五桂头、弹琴峡摩崖石刻

五桂头、弹琴峡藏文摩崖石刻（上）

### （三）仙枕摩崖石刻

仙枕摩崖石刻位于昌平区南口镇居庸关城北河滩"仙枕"石上，嘉靖三十四年（1555年）的摩崖题刻旁，残存有藏文摩崖，为六字真言的最后一个字。明代题刻是将藏文磨去后所刻，由此推知这则藏文摩崖石刻的年代应早于明嘉靖三十四年。该藏文摩崖石刻边框残存的卷草纹，具有元代风格。

以上三处藏文石刻皆位于元代缙山道两旁。据《元史·泰定帝纪》记载，泰定三年五月，"遣指挥使兀都蛮镌西番咒语于居庸关崖石"。《日下旧闻考》载："泰定三年五月，遣指挥使元都蛮镌西番咒语于居庸关崖石。"据此推测，

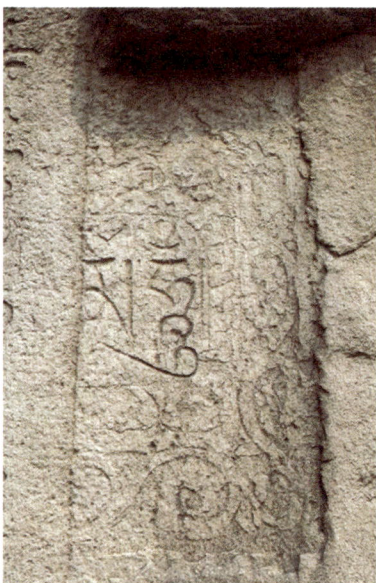

仙枕藏文摩崖石刻

这三处摩崖石刻的刻制年代可能为元泰定三年（1326年）。缙山道为元朝皇帝岁幸上都的皇家"辇路"，蒙古人信奉喇嘛教，藏文摩崖石刻应为蒙古皇族祈祷旅途平安的吉祥语。

## 二、古北口路

### （一）番字牌摩崖石刻

番字牌摩崖石刻位于密云城区北65公里处番字牌乡东西向峡谷中的小孤山上，距地面高七八米。共有11组摩崖石刻，为蒙、梵、藏三种文字，多为六字真言。藏文有4组，梵文4组，梵藏合璧2组，蒙文2组。每组最多3行，最少1行。石刻范围长35厘

番字牌梵文、藏文（下）摩崖石刻

米，高 3 厘米，字大小不等。番字牌乡的西山脚下还刻有十相组合图，高 90 厘米，宽 40 厘米，也是吉祥用语。可见的题款有"阴火兔三年""军队造""孛马"等字。一般认为是元泰定三年（1326 年）刻制。

番字牌藏文摩崖石刻

### 三、四海冶路

#### （一）石槽摩崖石刻

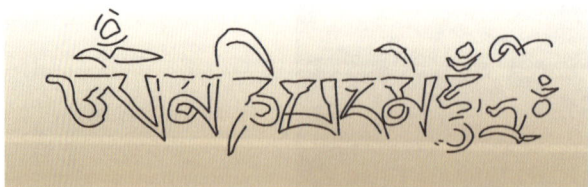

石槽藏文摩崖石刻及线图

位于延庆区千家店镇石槽村北、山谷西侧崖壁一块突出的石块上，研究证明，石槽摩崖石刻下面的道路即是元代的军事秘道"四海冶路"。石刻长 120 厘米，宽 30 厘米。刻有藏文六字真言，刻制较为粗率，风蚀较为严重。推测，此石刻应为当时经过四海冶路的乘驿者所刻。石槽摩崖石刻与番字牌、八达岭摩崖石刻藏文字体基本一致，为佛教咒语，做祈求平安之用。

作者杨程斌为历史学博士、中国国家博物馆副研究馆员

# 5. 千家店镇主要山峰

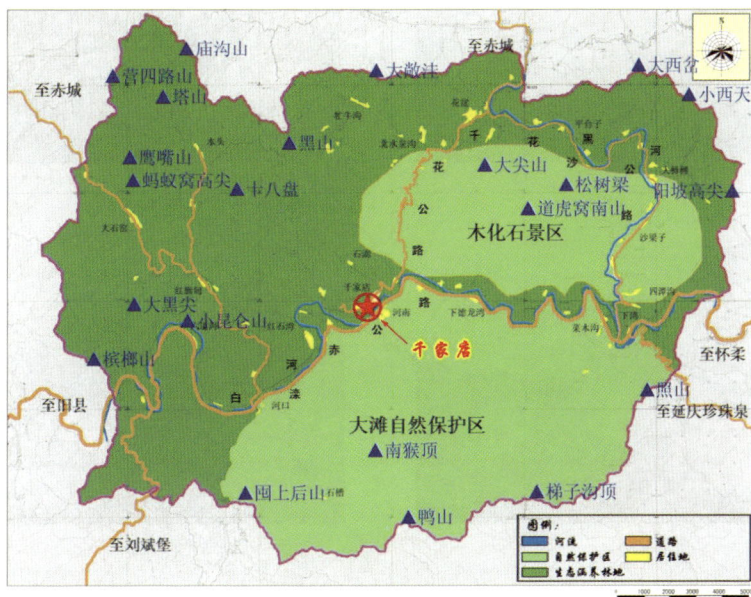

千家店山峰分布图

### ▲营四路山

村民叫阴司路山。位于千家店与赤城交界，红旗甸水头村北。海拔1555米，千家店第一高峰。延庆区除海陀山诸峰外的第二高峰。从赤城古子坊村登山，因峡谷阴森，故名阴司路山。山势高峻，植被丰富。生长桦树、野生猕猴桃（俗称软枣）等。

### ▲塔山

位于千家店与赤城交界，塔山在营四路山的东边，海拔1209米，因山下有塔式风化石柱，故名。山呈东南至西北走向，横1公里，纵3公里，山峰呈扁尖的三角形，山岩为火燧石条带白云岩，硅质石灰岩。有松、菜、椴树。

### ▲南猴顶

位于石槽村东的大滩自然保护区，海拔1476米，是千家店第二高峰。

营四路山

塔山

南猴顶

西孔山

前为茨顶

大尖山

阳坡高尖

妈妈洞

因山顶石头酷似猴子得名。山势雄伟，是局部最高峰。南猴顶附近有野生豹出没。

### ▲鸭山

位于大滩自然保护区南部，石槽村东南 3.5 公里，海拔 1402 米。因山峰酷似鸭状，故名。人迹罕至，山中沟谷纵横，流泉四溢，水量充沛，植被丰茂，山中野生动物丰富，经常有獾子出没。

### ▲囤上后山

山南为囤上村遗址，所以叫囤上后山。海拔 1407 米。图为囤上后山之西孔山。

### ▲黑山

位于千家店、花盆、红旗甸交界处，红旗甸东北，东邻茨顶，海拔 1345 米。因山色暗，故名。西北是鹿叫村，北有西平塌梁。

### ▲大黑尖

位于六道河村北，大石窑村东南，海拔 1083 米，

### ▲大尖山

位于千家店与花盆交界处，千家店东北，花盆南 2.5 公里，西距大户岭 2.5 公里，东距大对沟 2.3 公里，海拔 1047 米。山体呈东南至西北走向，四周群山竞秀，主峰既扁又尖，呈三角形，雄居群峰之首，故名。山呈西南至东北走向，横 0.5 公里，纵 1 公里。

### ▲阳坡高尖

位于沙梁子东北侧，与怀柔交界。海拔 1103 米。

阳坡高尖又叫妈妈洞山，山形像妇女的奶头。从怀柔的车道沟村可上山。站在山顶俯瞰白河大拐弯，非常壮观。山顶有一石洞，洞深约十米，洞内有多个石钟乳，像妇女的奶头，常年滴水。洞内四壁有很多台子，当年上面摆着千姿百态的小佛爷，有铜的、石头的、泥的。洞前有一座庙叫娘娘庙，过去每年二月十九为庙会，十里八乡的人都来这里赶庙会，买卖东西的、打板卖艺的、说书唱戏的，十分热闹，不管来多少人，妈妈洞滴下的水都用不完。

传说有一年延庆地区遭了灾，黑白河的水都干了。山里人吃树皮、野果，四处逃难。有很多婴儿没有奶水吃，死后扔在山沟里了。这件事让天上的

王母娘娘知道了，她来到人间，正碰上山里的妇女背着婴儿逃荒，路上想找点水喝，只见一位白发苍苍的老太太不见了，眼前的山形变成了妈妈洞。

后来洞前修了一座娘娘庙，七里八乡的人都来这里求神，为孩子治病。哺乳孩子的妇女都想喝到石洞里奶头滴下的水，喝了后奶水足，小孩儿不生病。现在这洞里的大小佛像以及石雕、庙的旧址残存，洞内石钟乳依然滴水不止。

延庆著名文人孟广臣先生写有题妈妈洞的一首诗，名曰《乳峰洞》：

> 山里有石洞，石洞有乳峰。
> 乳头有乳汁，常年滴不停。
> 山为人之母，山水育生灵。
> 山有钟灵气，男女对聪明。
> 多少山里凤，飞出大山外。
> 多少山里娃，事业有大成。

### ▲照山

位于滴水壶南侧，东有仓米道村，有川沙路通过，北侧为乌龙峡谷风景区，海拔 1235 米。山北有村，面山而居，故名。北坡半山腰上泉流众多，汇流从山崖而下，形成壮观的瀑布，崖壁上有多个石灰岩溶洞，为延庆著名旅游景点。山南人烟稀少，山岩多为石灰岩。

# 主要参考文献

## 古　籍

1.［元］脱脱等撰：《辽史》，北京：中华书局，2000 年。

2.［元］脱脱、阿鲁图等纂修：《金史》，北京：中华书局，2000 年。

3.［明］宋濂等撰：《元史》，北京：中华书局，2000 年。

4.［清］张廷玉等撰：《明史》，北京：中华书局，2000 年。

5.赵尔巽等主编：《清史稿》，北京：中华书局，2000 年。

6.柯劭忞著：《新元史》，北京：中国书店，1988 年。

7.［明］解缙等编纂：《永乐大典》，北京：大众文艺出版社，2009 年。

8.《明代兵部档案》等资料，中国第一历史档案馆藏本。

9.《清实录（第 2 册）：太宗文皇帝实录》，北京：中华书局，1985 年。

10.［元］孛兰肹等著，赵万里校辑：《元一统志》，北京：中华书局，1966 年。

11.［明］李贤等撰：《大明一统志》，西安：三秦出版社，1990 年。

12.［明］许论撰：《九边图论》，薄音湖编辑点校：《明代蒙古汉籍史料汇编（第 12 辑）》，呼和浩特：内蒙古大学出版社，2015 年。

13.［明］魏焕编撰：《九边考》，薄音湖、于默颖编辑点校：《明代蒙古汉籍史料汇编（第 6 辑）》，呼和浩特：内蒙古大学出版社，2009 年。

14.［明］谢庭桂纂修，［明］苏乾、贾希颜续纂：（嘉靖）《隆庆志》，1962 年 7 月上海古籍书店据宁波天一阁藏明嘉靖刻本影印。

15.［明］栾尚约修，［明］孙世芳纂：（嘉靖）《宣府镇志》，台北：成文出版社，1970 年。

16.［明］尹耕纂修：（嘉靖）《两镇三关通志》，明嘉靖年间（1522—

1566 年）刻本，美国国会图书馆藏本。

17. ［明］郑若曾辑：《筹海图编》，北京：书目文献出版社，2013 年。

18. ［明］孙应元编：《九边图说》，薄音湖编辑点校：《明代蒙古汉籍史料汇编（第 12 辑）》，呼和浩特：内蒙古大学出版社，2015 年。

19. ［明］刘效祖撰，彭勇、崔继来校注：《四镇三关志校注》，郑州：中州古籍出版社，2018 年。

20. ［明］李体严修，［明］张士科纂：（万历）《永宁县志》，明万历三十年（1602 年）刻本，国家图书馆藏本。

21. ［明］杨时宁撰：《宣大山西三镇图说》，上海：上海交通大学出版社，2011 年。

22. ［明］杨时宁等编：《宣大山西三镇图说（三卷）：九边圣迹图》，明万历三十一年（1603 年）秘阁本，现保存在日本宫内省书绫部图书寮。

23. ［明］赵士祯撰：《神器谱》，南京：江苏广陵古籍刻印社，1986 年。

24. ［明］史国典修，［明］周仲士纂：（万历）《怀柔县志》，明万历三十四年（1606 年）增刻本，国家图书馆藏本。

25. ［明］郭造卿撰：《卢龙塞略》，薄音湖、于默颖编辑点校：《明代蒙古汉籍史料汇编（第 6 辑）》，呼和浩特：内蒙古大学出版社，2009 年。

26. ［明］瞿九思撰：《万历武功录》，北京：中华书局，1962 年。

27. ［明］王士琦撰：《三云筹俎考》，薄音湖、于默颖编辑点校：《明代蒙古汉籍史料汇编（第 6 辑）》，呼和浩特：内蒙古大学出版社，2009 年。

28. ［明］茅元仪撰：《武备志》，北京：书目文献出版社，2013 年。

29. ［明］范景文辑：《战守全书》，明崇祯（1628—1644 年）刻本，国家图书馆藏本。

30. ［清］顾祖禹撰：《读史方舆纪要》，上海：上海书店出版社，1998 年。

31. ［清］迟日豫修，［清］程光祖纂：（康熙）《延庆州志》，影印康熙十九年（1680 年）增刻本，首都图书馆藏本。

32. ［清］李钟俾修，［清］穆元肇、方世熙纂：（乾隆）《延庆州志》，影印清乾隆七年（1742 年）刻本，国家图书馆藏本。

33. ［清］张曾炳纂，［清］孟思谊修，［清］黄绍七续补：（乾隆）《赤城县志》，台北：成文出版社，1968 年。

34.［清］王者辅修，［清］吴廷华纂，［清］张志奇续修，［清］黄可润续纂：（乾隆）《宣化府志》，台北：成文出版社，1968年。

35.［清］金志节原本，［清］黄可润增修：《口北三厅志》，台北：成文出版社，1968年。

36.［清］鄂尔泰等修，李洵、赵德贵主点校：《八旗通志》，长春：东北师范大学出版社，1985年。

37.［清］于敏中等编纂：《日下旧闻考》，北京：北京古籍出版社，1985年。

38.［清］于敏中、蔡履元等纂修，故宫博物院编：《钦定户部则例》，海口：海南出版社，2000年。

39.［清］穆彰阿、潘锡恩等纂修：《大清一统志》，上海：上海古籍出版社，2008年。

40.清朝国史馆编：《钦定外藩蒙古回部王公表传》，清乾隆六十年(1795年）北京武英殿刻印本，内蒙古图书馆藏本。

41.［清］林牟贻等纂修：（同治）《赤城县续志》，上海书店出版社编：《中国地方志集成河北府县志辑》12，上海：上海书店出版社，2006年。

42.［清］何道增重修，［清］张惇德纂：（光绪）《延庆州志》，台北：成文出版社，1968年。

43.［清］黄彭年等撰：（光绪）《畿辅通志》，石家庄：河北人民出版社，1989年。

44.［清］周家楣、缪荃孙编纂：（光绪）《顺天府志》，北京：北京古籍出版社，1987年。

45.［清］屠寄撰：《蒙兀儿史记》，北京：中国书店，1984年。

## 现代论著、辑本

1.谭其骧主编：《中国历史地图集（第7册）：元、明时期》，北京：中国地图出版社，1982年。

2.河北省丰宁县地名办公室编：《河北省丰宁县地名资料汇编》（未出版），河北省丰宁县地名办公室，1983年。

3.谭其骧主编：《中国历史地图集（第8册）：清时期》，北京：中国地图出版社，1987 年。

4.北京市文物研究所编：《北京考古四十年》，北京：北京燕山出版社，1990 年。

5.中国第一历史档案馆、中国社会科学院历史研究所译注：《满文老档》，北京：中华书局，1990 年。

6.魏开肇、赵蕙蓉辑：《〈清实录〉北京史资料辑要（嘉庆二十五年八月至宣统三年）（公元 1820—1911 年）》，北京：紫禁城出版社，1990 年。

7.李国祥、杨昶主编，姚伟军、李国祥、汤建英、杨昶编：《明实录类纂》，武汉：武汉出版社，1991 年。

8.河北省赤城县地方志编纂委员会办公室编：《赤城县志》，北京：改革出版社，1992 年。

9.《怀柔县地名志》编辑委员会编：《北京市怀柔县地名志》，北京：北京出版社，1993 年。

10.苏天钧主编：《北京考古集成》，北京：北京出版社，2000 年。

11.侯仁之主编，唐晓峰副主编：《北京城市历史地理》，北京：北京燕山出版社，2000 年。

12.宝音德力根、乌云毕力格、齐木德道尔吉主编：《明清档案与蒙古史研究》，呼和浩特：内蒙古人民出版社，2000 年。

13.徐红年著：《延庆史话》，西安：陕西旅游出版社，2004 年。

14.《延庆县志》编纂委员会编著：《延庆县志》，北京：北京出版社，2005 年。

15.乌云毕力格主编：《蒙古史研究》，呼和浩特：内蒙古人民出版社，2005 年。

16.北京市文物研究所编著：《军都山墓地：玉皇庙》，北京：文物出版社，2007 年。

17.延庆县文化委员会编：《古建掠影》，北京：作家出版社，2008 年。

18.国家文物局主编：《中国文物地图集·北京分册》，北京：科学出版社，2008 年。

19.《丰宁满族自治县概况》编写组、《丰宁满族自治县概况》修订本编写组编：《丰宁满族自治县概况》，北京：民族出版社，2009 年。

20.北京市文物局编:《北京文物地图集》,北京:科学出版社,2009年。

21.宋大川主编:《北京考古发现与研究》,北京:科学出版社,2009年。

22.乌云毕力格主编:《十七世纪蒙古史论考》,呼和浩特:内蒙古人民出版社,2009年。

23.范学新主编:《妫川壁画:探密藏在残垣古庙内的妫川文化》,北京:中国商业出版社,2010年。

24.北京市文物研究所编著:《军都山墓地:葫芦沟与西梁垙》,北京:文物出版社,2010年。

25.《延庆文化文物志》编委会、延庆县文化委员会编:《延庆文化文物志　文物卷》,北京:北京出版社,2010年。

26.延庆县文化委员会编:《北京延庆明代长城研究》,北京:新华出版社,2011年。

27.宋大川主编,盛会莲著:《北京考古志·延庆卷》,上海:上海古籍出版社,2012年。

28.宋大川主编,郭京宁著:《北京考古史·史前卷》,上海:上海古籍出版社,2012年。

29.宋大川主编,张智勇著:《北京考古史·夏商西周卷》,上海:上海古籍出版社,2012年。

30.宋大川主编,王继红著:《北京考古史·东周卷》,上海:上海古籍出版社,2012年。

31.宋大川主编,胡传耸著:《北京考古史·汉代卷》,上海:上海古籍出版社,2012年。

32.宋大川主编,于璞著:《北京考古史·辽代卷》,上海:上海古籍出版社,2012年。

33.宋大川主编,丁利娜著:《北京考古史·金代卷》,上海:上海古籍出版社,2012年。

34.宋大川主编,孙勐著:《北京考古史·元代卷》,上海:上海古籍出版社,2012年。

35.宋大川主编,李永强著:《北京考古史·明代卷》,上海:上海古籍出版社,2012年。

36.宋大川主编，朱志刚著：《北京考古史·清代卷》，上海：上海古籍出版社，2012年。

37.赤城县地方志编纂委员会编：《赤城县志（1991—2007）》，石家庄：河北人民出版社，2012年。

38.北京市文物局图书资料中心、延庆县文化委员会编：《北京延庆古代寺观壁画调查与研究》，北京：北京燕山出版社，2012年。

39.延庆县文化委员会编：《妫川记忆：北京延庆县历史文化遗存集锦》，北京：新华出版社，2012年。

40.杜家骥著：《清朝满蒙联姻研究》，北京：紫禁城出版社，2013年。

41.程金龙著：《妫川碑石录》，北京：北京美术摄影出版社，2014年。

42.中共延庆县委宣传部、延庆县文化委员会编：《走进延庆古村落》，北京：中国商业出版社，2015年。

43.北京市延庆区文化和旅游局编：《延庆文物珍藏》，北京：北京美术摄影出版社，2019年。

44.乌云毕力格著：《青册金鬘：蒙古部族与文化史研究》，上海：上海古籍出版社，2021年。

45.［明］佚名绘，朱万章导读：《九边图》，北京：文津出版社，2023年。

46.北京市考古研究院编著：《北京长城考古》，北京：科学出版社，2023年。

47.宋国熹编著：《延庆五千年》，未出版文稿。

## 学者论文、报告

1.罗延钟：《北京市延庆县千家店乡石青洞铜矿化探工作报告书》（未发表），形成单位：北京市地质局101队，档号：17916（全国地质资料馆），1958年。

2.刁盛昌：《北京市延庆县西二道河地区铁矿磁测详查工作结果报告（附石槽磁测详查工作结果简报）》（未发表），形成单位：北京市地质局物探队，档号：20928（全国地质资料馆），1959年。

3.李铁生、徐丕福：《【北京市延庆县】千家店公社石槽村铁矿地质报告》（未发表），形成单位：北京市延庆地质局，档号：21223（全国地质资料馆），

1959 年。

4. 石绍宗等：《北京市延庆石槽铜矿一工区地质勘探报告》（未发表），形成单位：北京市地质局 102 队，档号：54285（全国地质资料馆），1974 年。

5. 石绍宗等：《北京市延庆县石槽铜矿区详查工作总结报告》（未发表），形成单位：北京市地质局 102 队，档号：54286（全国地质资料馆），1975 年。

6. 王长国：《北京市延庆县石槽铜矿区物探工作总结报告》（未发表），形成单位：北京市地质局 102 队，档号：52727（全国地质资料馆），1975 年。

7. 吕古贤：《北京市延庆县石槽铜矿矿田构造研究》，《中国地质科学院年报　1982　中英文合订本》，北京：地质出版社，1985 年。

8. 高桂云、张先得：《北京市出土战国燕币简述》，《中国钱币论文集》，1985 年。

9. 晓克：《关于"兀爱营"的几个问题》，土默特左旗土默特志编纂委员会编辑：《土默特史料（第 22 集）》（未出版），1987 年。

10. 赵光林：《北京市发现一批古遗址和窖藏文物》，《考古》1989 年第 2 期。

11. 高桂云：《建国以来北京出土先秦货币综述》，《中国钱币》1990 年第 3 期。

12. 尹钧科：《延庆县——历史文化宝地》，《北京社会科学》1992 年第 4 期。

13. 赵介民、丁立民：《延庆满蒙地名考》，《北京市延庆县地名志》，北京：北京出版社，1993 年。

14. 薛鑫忠等：《北京市延庆县石青硐铜矿区普查地质报告》（未发表），形成单位：北京市地质矿产局地质调查所，档号：84869（全国地质资料馆），1995 年。

15. 郁金城、李超荣：《北京地区旧石器考古的新收获》，《北京文博》1998 年第 3 期。

16. 倪晶：《明宣府镇长城军事堡寨聚落研究》，天津大学硕士毕业论文，2005 年。

17. 范学新：《明代长城沿线的战争题材壁画——延庆永宁和平街明代火神庙战争题材壁画初探》，《中国长城博物馆》2010 年第 1 期。

18. 范学新、刘冕：《明代战争壁画待高人破解》，《北京日报》，2010 年 8 月 4 日。

19. 杨申茂：《明长城宣府镇军事聚落体系研究》，天津大学博士毕业论文，2013 年。

20. 刘乃涛：《北京延庆辽代矿冶遗址群》，《大众考古》2015 年第 1 期。

21. 杨程斌：《穿越延庆的大元军事秘道》，《京郊日报》，2016 年 12 月 22 日。

22. 杨程斌：《延庆发现一处大型金元时期聚落遗址》，《北京文物报》，2017 年 1 月。

23. 杨程斌：《鞑靼八扰隆庆州》，北京市政协教文卫体委员会编著：《北京长城文化带丛书〈长城踞北〉延庆卷》，北京：北京出版社，2018 年。

24. 范学新、杨程斌：《谭纶与八达岭长城》，《北京观察》2018 年第 6 期。

25. 杨程斌：《延庆元代四海冶路初探》，《北京文博文丛》2018 年第 1 辑，北京：北京燕山出版社。

26. 杨程斌：《回忆 2016 年北京延庆金元时期古文化遗址盗掘大案》，《中国文物报》，2019 年 8 月 13 日。

27. 杨程斌：《大石窑——元代军事秘道上的村落》，《延庆报》，2018 年 9 月 10 日。

28. 杨程斌：《延庆元代地名考》，北京市延庆区档案史志馆编著：《北京市延庆区地名志》，北京：北京出版社，2021 年。

29. 于璞、范学新、陈宥成等：《北京市延庆区菜木沟旧石器时代遗址调查简报》，《北京文博文丛》2021 年第 3 辑，北京：北京燕山出版社。

# 后　记

　　经过一年多的艰苦努力，《画廊访古》一书终于问世了。编写的过程，既是我们这些撰稿人员对千家店历史文化再认识的过程，也是对中国北方游牧民族在千家店地区生息繁衍、融合发展，逐渐形成中华民族共同体的认识过程。通过查阅史料、研究文物、实地走访、座谈交流，千家店地区的历史文化脉络在我们眼里越来越清晰，那些历史人物和事件越来越鲜活。

　　千家店全镇地形以山地为主，山峦重叠，沟谷交错，素有"八山一水一分田"之称。全镇海拔 1000 米以上山峰就有 12 座，其中红旗甸与河北赤城古子坊交界的营四路山，海拔达 1555 米，是镇域内的最高峰。白河、黑河、红旗甸河贯穿其中，地质景观林立，移步易景，形成了百里山水画廊的优美画卷。

　　千家店是个神奇的地方，这里有延庆区海拔最高的村庄——茨顶村，同时还有延庆区海拔最低的村庄——下湾村。茨顶村位于千家店镇西北 6 公里的山顶上，该村海拔 963 米，比海陀山下的冬奥会延庆赛区的西大庄科村还高 32 米。茨顶村建于清代，远离闹市，四面环山，仅村北有一出口。村庄风景秀丽，气候凉爽，原有人口 77 户 244 人。后因村庄缺水而整村搬迁，只留下十几位不愿离开故土的村民在老村固守。而位于千家店东南 10 公里的下湾村海拔只有 400 米，比延庆城区还低 70 多米。下湾村为清代建村，黑白河交汇后在此转弯，且地势偏低，故称下湾。下湾村全村有 117 户 306 人，紧邻滴水壶景区，同样是个风景迷人的小村庄。

　　徜徉在画廊深处，在领略沿途自然风光之余，还会时不时地带给你一些惊喜和意外。从延庆城区经永宁、刘斌堡，穿越层层山峦，当眼前豁然开朗时，已经到了千家店镇的第一个村——干沟。这里是百里山水画廊的门户。白河从这里流淌而过，桥北面还有一处很开阔的水面。这里不是叫

"干沟"吗？怎么会有这么多的水？以前曾听说过这样一个故事，说是20世纪60年代派知识青年到千家店地区下乡，让这些青年学生自己挑选去哪个村庄。同学们一听有个叫"干沟"的村，想着这里肯定没水，都不想去。于是同学们就争着选了一个叫"水头"的村，想着那里一定有水。结果却恰恰相反，干沟不但有水，水量还非常充沛。而水头村却缺水，需要学生每天自己从井里挑水吃，让选了水头村的"聪明"学生叫苦不迭。

　　沿着滦赤路向千家店前行，快到河西村时，远远地就可以看见三座高大的粮仓矗立在公路旁边。粮仓为圆形，高有七八米，直径约三米，仓顶为锥形，辅以瓦面。远远望去，甚为壮观。细问村民，才知20世纪60年代开始，在千家店黑白河流域以种植水稻为主。60年代种植"虎皮稻""小红芒"等品种的水稻，亩产才100公斤左右；70年代后引进"松辽4号"，亩产200公斤左右；80年代引进"秋光""吉粳610""通京102""通京103""早锦"等品种，亩产在500公斤—600公斤。这些粮仓都是当年为储存稻谷修建的。因千家店地区水质清、光照长，水稻品质特别好，这些水稻主要以村民自食为主，基本不外卖。当时延庆地区的人都十分羡慕千家店的大米品质，以能吃到千家店的大米为荣。2000年后，为保护进京水源，全镇实施退稻还林、退耕还林，至2004年，全镇退耕还林面积19163.22亩，其中退稻还林3165.5亩。今天，种植水稻已成为千家店人的美好记忆了。

　　穿过一个山口，快到千家店之前，路边村口有一棵参天古树。这里就是千家店镇的排字岭村，2003年村名改为长寿岭村。村口的大榆树就是2018年被评为"北京十大树王"之一的白榆树。据《延庆古树名木》记载，长寿岭大榆树是目前北京地区所发现最古老、最高大的榆树。这棵古榆干径2.2米，胸围7米，树高21米，冠幅25米，树龄约600年，为北京市一级古树。这棵大榆树是千家店重要的历史地标，当地人常在树下挂红布祈福，反映出老百姓对古树的朴素情感。近些年，随着这棵榆树的知名度提高，还有游客专门从市区来到长寿岭参观，并在树前许下美好愿望。

　　穿过千家店镇区，继续往东北方向前行约9公里，来到千家店镇的花盆村。村里有座关帝庙，而庙里供奉着一个神奇的石盆。石盆为花岗岩石质，圆形，盆高0.24米，直径为0.45米，厚0.21米。据说花盆村原名景界村，清代时定居的人渐多，形成较大的聚落。众人都觉得石盆很稀罕，传说石盆里一旦倒入清水，盆内便有莲花盛开、金鱼游动。后来，盆内宝物被一南方人取走了，只留下石盆。从此村名改名为花盆村。其实，这只所谓的石花盆应该是辽金时期的一件石香炉，是当时佛教在花盆地区传播的实证。而这只小小的石香炉却成了全村人的精神寄托。

百里山水画廊不仅蕴藏了丰富的自然资源，还隐含了很多鲜为人知的历史之谜。每次游历百里山水画廊，总想探究这青山绿水背后蕴藏着什么样的历史故事。延庆地区的历史文献和研究成果对千家店地区总是寥寥数语，言之甚少。或因近几十年来千家店地区考古调查、历史研究得不够深入，或因这一地区历史上是北方民族活跃区域，文献记载不够，或因这一地区1957年3月之后才陆续划归延庆县，千家店地区的历史好像一直就是空白。清代《文昌宫碑》记千家店"僻处山谷之间，素为官吏足迹所不及"，再加上之前确实没有查到清代以前的历史，而且千家店高山林立，让人想当然就觉得千家店在清代以前人迹罕至，是没有历史的。2023年年末，千家店镇党委、政府主要领导提出要挖掘千家店地区历史文化，为百里山水画廊注入更多文化内涵的工作思路，成立了由镇党委、政府主要领导为组长的《画廊访古》编写工作组，邀请杨程斌、范学新、鲁战乾、霍高智、冯淑珍等专业人员对千家店地区的历史文化进行深入挖掘，编写一部通俗易懂的历史文化读物——《画廊访古》。

编写工作由国家博物馆副研究馆员、考古学博士杨程斌牵头，他曾对延庆历史有过系统性研究，几年前就撰写了一个关于千家店历史的简易读本，但那时还没有查到千家店明代的历史，只是查到了千家店清代八旗驻防等历史。杨程斌博士一直对千家店历史较为感兴趣，他领到任务后，就开始搜集千家店历年出土文物资料，先后数次到千家店地区进行实地调查、走访，在前期整理的历史资料基础上，系统性查找关于千家店的历史资料。功夫不负苦心人，杨程斌在"明朝兵部档案"以及《武备志》等史料中查到了关于千家店的历史，实证千家店在明代先后是蒙古兀良哈人、东土默特人的驻牧地，填补了千家店明代历史的空白，将千家店有史可载的历史追溯到了600年前的明朝。通过研究出土文物，补写了千家店旧石器时代到元代的历史，证实千家店是元代官道"四海冶路"的重要组成部分，在元代是元廷最后的铜铁采矿、冶炼、铸造基地。通过查阅明朝兵部档案等资料，得知千家店在明代是明朝属民兀良哈人以及后来的蒙古东土默特人驻牧地，东土默特人首领是成吉思汗的直系后裔。通过搜集史料结合碑刻内容，串连起了千家店清代八旗驻防及庙宇修建的历史，千家店的八旗防御官和延庆知州是同级的五品官员。以上研究构建起了千家店地区旧石器时代—新石器时代—战国秦汉—辽金元—明清历史的整体框架，这是之前未能做到的。特别是明代成吉思汗后裔率领蒙古人驻牧千家店的历史，之前的著作从未涉及，算是增加了千家店明代时期的历史，这是十分有意义的。

该书第一章百里画廊的地质部分由鲁战乾负责起草，第二章至第七章由杨程斌撰写。杨程斌负责全书的统稿，范学新负责搜集千家店地区的考古、文物、历史资料，查找照片。霍高智提供了千家店地区自然地理资料和地质公园的基本资料，冯淑珍负责搜集千家店地区古村落、传统风俗方面的资料。该书在编写过程中，千家店镇党委书记陈仲文、镇长王建辉多次调度、了解编写工作进程。千家店镇宣传委员杜雪芹、党群服务中心主任赵萌多次组织调研、采访活动，为《画廊访古》的编写工作做了大量工作。另外，妫川书院为该书的编写提供了后勤服务保障，确保了编写工作的顺利推进。此外，该书的编写还得到了中央民族大学魏坚教授、北京史研究会会长孙冬虎研究员的悉心指导，并亲自为本书作序。在此，对在《画廊访古》一书编写过程中给予关心、帮助、指导的各位领导、老师和朋友表示衷心的感谢。

此外，还有一位已经故去、为延庆历史研究披荆斩棘的老者需要我们感谢、纪念，他就是延庆历史研究的开拓者之一——宋国熹先生。宋国熹先生虽然文化程度不高，但对历史研究充满了热情，撰写了《延庆五千年》《中国长城史》《八达岭史话》等论著。特别是《延庆五千年》，堪称是第一次系统撰写的延庆历史，让我们这些晚辈一直受益。他在《延庆五千年》中提到了采访千家店关氏旗人后裔的情况，为我们编写《画廊访古》提供了重要资料。我们在延庆历史研究中取得的点滴成果，都离不开宋国熹先生。转眼间，宋先生已经离开我们近十年，我们希望用《画廊访古》一书纪念宋国熹先生，感谢他为延庆历史研究做出的贡献。

《画廊访古》虽然是第一次全面揭示了千家店地区的历史脉络，但也可能只是千家店丰富历史文化的冰山一角，这里还有更多的历史秘密需要我们今后不断地去探索。因水平所限，书中难免会存在一些不足或疏漏之处，烦请各位读者批评指正。愿《画廊访古》一书能让您对百里山水画廊千家店有一个全新认识，同时也为推进千家店地区文旅融合发展、促进北京全国文化中心建设做出更大的贡献。

编 者
2024 年 10 月

**声明**：书中考古、文物、拓片照片及地图多由延庆区文物管理所、陈宥成、刘乃涛以及作者本人提供；风景照片由赵艳华、孙毅、王建华、王婧、高瑞萍、韩永强、刘海荣、路保林、郭建云、司达、王敬东、霍艳红等人提供；地质照片由作者本人提供；有关蒙古族的照片由国家博物馆李刚博士提供；宣府镇东路长城图由袁琳溪制作。

**图书在版编目（CIP）数据**

画廊访古：千家店历史文化概览／北京市延庆区千家店镇人民政府编；杨程斌，范学新，鲁战乾著．

北京：中国文史出版社，2024. 12. -- ISBN 978-7-5205-4840-3

Ⅰ . K291.4

中国国家版本馆 CIP 数据核字第 2024P7A960 号

责任编辑：卢祥秋
封面题字：欧阳启名

出版发行：**中国文史出版社**

社　　址：北京市海淀区西八里庄路 69 号院　　邮编：100142
电　　话：010-81136606　81136602　81136603（发行部）
传　　真：010-81136655
印　　装：北京新华印刷有限公司
经　　销：全国新华书店
开　　本：720×1020　1/16
印　　张：20　　　　　字数：307 千字
版　　次：2024 年 12 月第 1 版
印　　次：2024 年 12 月第 1 次印刷
定　　价：88.00 元